アイダ・ターベル

ロックフェラー帝国を倒した女性ジャーナリスト

古賀純一郎

Junichiro Koga

Ida Tarbell

旬報社

アイダ・ターベル――ロックフェラー帝国を倒した女性ジャーナリスト【目次】

第8章 ロックフェラー帝国の解体 …… 333

おわりに …… 383

はじめに

1　調査報道のパイオニア

一九世紀後半から一九四〇年代にかけて米国で活躍した女性ジャーナリスト、アイダ・ミネルバ・ターベル（Ida Minerva Tarbell）をご存知だろうか。第二六代セオドア・ルーズベルト大統領の目指した社会改革「変革主義運動（progressivism）」と歩調を合わせ、金権腐敗が蔓延する当時の米資本主義を根底から変えた調査報道（investigative reporting）のパイオニアとして米国では良く知られている。

米国では、児童向けに書かれたターベル伝も少なくない。二〇一七年には、英国でやはり児童向けに『*The Muckrakers: Ida Tarbell takes on big business*（マックレイカー――大企業と格闘したアイダ・ターベル）』が出版された。一〇〇年前に出版されたターベルの著書は、今なお入手可能である。

特に、金字塔といわれる当時の米国石市場をほぼ独占した総帥ジョン・D・ロックフェラー率いる巨大トラスト（企業合同）スタンダード石油の犯罪的な経営手法を緻密、かつ詳細に分析し、解体へ追い込んだ雑誌の連載をまとめた著書『*The History of the Standard Oil Company*（スタンダード石油の歴史)』の評価は、調査報道の傑作として極めて高い。米ニューヨーク・タイムズ紙が二〇世紀を代表するジャーナリズム関連の本一〇〇冊のランキングの五位に選んだほどで、時代を超えて読み継がれる優れた作品である。

これによって浮き彫りとなった倫理なきロックフェラー帝国の悪質で違法性の高い経営手法が白日の下にさらされ、反トラストの世論は一段と高まった。札束攻勢で連邦、州議会や政治家らを操る強引な手法にも焦点が集まり、「米民主主義が脅かされている」との危機感が充満、政界からも改革の機運が盛り上がる。トラストの規制は、喫緊の課題として浮上し、世直しのための社会改革運動として発展した。

ターベルの記事は、所属していた社会派の総合誌マクルアーズ誌に約二年間にわたって連載された。内容は辛辣を極めた。市場独占を目指す過程でスタンダード石油が取ってきたライバル企業潰しの全容、いわば、トラストの闇が表沙汰になったのである。

あまりにも悪辣で、倫理観に欠ける反社会的な企業経営の内情の暴露は、度肝を抜かれる空前絶後の内容だったから政財界のみならず一般庶民は仰天した。

それまでも散発的な非難がロックフェラーに対して浴びせられていた。市場メカニズムを意図的に捻じ曲げ、背後で胡散臭いことを進めているのではないか、システムを乱用しているのではとの憶測が、米国社会に拡がっていた。だが、スタンダード石油に対する摘発に当局は及び腰で、具体的な内容は分からずにいたのである。

ターベルの連載によってトラストの王者の市場制覇に向けた冷酷なリベート戦術やスパイ行為、政

アイダ・ミネルバ・ターベル。

界に対する献金攻勢などの具体的な内容が明らかになり、ロックフェラーに対する一般の非難や罵詈雑言は、ピークに達した。

当時の米国は、何でもありの初期資本主義の〝金ぴか時代〟。汚職、詐欺、買収、脅迫、裏切り、スパイ行為、共同謀議など金権腐敗に蝕まれた米国の社会を根底から改革する革新主義運動が始まる画期となった。

社会の不正を糾弾するターベルらマクルアーズ誌編集部のジャーナリストを先陣に、これに歩調を合わせた当時のセオドア・ルーズベルト大統領が、拝金主義にまみれたトラスト・大企業の規制に着手。自由を過度に優先した夜警国家型の〝小さな政府〟から強欲主義の高じた大企業の規制を目指すいわば、近代的で健全な市民社会へ移行する一大転機となった。自由放任に名を借りたビッグ・ビジネスの横暴に歯止めを掛けることで、腐敗した民主主義の立て直しを図ったのである。

利益の確保のため販売価格、生産計画、生産数量などで企業が協定を結び、価格を安定させることで利益増大を目指すカルテルに対し、株式の持ち合いや持ち株会社などを通じて同種の企業を傘下に収め、経営を一体化させ、より拘束力を強めたのがトラストである。顧問弁護士の指導の下、同制度を綿密に研究し、息を吹き込んだのがロックフェラーで、トラストは、結束力の固い高度な独占形態として米国で発展した。

ルーズベルトは、トラストを規制する部局を大統領就任後に創設。ターベルの情報などをベースにビッグ・ビジネスの厳格な監視を開始、同訴追に着手した。在任中に、スタンダード石油をはじめとする四〇以上の同訴訟を提起、ルーズベルトは、トラスト・バスター（征伐者）との異名を取ることになる。

世界的規模の慈善事業を営む組織として知名度を誇るロックフェラー財団は今でこそ好感度が高い。だが、一〇〇年以上前のスタンダード石油の総帥ロックフェラーは、米国ばかりか世界の石油市場の支配をもくろむ〝悪の権化〟とみなされていた。

不公正な鉄道運賃の設定などを巡り、ロックフェラーと連邦、州政府や独立系業者との間の係争が各地で提起された。ターベルの一連の連載記事もあって、裁判は全米の注目を集めた。そのヤマ場となったのが、ルーズベルトが反トラスト法違反で訴追した裁判で、米最高裁は、違法性を認め、一九一一年五月、ロックフェラー帝国の解体を命ずる歴史的な判決を下した。

これによって、米石油市場をほぼ独占し、値段を思うままに操り、世界最大の富豪へ上り詰めたロックフェラーの打ち出の小槌となっていたスタンダード石油は、約四〇の会社への分割が決まった。トラストの王者の市場独占に鉄槌が下されたのである。ターベルの調査報道が、ロックフェラー帝国を葬り去ったといえよう。

数年にわたる調査報道で追い詰めたターベルが勝ちどきをあげたのかというとそうではなかった。思いとは裏腹にロックフェラーは、刑務所に収監されず、解体後の会社はそのまま存続した。上位二社は、世界の石油市場を牛耳る国際石油資本（メジャー）のセブンシスターズとしてロイヤル・ダッチ・シェルやブリティッシュ・ペトロリアム（BP）などとともに存在感を誇示。解体後の上位二社は、二〇世紀の終了する直前の一九九九年に統合を果たし、エクソンモービルとして生まれ変わった。スタンダード石油がルーツの〝亡霊〟は、国際石油市場を名実ともに支配するスーパーメジャーのチャンピオンとして、今なお世界に君臨している。

残念なことに、日本では、世界経済を牛耳った世界最大のロックフェラー帝国が女性ジャーナリストのペンによって違法かつ反社会的な経営の詳細が暴露され、最高裁判決によって解体されていたことは、ほとんど知られていない。米国で調査報道の先駆者と評価されているターベルの存在を知る向きもこれまた皆無である。

一世紀以上前の無名の女性ジャーナリスト。しかもその著作は、複雑で難解な政治経済の問題やその力学などを扱っているとあって翻訳が国内で一冊もないのが実情である。その功績や生きざまなどの全体像を扱った書籍も、筆者が調べて限りでは、見つけられなかった。

挙げるとすれば、切れ味鋭く、時には致命傷にまで及ぶターベルの筆の餌食となったロックフェラーの伝記の中に脇役として登場することだろうか。この世界最大の富豪でスタンダード石油の総帥の伝記や関連の書籍には、スタンダード石油を解体に追い込んだジャーナリストとして必ず顔を出す。最大の好敵手といったところだろう。

二〇世紀末に米国でベストセラーとなったロン・チャーナウによるロックフェラー伝『*Titan*（タイタン）』では、二二章の「復讐の天使」で取り上げられている。復讐心に燃えるターベルの一連の記事によって、帝国が八つ裂きにされたというストーリーである。ターベルに対して批判的な記述が多い同書の中でチャウナウは、著作について「スタンダード石油についてこれまで書かれた中で最も感銘を与える作品」と高く評価している。

第五章の「大蛇の殺害」で、ターベルが登場するのが、米ピュリツァー賞に輝いた一九九二年のダニエル・ヤーギン著『*The Prize*（褒美）』。その分析を通じてロックフェラーが、いかにして市場制覇を果たし、史上最強の帝国を構築したかの秘密を解き明かしている。ヤーギンは、「連載は爆弾と化し、全米で話題になった」、「ある雑誌は『米国でこれまで書かれたこの種の本の中で最も注目に値する本』と激賞」、「（解体後の最大の）スタンダード石油ニュージャージーの歴史家でさえ、『一九五〇年代の後半になっても米ビジネスの歴史について書かれた本の中でおそらく一般大衆に幅広く購入され、内容が広く知れ渡った本である』と認めていた」と論評している。

ちなみに、タイトル『褒美』は、第二次世界大戦で英国を勝利へ導いた英雄で知られる首相ウィンストン・チャーチルが英軍の強化のため軍艦の燃料を石炭から石油に変えた一九一二年の発言「mastery itself was the prize of the venture（英国の支配力それ自体は、〔危険な〕冒険に対する褒美なのである）」に由来する。

一〇〇年以上も経過した今でもターベルの残した功績はもちろん、その生きざまは、欧米ではあい変わらず取り上げられている。二〇一三年には、ピュリツァー賞の受賞歴のある米歴史家のドリス・K・グッドウィンによる『*The Bully Pulpit: Theodore Roosevelt, William Howard Taft and the Golden Age of Journalism*（素晴らしい説教壇――セオドア・ルーズベルト、ウィリアム・ハワード・タフトとジャーナリズムの黄金時代）』が上梓された。

「Bully Pulpit」とは、ルーズベルト大統領が多用した新語で、〝大統領の権威〟を意味している。グッドウィンは、その第一一章の「米国で最も有名な女性」でターベルを取り上げている。〝悪いトラスト〟を解散・解体へ追い込み、社会改革を推進した米変革主義時代の大統領らとジャーナリズム、とりわけマクルアーズ誌との関係を描いており、ニューヨーク・タイムズ紙、ワシントン・ポスト紙、英エコノミスト誌などの書評で激賞された。

米調査報道に詳しいミズーリ大学名誉教授のスティーブ・ワインバーグによる二〇〇八年の『*Taking on the Trust: How Ida Tarbell brought down John D. Rockefeller and Standard Oil*（トラストとの攻防——アイダ・ターベルはいかにしてジョン・ロックフェラーとスタンダード石油を倒したか）』も、ターベルの調査報道を考察した作品である。同書について、米ウォールストリート・ジャーナル紙は、「富の力による示威運動は絶対ではなく、腐敗を暴く報道の力は無視できなかった」、サンフランシスコ・クロニクル紙は、「ジャーナリズムの肖像として、ターベルは高い水準の効果的なジャーナリズムなどに貢献している」などと論評している。

一九九四年のノース・カロライナ州立大学准教授のロバート・コチャーズバーガー2世編『*More than a Muckraker: Ida Tarbell's Life Time in Journalism*（マックレイカー以上——ジャーナリズムでのアイダ・ターベルの人生）』は、ターベルの功績について「近代ジャーナリズムの創生に多大な貢献し、それ以前の誰よりも論理的、厳密で体系的に分析したジャーナリスト」と規定した上で、「科学的な手法で記事の事実関係や正確性にあくなき情熱を注ぎ、徹底的な調査によって動かしがたい証拠を突きつけ、政府の汚職や大企業の権限の濫用について情熱と確信を持って暴露した」などと高く評価している。

一九八九年の歴史家、キャサリン・ブレイディー著『*Ida Tarbell: Portrait of a muckraker*（アイダ・ターベル——マックレイカーの肖像）』なども同列に挙げられるだろう。

米有力紙ボルチモア・サン紙でモスクワ、東京特派員などの歴任後に編集主幹などを務めたペンシルベニア州立大学のアンソニー・バービエリ教授（ジャーナリズム論）は「二〇世紀の米国を代表するジャーナリストとしてアイダ・ターベルと『沈黙の春』のレイチェル・カーソンを挙げたい」と語っている。

一世紀の時空を超えて、一介のジャーナリストが、これほどまでの知名度を誇っているということは稀有なことではあるまいか。連載が、なぜ、当時はもちろん、今なお注目を集めているのだろうか。

現在の視点からすれば、世界最大の富豪を生み出した秘密主義にまみれた超高収益の〝悪の〟巨大帝国が、女性ジャーナリストの渾身の力を込めた一本のペンによってズタズタに解体されたという驚くほどのドラマチックな展開にあるだろう。米石油市場をほぼ独占した総帥ロックフェラーの手法が、不正、無慈悲、冷酷極まりない一般の想像力を超えた、信じられないほど悪質であったこともある。

ロックフェラー財団の評価が高いだけに、一般の人にとってはショッキングなことに違いない。そして、拝金・強欲主義、金権腐敗にまみれた米国社会が、自由、公正、平等を重んじる若き四〇代前半のエネルギッシュな〝正義の味方〟を自認する大統領によって健全な大国へと変貌したことは、胸のすく話である。ルーズベルトの好感度が高いのは、こうした実績や愛国的行動が評価されてのことだろう。

一〇〇年前の視点だと、漠然とした危機感しかなかった米国人が、連載によって、中小の独立系業者を蹴散らし、巨大化した伏魔殿の内情を知り、批判的な立場に一変したことが挙げられる。

さらに、各業界のビッグ・ビジネスがロックフェラーを手本にトラストへ相次いで移行し、莫大な利益を挙げていることを実感し、事態の深刻さを自覚したことも大きい。札束をふりかざした政界工作の弊害に反感が高まってきたことも背景にある。不利な法案を叩きつぶし、同時に業界に有利な法案を成立させる目にあまる策動さえも散見された。トラストは、一九世紀後半から大統領選での喫緊に対処すべき大きなテーマの一つになっていたのである。

当時は、情報公開法はもちろんない。説明責任を積極的に果たそうとする動きもなく伏魔殿トラストはベールに包まれていた。完璧主義者であるロックフェラーは、情報を外へ出さず、秘密主義の貫徹をよしとしていた。ほとんど知られることがなかった帝国の内情の詳細がターベルによって初めて明らかにされ、空前絶後の反響を呼んだ。

これが、大統領も巻き込んだ全米に拡がる社会改革運動と化し、米国の社会を一変させた。これこそが、ターベルの果たした大きな役割であり、当時の調査報道を手掛けた記者らが果たした歴史的な意義といえる。ジャーナリズムが、政治を動かして経済のみならず、米国社会を大きく変えたという観点からも、グッドウィンが指摘するように、「米ジャーナリズムの黄金期」と表現してもいい過ぎではないだろう。

筆者が本書の執筆でベースとしたのは、ほとんどが米国から取り寄せた資料である。関連の優れた業績を紹介するために出身のアレゲニー大学が創設した専用のウェブサイトも活用した。業績はもちろん、手紙、メモ、執筆した記事などターベル関連のかなり詳細な情報が掲載されており、大いに参考にした。

スタンダード石油の旧本社やロックフェラーと独立系の中小業者が死闘を演じた舞台となった石油

地帯などを幸運にも筆者は、訪問する機会があり、石油の聖地タイタスビル、伝説の街ピットホールなどの最近の様子を「おわりに」にまとめた。

構成は、ターベルの生きた年代を追って順に進めるため、最大の焦点のロックフェラーとの戦いは第4章以降となる。そちらに関心のある読者は、第4章から読み始めていただきたい。

2 ロックフェラー帝国への挑戦

生涯を独身で通し、八七歳で鬼籍入りしたターベルの手掛けた分野は幅広い。「女性の権利とは何か」を解き明かすため渡仏した三〇代前半のパリ在住時代に、その関心は、一世紀前のフランス革命に及んだ。黒幕として活躍し、〝ジロンド派の女王〟ともいわれるほどの権勢を誇ったもののジャコバン派との権力闘争に敗れ、最後は断頭台へと消えるロラン夫人の伝記を書き上げた。

昇進などの要求が受け入れられず、職場に愛想を尽かしての半ば衝動的な仏留学は、計三年に及んだ。帰国後は、パリ時代の寄稿先のニューヨークのマクルアーズ誌にお世話になった。仕事は、編集記者である。

最初に任された連載が、ナポレオン、その次は、奴隷解放で多大な功績のあった大統領のアブラハム・リンカーンだった。いずれも伝記である。フランス留学時代にまとめたロラン夫人伝を含め、三冊とも人気を呼んだ。

四作目が、米ジャーナリズム界に大きな礎石を残した米ビッグ・ビジネスの超大物ジョン・D・

ロックフェラーとスタンダード石油を詳細に分析した連載である。悪名高さを含めて、いい意味でも悪い意味でもロックフェラーは、巨人であった。

一八七〇年代後半、顧問弁護士の知恵もあってロックフェラーは、効率性を上げるため関係会社をトラストの業態で束ねた巨大な独占体制を確立、米石油産業を支配していた。

南北戦争中に若武者ロックフェラーの起業したスタンダード石油の前身は、その類稀なる才覚で、効率的な生産体制の構築に着手。市場支配を目指しての企業買収を積極的に展開した。傘下入りを勧め、応じない企業には、鉄道を利用した兵糧攻めなどや価格競争を仕掛け、粉砕した。

これによって、市場独立は短期間に進展し、当時の米石油市場の九〇％程度までも支配する空前の石油帝国へ成長した。編み出した新しい組織のトラストによって名実ともに最大、最強の独占体を構築することに成功したのである。

時代の女神も微笑んでいた。照明用の灯油中心だった販売が、モータリゼーションによりそれまで用途のなかったガソリンが車の燃料として使えるようになり、経営規模は一気に拡大。ディーゼルエンジンの発明で軽油、重油へも需要が拡がった。

内燃機関の登場で石油の性格は一変する。戦略商品として基幹産業の中心に位置付けられた。それは、戦争の戦況を決定的に左右する戦略物資に成り代わっていたのである。

では、なぜ、ターベルがロックフェラー率いるスタンダード石油の調査報道を手掛けることになったのか。ターベルの所属したマクルアーズ誌のオーナーであるサミュエル・マクルアーは、自伝の中で、こう語っている。

連載開始の五年前の九七年二月頃開いた編集部の会議で、「米最大の企業の業績を取り上げる」、「特に、スタンダード石油を取り上げればとても面白い話になるだろう」ということで一致した。市場の独占にほぼ成功し、生産量をコントロールし、それによって思うままに値段を釣り上げ、巨額の利益を上げるトラストは、オクトパス（タコの化け物）、アナコンダ（巨大な大蛇）などと恐れられており、当時の大衆の多くの重要な関心事であったことも大きかった。

食肉、砂糖などの食品、鉄鋼、鉄道など日常製品の多くやサービスをトラストが提供し、市民の生活に密着していた。仕組みは、良くは分からないものの市民たちは、説明できないある種の脅威を漠然と感じていたのである。

会議では、代表的なトラストを一つ取り上げて、その歴史や実態、経済効果、ビジネス界での傾向などを暴くという方向が決まった。マクルアーは、「莫大な富、創設者、所有者の能力から今や最も重要なトラストは、最初に創設されたトラスト」、「最も偉大で、トラストの母とも呼んで良いかもしれない」、「多くは、この母なるトラストから派生した」、「ロックフェラーの創造物」と自伝の中で記している。

執筆に手を挙げたのは、土地勘のあるタイタスビル出身のターベルだった。父が石油産業に深く関わり、林立する油井を幼い頃から見て育ち、伝説の町ピットホールにも住んだことがあった。父フランクがロックフェラーと激突した反スタンダード石油の独立系業者のリーダーだったことも人選に影響した。

ターベルは、関連するあらゆる資料を集め、読み込み、分析した。政治家や行政当局にも取材。石油業界や取引の全体像を理解するため大学の教授や専門家、関係者にも話を聞き、経済関係の専門書も読破した。幸運にも完璧な秘密主義で内部情報が厳重に統制されていたスタンダード石油の本丸で取材をする機会にも恵まれた。石油企業に勤める知り合いからも第一級の機密情報も入ってきた。連載開始に向けて準備は着々と整っていた。

3　一〇〇年前の調査報道――ターベルらが先導

ロックフェラー帝国を追い詰めたターベルの取材手法は、現代のジャーナリズムでもてはやされる調査報道である。官庁などの公的機関の発表に頼らず、自ら足を棒にして歩きまわり、情報を入手。取材対象に果敢にアタックし、緻密な調査をベースに記事を書く。公的機関などに設けられた記者クラブを根城に官制情報などをベースに記事を書く、いわゆる「発表ジャーナリズム」、「建物ジャーナリズム」とは対極に位置する。

世界的な視点から眺めると、調査報道の重要性が戦後、メディア界で再認識されたのは、米大統領の犯罪を明らかにした一九六〇年代の米ウォーターゲート事件である。これは、若きワシントン・ポスト紙の二人の記者がホワイトハウスの組織的な不正工作、虚偽説明、ねつ造、ごまかし、中傷、取材拒否などにめげず、丹念かつ長期にわたる取材に基づいて報道。当初は、「デタラメ」と否定していた当時のリチャード・M・ニクソン政権を窮地に陥れ、最終的に、報道を事実と認め、政権は、自壊した。

米ジャーナリズム界の最高の栄誉であるピュリツァー賞を受賞した。この手法は、「investigative reporting」と呼ばれ、日本では、当時、「調査的報道」と呼ばれていた。最近は、単に「調査報道」となった。

では、一〇〇年前の調査報道はどうだったのか。本格的な始まりとされているのが、ターベルが籍を置いた米ニューヨークが本拠の総合誌マクルアーズ誌で、編集部に所属する記者らによる調査報道が一時代を築いた。科学技術の記事や詩、小説なども掲載した同誌の中身は、現代でいえば、総合誌だが、調査報道の専門誌との評価が今では定着している。

それ以前に調査報道がなかったわけではない。米国で最も権威のある、ジャーナリズムの報道に授与されるピュリツァー賞の生みの親、新聞王ジョゼフ・ピュリツァーの創刊したニューヨーク・ワールド紙で八面六臂の活動をした女性記者のパイオニア、ネリー・ブライ（本名エリザベス・ジェーン・コクラン）がその筆頭であろう。

良く知られているのは、『10 days in a mad house（ある精神病院での一〇日間）』（一八八七年）の報道で、当時、二〇代前半のブライが伏魔殿と思われていたニューヨーク・マンハッタンのイースト川の中州にあったブラックウェルズ島（現ルーズベルト島）の精神病院に記憶喪失の患者と偽って潜入取材を敢行した。暴力的な看護師や縛られた患者、ゴミが廊下や病室などのあちこちに散らばった不衛生な施設の中で、半ば腐った食事を強要された体験を臨場感あふれるタッチで綴った。世間とは完全に隔絶され、楽しみも一切ない一〇日間の体験をルポ形式で掲載した記事は、海外にも紹介され、空前の反響を呼んだ。

報道の結果、取り上げられた病院の待遇改善が喫緊の課題となり、ニューヨーク市は、施設の年間予算を一〇〇万ドル引き上げた。単行本になった連載は、今なお入手が可能である。若き女性記者の捨て身の取材から生まれた生々しい病院内の様子を実感できる。

ブライは、潜入取材が得意だったようで、労働環境の劣悪な当時の工場などに素性を明らかにせずに入り込み、週休一日、一二時間を超える長時間労働で疲れ果て、搾取される女工哀史の姿を暴露、行政にその改善を問うた。このほか、欧州、中国経由で、日本にも立ち寄った世界一周の旅行記『*Around the world in 72 days*（七二日間世界一周）』（一八九〇年）なども知られている。

ブライの記事は、〝金ぴか時代〟といわれた当時の米国の拝金主義にまみれた企業経営者の人権無視した過酷な環境で、労働者を酷使する悪習を告発する役割があったのは間違いない。ただし、ターベルらマクルアーズ誌の一連の調査報道の果たした社会改革運動につながる歴史に残る偉業を果たした役割とはやや異なっていたといえよう。

ネリー・ブライの時代にも企業や行政の不正を糾弾する記事は確かにあった。だが、ターベルらマクルアーズ誌の精鋭が手掛けた連載は臨場感がまるで違った。時代の先端を歩んだ同誌の場合は、事実関係を固有名詞入りで詳細に記述し、誰がその悪行の主体でどのような悪事を働き、それがどのような深刻な被害をもたらしたか、その背景などを読者が知ることにできた。匿名の情報は極力減らし、情報源も明示した。記事の執筆者も明らかにした。これはいずれも当時、まさしく異例だった。

事実関係が明確で、核心に迫るこうした一連の報道に全米の市民は肝をつぶした。自由放任の美名の下、大企業はトラストの手法を駆使して市場を独占し、消費者価格を不当につり上げていた。消費者は搾取され、被害者になる一方で、ビッグビジネスが巨額の富をため込んでいた。各地の自治体では、政治家や役人が買収され、民主主義を揺るがす金権腐敗が蔓延していることが白日の下にさらされたのである。

マーク・トウェインの描いた〝金ぴか時代〟の申し子ともいえる職業政治家、改革派、産業界の大物などの新しいアメリカ社会の実力者らを主人公に、ゆすり、たかり、汚職、脅迫、地下組織、ギャング、トラストの秘密協定、リベートなどをちりばめて現実の米国社会の裏側、内幕を分かりやすく、迫真に迫るルポ形式で見事に暴露したのである。

これまで捜査、司法関係者やジャーナリスト、町の事情通などの一部しか知り得なかった社会の裏側を、文字の読める市民なら、そうした事実とその首謀者などを簡単に知ることができるようになった。これは、まさしく、ジャーナリズムの威力であり、ジャーナリズムの時代の到来である。

デメリットも当然あった。ターベルの場合、記事を読んだ関係者がネタ元潰しに動き、投函された内部情報を提供する手紙や投書が途中で姿を消すことも。もっとも、次のスクープにつながる情報や証拠品をもたらす義憤を感じた内部告発者の協力もあった。

特に、ターベルの『スタンダード石油の歴史』は、最大最強のトラストのチャンピオン、ロックフェラーの経営手法を告発する内容だった。市場制覇のために、思いつくありとあらゆる手法でライバル業者を潰し、傘下に入れるやり方で寡占化を進めた内実を暴露。独占の弊害が消費者の生活を蝕んでいることに警鐘を鳴らした。トラストの犯罪性を指弾したターベルは、トラストの規制と解体を世に問うた。

当時の米国では、トラスト問題は、大統領選の争点となるほどの大きな問題となっていた。当時のセオドア・ルーズベルト大統領の目指す、金権主義と腐敗に満ちた米国社会を倫理と道徳、規律、社会正義が優先する近代的な社会へと米国を大きく脱皮させる米革新主義運動と同じ方向にあった。

ターベルらの報道は、自由放任を錦の旗に掲げる裏で、企業が当然持つべき順法精神や弱者の保護、社会的責任を完璧に忘れ、強欲主義に突進する大企業・トラストの規制に乗り出す契機となる。

ネリー・ブライが一過性のルポであるのに対して、ターベルらは、金権腐敗の世界から米国社会を脱皮させる大きな役割を果たした。

ターベルの同僚で、調査報道に強みを見せた残りの二人は、カリフォルニア出身のリンカーン・ステファンズとレイ・スタナード・ベーカーである。ステファンズは、ニューヨーク・イブニング・ポストを経て同誌に一九〇一年に入社。同誌では、ターベルの『スタンダード石油の歴史』の連載より一カ月前の〇二年一〇月から「*Tweeted Days in St. Louis*（セントルイスで小鳥がさえずっていた日々）」の連載を開始した。

中身は、セントルイス、シカゴ、ミネアポリス、ピッツバーグなどの米国を代表する主要大都市の市長や議員、警察幹部らが企業からの賄賂を受け取り、市政を企業寄りに捻じ曲げている現実をルポ形式でまとめ、政治腐敗を明らかにした。

ステファンズは、連載の終了後に、『*The Shame of the Cities*（都市の恥部）』（〇四年）のタイトルで単行本として出版し、全米で知られるようになった。他にも、『*The Struggle for Self: Government*（自治政府へのあがき）』、『*The Traitor State*（裏切り者の州）』などがある。

ミシガン州出身のレイ・スタナード・ベーカーは大学で法律を学んだ後、シカゴの地元日刊紙の記者を経て、一八九八年にマクルアーズ誌に加わった。当初は、劣悪な環境や長時間労働など労働問題を扱ったが、その後は、皮膚の色による差別を扱った『*Following the Color Line*（人種差別を追う）』（一九〇八年）を手掛け、本格的な人種差別を扱った米国での初の著作として知られている。第二八代大統領のウッドロー・ウィルソンとも近く、第一次世界大戦のベルサイユ講和条約を締結するための交渉で大統領報道官などを務めた。執筆したウィルソン大統領の伝記でピュリツァー賞を受賞している。

ベーカーは、後に米政治評論家の大御所として名を挙げるウォルター・リップマンを自らの雑誌の編集に招請した。これをきっかけにリップマンは見出され、ベーカーとともにウィルソン大統領のブレーンに加わることになる。

同誌以外で、この時期の調査報道を代表する記者は、メリーランド州ボルチモア生まれの社会派のフリーランスのアプトン・シンクレアだろう。良く知られているのは、ハエがたかり、ネズミが走り回る不衛生かつ危険極まる労働環境のシカゴにあった食肉工場に潜入し、低賃金、超過勤務時間もない長時間勤務で貧しい移民たちをこき使い、巨万の富をため込む資本家を糾弾する論陣を張った。代表作は、非衛生な工場で放送される食肉の流通問題をルポした『*The Jungle*（ジャングル）』（一九〇六年）である。

出版されると空前の反響を呼び、ルーズベルト大統領を動かし、直後に、食肉現場を改善するための食肉検査法や純正食品・薬品法が制定された。シンクレアは、労働者を擁護する記者という見地から論陣を張り、一〇〇冊以上の著書を残した。うち一つはピュリツァー賞の作品に選ばれた。労働者が虐げられるこうした社会の是正のためには社会主義を志向すべきと考えていたようである。二〇代前半にデンマークから米国へ移住し、写真家としても知られるジェイコブ・リースもこの中に含まれる。ニューヨークのスラム街に入り込み、劣悪な下層階級の現状を撮影した写真が社会に衝撃を与えた。フォトジャーナリストの先駆けでもある。

同年三月に新聞王ハースト系のコスモポリタン誌に掲載されたデビッド・G・フィリップスによる連載の『*The Treason of the Senate*（上院議員の反逆）』も忘れてはならない。

当時、上院議員は、有権者の投票ではなく、州議会が選出していた。九回にわたり、上院議員の実名を挙げた連載では、地域の企業家と政治家の緊密な結びつきを暴露。これは、立法機関の汚職を暗示するもので、当時のセオドア・ルーズベルト大統領を窮地に追い詰めることになる。

初回の連載では、ニューヨーク州の上院議員のチャウンシー・M・ドピューを取り上げた。スタンダード石油に敵対するライバル潰しを側面から支援し、市場制覇に大きく貢献した鉄道王バンダービルト家との深いつながりや他の政治家とのただれた関係などを明らかにしたのである。

連載の多くは、上院議員の多くが企業家の経営する役員会に名を連ねることで報酬などを受け取っていた事実や、公共政策を担う政治家としての利益相反の問題などを指摘した。これがあまりにも詳細な内容だったためなのか、ルーズベルトは、こうした嫌疑を持たれる可能性を懸念したようである。

ターベルが特筆されるのは、秘密主義のロックフェラー帝国の内情を実名で初めてつまびらかに明らかにしたことである。巨大企業の恥部を告発した一連の連載がなかったとしたら、行政は動かなかったかもしれない。反トラスト法適用に向けリーダーシップを発揮したルーズベルトさえもコトの重大性に気がつかず、歴史的な判決による帝国の解体はなかったかもしれない。世論の盛り上がりも欠け、仮に訴追されたとしてもかなり遅れたであろうし、解体というドラスチックな判決にまで至らなかった可能性もある。

当時の米有力政治家はルーズベルトを含めてロックフェラーから多額の政治献金を受けていた。厚い秘密主義の壁をターベルのペンが風穴を空けたとも表現できよう。

ウォーターゲート事件の報道をきっかけに知られるようになった調査報道は、既に触れたように日本でもその歴史は浅く、「おわりに」で取り上げる国家権力の犯罪といえる菅生事件やリクルート事件報道などで知られるようになった。

それよりはるか一世紀前の米国で一人の女性ジャーナリストが巨大独占に挑み、優れた実績を残し、米国社会を大きく変える基点になっていたことは、いくら誇張しても誇張し過ぎることのない功績であろう。

第1章 アイダ・ターベルとは

ターベルが調査報道のパイオニアと高い評価を受けるようになったのは、『スタンダード石油の歴史』の執筆が契機である。これによってそれまで知られることになかったロックフェラー帝国の知られざる恥部を白日の下にさらしたのは既に指摘した。一読すれば分かることであるが、驚嘆するのは、その暗部に迫る驚くべき緻密な取材力である。

インターネット時代ならともかく、そうした便利な情報検索の手段がない時代にここまで収集できたということに筆者は素直に脱帽する。新聞、雑誌の記事はもちろん、裁判の公判記録など公になっている各種情報を片っ端から集め、それを土台に関係者の取材を進め、膨大な情報からロックフェラーの冷酷、無慈悲で倫理に欠け、反社会的なあくどい商法を一連の記事で浮かび上がらせることに成功した。

行政機関の公聴会などでの証言や裁判の公判での公開情報、現代風に表現すればビッグデータを徹底的に利用して記事をまとめていく取材手法は、当時はなかった。ターベルは、そうしたビッグデータを利用して巨大帝国の暗部に迫った初めての記者だったということができよう。

では、その取材力、取材手法、そして読者に読ませる記事の源泉である筆力は一体どこで培われたのだろうか。

ターベルの人生を追うと、それが高校、大学、卒業後に就いた二年間の教師時代や当時流行していたシャトーカ運動に関わっていた時代、パリへの留学時代を通じて少しずつ形成され、その集大成として結実した結果であることが分かる。

本章では、こうした中高大学時代を追うことでアイダ・ターベルのジャーナリストとしての資質がどう形成されていったのかを考察する。

ターベルの自伝である『*All in the Day's Work*（仕事に疲れ切って）』を軸に、ターベル研究家のキャサリン・ブレディー著『アイダ・ターベル――マックレイカーの肖像』、調査報道の大家スティーブ・ワインバーグ著『トラストとの攻防――アイダ・ターベルはいかにしてジョン・ロックフェラーとスタンダード石油を倒したか』、アドリアン・A・パラディス著『*Ida M. Tarbell: Pioneer Woman Journalist and Biographer*（アイダ・M・ターベル――女性ジャーナリストの先駆者、伝記作家）』や、関連する各種文献のほか出身のアレガニー大学がその功績を讃えて創設したターベルのウェブサイト（http://tarbell.allegheny.edu/index.html）などを参考にその実像に迫った。

自伝の『*All in the Day's Work*』の日本語訳については、小学館ランダムハウス英和大辞典（一九八六年版）辞書で引くと、「be all in」に「疲れ切って」という意味がある。「be all in a day's work」だと、ジーニアス英和辞典（二〇〇八年版）で、「（大変そうに見えるが）毎日やっている仕事なので平気だ」との意味が掲載されていることを付け加えておこう。

1 山師たちの石油地帯——幼年時代

ターベルが生まれたのは、今から一世紀半前の一八五七年一一月五日。当時の世界といえば、七つの海を支配した大英帝国は、ヴィクトリア女王（一八三七〜一九〇一年）の統治の時代。権益を世界に拡大し、繁栄の絶頂期にあった頃だ。五一年には、世界の物産を紹介する万国博覧会がロンドンのハイド・パークで初めて開かれ、誰もが目を見張る水晶宮（クリスタルパレス）とよばれる全面ガラス張りの建物を建設。産業革命によって生まれた近代工業の成果を全世界に誇示した。

欧州大陸のフランスでは、ナポレオン三世による第二帝政（一八五二〜七〇年）が既にスタート。国内産業を育成する一方で、クリミア戦争（一八五三〜五六年）などへ出兵し、積極的な対外政策を展開していた。極東の中国では、アヘン戦争（一八四〇〜四二年）をきっかけに列強の進出が始まっており、五六年には、英船籍を主張する船の中国人乗組員が海賊容疑で逮捕されるアロー号事件が発生、これを奇貨として英仏が出兵、列強の中国進出が一段と加速化していた。

日本はというと、五三年のペリー来航を受け、ターベルの誕生した五七年に幕府がハリスと下田条約を締結した。日本は開国に向け、まっしぐらに歩み始める。世界は激動の時代に突入していた。

一七七六年に一三州による独立を宣言した米国は、「マニフェスト・デスティニー（明白なる使命）」の下、西部開拓を進める。その一方で、国内問題が先鋭化、奴隷制などをめぐり南部と北部の対立が激化。ターベルが五歳になった一八六一年三月にリンカーン大統領が誕生し、直後に北軍の勝利で終わる南北戦争が勃発した。そんな内戦の時代であった。

生まれたのは、東部ペンシルベニア州ハッチ・ハロー。母エセルの実家だった。父フランクリン(フランク)は、農業を始めるため家族を残し、単身、中部のアイオワ州に旅立っていた。政府が未開発の西部の土地を無償で分け与えるホーム・ステッド法が既に施行されていた。時は経済恐慌の真っただ中。預金していた銀行の倒産で父は無一文となり、足止めを食らう。舞い戻って来た時にはターベルは既に一歳半となっていた。

実家が農家のターベルは、この間、アヒル、ニワトリ、羊などの家畜に囲まれて育った。帰って来た父は、仕事探しにさっそく精を出す。ここは、オイル・クリークと呼ばれる地下の油が川や池などに自然に湧き出す地区であった。太古の時代から原住民たちはこれをすくい、ランプや薬に使用していたのである。

五九年八月下旬、全米を驚かせるビッグ・ニュースが近くの同州タイタスビル発で流れた。エドウィン・ドレークが地下に眠る石油の採掘に成功するという人類初の快挙をやってのけた。以降、米国は世界最大級の石油の生産地となり、現在までそれが続いている。

ニュースは、燎原の火のように全米へ伝播、ゴールドラッシュならぬ石油の採掘で一獲千金を夢見る男たちが殺到するオイルラッシュが生じた。掘削用サイト確保のため、狂ったように大勢の山師が殺到。タイタスビルの人口は、短期間で数倍に膨れ上がり、土地の値段は短期間で急激に上昇した。

では、殺到した男たちがすべて億万長者になったのか。そうではなかった。ゴールドラッシュと同様に極めてリスキーなビジネスでもあった。

まず、採掘しても油の眠る地層に当たるかどうかは分からない。成功しても、市場への供給量がドカンと増えれば、需要と供給の原則で、値段は当然下落する。「豊作貧乏」という言葉が農家にあるように、掘り当てることが必ずしも収入増にはつながらないのである。

こうした中でオイルビジネスに着手したロックフェラーは、採掘に伴うリスクを痛感。掘り当てた原油を精製する方がより安全なビジネスであることを見抜いた。採掘からは距離を置き、精製部門への注力を決断する。ここが洞察力の凄さであり、抜きんでた経営の才覚の片鱗を垣間見ることができる。

では、ターベル一家はどうだったのか。オイルクリークには、にわか作りの石油採掘業者が急増、成功した油井からは大量の原油が噴出していた。これは巨大な木製の樽に詰められた。ところが樽がいくつあっても足りない。木工職人としても腕に自信のあったターベルの父のフランクリン（フランク）は、この樽作りで活躍する。樽ビジネスはたちまち繁盛し、ターベル一家は、父が経営する工場の近くに拠を構えた。

もっとも、幼いターベルにとって、オイルクリークでの生活は息苦しいものだったようだ。ひとりでの遠出を禁じられていたからである。

油井のやぐらが林立するこの地区はあまりにも危険が多すぎたからである。油の溜まった水たまり、廃坑になった油井の跡。落ち込んだら二度と這い上がれない深い穴などが無数にあった。転落すれば、命に保証はない。

こんなこともあった。自宅の隣で採掘していた知り合いの業者の井戸から油が噴出、その随伴ガスに引火し、大爆発に見舞われた。多数の犠牲者が出たのはもちろんである。幼少期のターベルの生活は、まさに危険と背中合わせであった。自伝によると、事故による焼け焦げた死体を目の当たりにした記憶が残り、「一生、うなされることになった」。

当時、オイルラッシュが起きた山間部の石油地帯では、ここに石油が出ると分かると、業者が殺到し、伐採されてはげ山となった斜面などに油井が乱立した。夏になると積乱雲が発生し、雷雨となって大量の雨が降り出す。一夜にして町が消えたと形容される伝説の町ピットホールなどを訪問すれば分かるが、なだらかな斜面を流れる雨は土石流と化し、油井はもちろん、民家や商店なども流された。危険は至る所に散在していたのである。

煙草を吸うのもご法度だった。採掘のため地下へ掘った穴から出てくる随伴ガスに引火して大惨事になるからである。

ドレイクが初めて油の採掘に成功したタイタスビルは、当時一万人程度の人口を誇っていた。地方都市としては大きい方である。現在、八〇〇万人弱のニューヨーク市の人口が一〇〇万人超だった頃である。教会、銀行、学校、警察、ローカル新聞など各種施設が完備した近代的な街でもあった。当時としては、珍しい歩道や下水道、ガス灯が完備されていた。一家は、週二回は教会に礼拝に出向く敬虔な信徒であった。

浮き沈みが激しい石油地帯では採掘の成功で一夜にして長者に生まれ変わる幸運な山師もいれば、鉱脈に到達できずに破産に追い込まれるケースも少なくなかった。

伝説の町ピットホールのメインストリート沿いに六万ドルで建てられたホテルが廃業し、ターベルの父はわずか一〇〇分の一の六〇〇ドルで購入、移設しこれが一家の本拠となった。

こうした乱高下の激しい石油ビジネスに心を痛めていたのは、タイタスビルの住人だけではなかった。先般簡単に触れたが、目先の利く若き経営者ジョン・D・ロックフェラーも危機感を抱いていた。石油産業の不安定さは経営にとって好ましくないと考えたロックフェラーは、オイルビジネス全体の支配という野望を持っていた。比較的経営の安定している石油精製部門を支配下に置くことでこれが可能と結論付けた。慧眼である。

手始めに石油地帯の石油精製部門を支配下に置くことを目指す。そのための中核となる「South Improvement Company（南部開発会社）」を七一年に設立した。ロックフェラーらの発案とされる鉄道からのリベートを武器にしたこの戦術は、石油地帯の独立系業者との間で軋轢を生み出し、それが石油戦争にまで発展する。この実態は、第4章、第7章などで詳しく取り上げる。ここでは、簡単に説明することにとどめる。

支配強化のため同社は、手始めに、鉄道会社などとの間で密約を結んだ。鉄道は、スタンダード石油系以外の独立系業者に対する輸送運賃を値上げする一方で、見返りに、ロックフェラー・南部開発連合に対してリベートを支払い、南部開発へ傘下入りした業者に対しては、実質的な格安運賃を適用した。加わらないターベルの父のような独立系業者の支払った割高な運賃の一部がリベートとしてロックフェラーへ還流したわけである。

ドローバック（割戻金）というとんでもない悪質なリベートもあった。独立系業者が鉄道で輸送した分に応じて、ロックフェラーに支払われたのがこれであった。ライバルが輸送すればするだけ、スタンダード石油へ支払われる割戻金が増えた。石油地帯の独立系業者を皆殺しにした冷酷、無慈悲なロックフェラー商法を象徴するドローバックについては後述するので、そこを参照していただきたい。

鉄道からたっぷり支給されるリベートで潤ったスタンダード石油とは対照的に、リベートも受けられずに奮闘する独立系企業の製品は、経費がかさみ、結果的に割高となる。利幅の少ない石油精製業では、この有無が競争で決定的な役割を果たした。石油市場の征服を目指したロックフェラーの野望が実現できた源泉は、鉄道からのリベート、ドローバックであった。

リベートのかやの外に置かれた独立系業者との競争は、最初から勝負がついていた。太刀打ちできず、廃業に追い込まれる。あるいは傘下入りを余儀なくされた。これらは、鉄道会社と組んだ共同謀議による犯罪的なカルテル行為、まさに独占禁止法違反である。これが秘密裏に実行に移されていたのである。

幼いターベルは、父親フランクを含めて次々に傘下入りを余儀なくされる独立系の弱小企業を自分の目で見て、巨大独占、ロックフェラーに対する敵愾心を募らせたことは想像に難くない。この瞬間、ロックフェラーは、ターベルの生涯の最大の敵となったのである。

2　ゴーストタウンの街——中高時代

ターベルが家族と一緒に生活したタイタスビル（Titusville）は、その綴りから分かるように都市名に「ville」というフランス語で〝村〟を意味する単語が付いている。この地域は、ターベルが幼年期に住んだ「Roseville（ローズビル）」や出身のアレゲニー大のある「Meadville（ミードビル）」など開拓時代にフランス人が入植した地域と一目で分かる都市名が点在する。

タイタスビルが石油産業の聖地と呼ばれるのはエドウィン・ドレークが原油の採掘に世界で初めて成功したためである。これによって、一攫千金を狙う山師たちが怒涛のように殺到した。

指先が器用で木工職人の経験もあったターベルの父のフランクリン・ターベルもその一人であった。当初は、汲み上げた原油をいったん貯蔵する木製の樽の製造でひと山当てた。だが、羽振りのいい時期はそう長くは続かなかった。鉄製の樽が出現したからである。その途端、木製樽への需要が急速に細り始める。大量運搬のためのパイプラインの建設の進展がこれに追い打ちを掛けた。中間貯蔵のための樽がビジネスとして成立しなくなってしまう。

決断を迫られたフランクは、これを機に、自腹を切り、リスクの高い原油採掘に自ら乗り出した。米ペンシルバニア州は、ロックフェラーの出身のオハイオ州クリーブランドと隣接する州。石油が採掘されたのは当時ここだけで、この地域の攻略が将来の帰趨を決定する重要な要素となった。

独立系業者のターベルは、スタンダード石油と期せずして激突することになる。互角に戦った局面もあった。だが、最終的には大資本ロックフェラーの策略に翻弄され、一敗地にまみれた。父は、恨み骨髄となる。捲土重来を期すが、その夢を果たせないまま憤死する。

そして娘のターベルが、スタンダード石油をズタズタに切り裂く辛辣な一連の記事を世に問う。ロックフェラー帝国は、最高裁判決で解体の憂き目にあい、仇打ちに成功した形となる。遺恨試合説が出るのはこのためである。

一家は、タイタスビルに引っ越しする以前、近郊のローズビルに住んでいた。ターベルは、そこで小学校に通った。自伝では、片田舎の個人経営の学校で、規模も小さく、十分とはいえない教育環境だったとの記述がある程度で、小学校へいつ通い始めたのかなどの詳しい説明はない。この時期の米国は、地方政府も体をなしていないことも手伝って、特に、田舎の教育事情は好ましいとはほど遠い情況にあった。

当時の小学校は八年制。八年通えば、それで終わりだった。しかも、四年で学校を離れる生徒が大半だった。これは、校舎の不足もあった。授業を受けることが物理的に無理だったのである。ローズビルは特にそうだった。これを補う制度として、自宅で学ぶ〝ホーム・スクーリング〟が容認されていた。だから、自宅で子供を教育する家庭が多く、四歳位で読み書きが完璧なケースも少なくなかった。ターベルも、ピアノを習っていたほどである。

多くの地域で高等学校は選択制だった。その数も多くはなく、自宅を離れ、寄宿して目指す高校に通うことが多かった。教育熱心な両親は、そうした事情も手伝って転居を決めたようである。

石油産業の当時の中心地タイタスビルに引っ越したのは一三歳の頃。それまで父は、ローズビルから毎日、愛馬でタイタスビルからさらに山奥に入ったピットホールに通っていた。

自宅は、フランス風のバルコニーが評判だった豪華なホテルを二足三文で父が買い叩き、それを改装した大きな家だった。油田の枯渇で利用客が消えたピットホール随一のホテルを格安で買収したということであろうか。

これにより、子弟間の交流が濃密で家族的な学校から、規模の大きく都会的な学校への転校を迫られた。ターベルは、ここでのマスプロ教育になじめず授業をさぼり始める。誰にも見咎められないだろうと高をくくっていたのが誤りだった。担任のメアリー・フレンチから大目玉を食らう。「自分の知性をすり減らし、両親の顔に泥を塗っているのではないか」と手厳しく批判された。ターベルにとっては、はっとさせられる指摘だった。これを機に勉学に専心し、模範的な生徒となる。

数カ月後に高校に進学を果たす。年の終わりには優等生に仲間入りし、ついに学年の最優秀者となったから、たいしたものである。そして、ひとたびトップに躍り出ると、両親、先生、周囲の期待に添わなければならないと考えるようになった。ターベルの生真面目な人柄がこのあたりからもしのばれる。

高校では、動物学、地質学、植物学、自然哲学、化学などを勉強した。とりわけ科学に専心した。パズル感覚で解ける数学や翻訳で特に良い成績を上げた。ターベルは、幼少の頃から植物、昆虫、石などに興味を持っていた。山道を散策し、採集しビンに入れ、標本にして自宅に展示し楽しんでいた。故郷の山々は、ターベルにとって宝の山であった。タイタスビルでは、植物、昆虫などについてのより高度な知識を文献などを通じて知り、自然科学について学問的な背景も知ることができた。

ターベルはこの頃、小遣いを少しずつ貯金し、小さな顕微鏡を手に入れていた。ホテルを改造した自宅には、あたり一面が見下せる、屋根から一段突き抜け三方が二重窓になったタワールームと呼ばれる塔があった。そこへ本棚や机、標本などを持ち込み自分の勉強部屋として独り占めにしていた。顕微鏡もここに持ち込み、遊んでいた。

この頃、将来の夢が芽生えていた。一つ目は、生物学者になり、植物の生態を研究すると決めていた。そのため大学へ進学、教育を受け、教師になりたいと考えていた。さまざまな生物を顕微鏡で観察するうちに大学への進学意欲は決定的なものに変化していた。自然科学をさらに勉強し、顕微鏡を使って学問を究め、生物学者になる。

自然科学を学ぶうちに、教会で知った、聖書が伝える人類の歴史と自然科学の説との間に齟齬があることも分かってきた。旧約聖書が創世紀などで記述する人類の誕生と進化論の違いである。両親にも教会にも相談できず、人知れず悩んでいたようである。

ターベルは、この頃、ダーウィンの『種の起源』（一八五九年）を読破していた。「適者生存」、「自然淘汰」、「優勝劣敗」などの選択に生物が適応した結果、多様な種が生じるとする進化論を説いていた。キリスト教の宗教観に基づく学説が当時の学会を支配していたからこの考え方と異なる進化論は、大きな波紋を呼んでいた。ターベルも自分の本棚の中にダーウィンの本を並べ、顕微鏡などを使って自分なりに進化論のなぞを解き明かそうとしていたのである。

自伝などによると、結婚に対する特別な思いも形成されていた。「自由であるためには、私は独身でなければならない」。こうした決意は、高校時代から既に形成されていたようである。なぜだろうか。それは、生物学者になるという自分の目標の実現には、結婚が自由の足かせになる、最大の障害になると考えていたようだ。

といって、自分にとって自由が一体どんな意味があるのかを知っていたわけではない。自由であるにはまず、独身でなければならない。単純にそう考えていたのである。「女性は、男性社会の奴隷」

という当時の女性解放運動が主張する考え方に沿っていた。結婚は、幻滅するほど自分を縛り、自分の夢である生物学者への道は閉ざされる。だから結婚しない。それが第二の目標と化していた。ターベルは、その主張を貫徹したのかどうか判然としないが、独身でその生涯を終えた。

進学したい気持ちを打ち明けると、両親はもろ手を挙げて賛成してくれた。当時としては、女性の大学進学は極めて限定されていた。往々にして女性の権利拡大のための活動の一環と見られた。

ではどこに進学するか。当時、女学生を受け入れる大学は限られていた。候補に上ったのが一八六五年創設のニューヨーク州のコーネル大学であった。理科系に特色のある大学で、七二年から女子学生を受けて入れていた。自然科学に多大な興味を抱くターベルにとっては、まさに入りたい大学である。

だが、近くのアレゲニー大学への進学を決定付ける決定的な出来事が起こった。タイタスビルから三〇マイル（四八キロメートル）のミードビルにあり、一家にとって身近な存在ではあった。その学長がターベル家を訪問、食事をともにしたのである。

一家が信仰するメソディスト教会のタイタスビル支部は、同大学の後援者のひとつであるエリー協議会に属していた。教会の説教壇で心温まる講話をしてくれた当時の学長のルシアス・ブグビーは、ターベルがコーネル大学を目指していることを知ると、アレゲニー大学の良さ、有利な面を分かりやすく説明してくれた。

これが縁となり、ターベルは、コーネル大学を断念し、アレゲニー大学への進学を決断する。両親にとっても娘が距離的に遠いニューヨーク州より、近くの方がはるかに安心だった。受験科目は、ラテン語、ギリシャ語、現代国語、英文法、代数、歴史、自然哲学、植物学、生理学であった。

3　成績抜群の編集長――大学時代

一八七六年秋、誕生日直前の一八歳のターベルはアレゲニー大学に進学した。女学生を受け入れたばかりでその数はごくわずかだった。入学してみると、学年の女子学生は、ターベル一人。女子に対する大学教育は不要と一般的に考えられていたから、受け入れる大学は少なかったのである。ターベルは、時代を切り拓く「開拓者」のような決意で入学後の毎日を過ごしていた。

大学はフレンチ・クリークと呼ばれるアレゲニー川の支流の谷に位置していた。キャンパスの端に泉があり、米初代大統領のジョージ・ワシントンがそれで喉の渇きをいやしたとの〝伝説〟が残っていた。

一八一五年に創設された大学は、ターベルの入学する数年前から女子学生を受け入れていた。とはいえ、全学でも女性はわずか七人であった。

当時、大学は、キューポラ（丸天井のドーム屋根）のあるベントレーホール、カルバーホール、ルターホールの三つの建物で構成されていた。数十人で構成されるクラスの授業はベントレーホールで行われ、カルバーホールは、男子寮、レンガによる三階建てのルターホールは、図書館であった。ターベルは、自伝の中でベントレーホールについて、「全米で最も美しい建物のひとつ」と形容している。

ただし、使い勝手は別の問題で、お気に入りのベントレーホールにしても中身は最悪だった。木製の椅子は堅く、冬は雪が中まで入り込み、床はいつも濡れた状態。石油ストーブはあったがとても寒かった。チャペルでは首に巻くマフラーが必要だった。

大学が一八七〇年に女子学生に門戸を開放したのは、法の下の平等（男女同権）、公民権などを規定した米憲法修正一四条による。大学での男女平等の実現のため女性の権利拡張団体が熱心に活動し、その成果として結実した。

文献によっては、南北戦争（一八六一～六五年）の勃発で、戦いに加わるため大学を辞める男子学生が続出したため定員不足に悩んだ大学当局が女性学生への門戸開放を決断したとの記述もある。そうした機運に拍車を掛ける意味はあったのだろう。

大学の後援組織のひとつが一家の信仰するメソディスト教会であったことは既に言及した。その中の女性指導者たちが、一九二〇年に実現した普通選挙を目指す婦人参政権論者であった。この運動の一環として大学の女性に対する門戸開放もテーマとなっていた。

一八七〇年に、エリー湖を挟んで向かいのミシガン大学も同じ決定をした。コーネル大学より二年早い決断である。ターベルの入学前の六年間にアレゲニー大学では、既に女性は一〇人卒業していた。

ターベルの入学した年の新入生は総勢四〇人。ちなみに三、四年生には女性がそれぞれ二人いた。女子寮がなかったため、当初は教員が自分の部屋を宿舎として提供してくれ、女子学生は教員宅を転々としていた。しばらくすると七部屋から成る女子寮の建物が完成。白い外壁だったため、女子学生らはこの建物をボタン雪と呼んでいた。

当初は、男子校に一人入学を許されたような形だったから、一種の侵入者という意識が強く、学内のしきたりでもタブーが多かった。学内に女子学生が入ってはいけない区域があり、知らずにそこに入った時に先輩の女子学生がそれとなく教えてくれたこともあった。

カリキュラムは男子学生と同じだった。英文学、言語学、歴史、科学、フランス語、ドイツ語。体育では、男子学生が野球やサッカーが課されたのに対し、女子学生は美容体操だった。ターベルは図書館で本を読んでいることが多かった。

学習環境をとても気に入っていたようである。高校時代から自然科学に興味があり、この勉強を目指して入学したから、入学後の関心はおのずと自然科学に向かった。

自伝によると、この学科の担当責任者である教授ジェレミア・ティングレーとの出会いは、身震いするほどの興奮があった。五〇代の教授は、形式張らない人柄で、生き生きと輝いていた。ある時、ベントレーホールの中にある自宅に学生を招待してくれた。哲学から政治問題、社会主義まで幅広く議論したのはとても新鮮だった。

ターベルが顕微鏡に多大な関心を持っていることを知ると、大学の双眼顕微鏡を自由に使うようにしてくれた。それは、自分の顕微鏡より遥かに強力であった。教授は、自分自身のために何かを発見するよう叱咤激励してくれた。研究室にあった当時の最新鋭の電気器具や誘導コイルなどを自由に使うことができるようにしてくれた。

「初めて熱狂、熱中し、解明するこの力は、最高のそして生涯失われることのなかった私の大学の経験のひとつであった」と振り返っている。教授の激励の下、ターベルは開花したのである。

教授は、文献の学習や座学というより、実地研修などそれ以外の科学的な研究について熱心だった。ターベル自身もその種の勉強に喜びを感じていた。

教授は、講義の中で自分の経験した興味深い話をしばしば披露してくれた。例えば、こんなことがあった。水で洗った石が置かれており、学生はその報告を求められた。教授は、石を観察し、ひっくり返す。だが、学生が報告することは何もなかった。教授は、「問題は表面でなくて、内部なのだ」と学生を諭した。これを教訓に、研究室では、内部の観察がキーワードとなった。

タイタスビルの頃からの親友で、大学でも一緒だったイリス・バールは、当時のターベルをこう回想している。「素晴らしい学生だった。朝四時に起きて勉強を始めていた。完璧でなければ満足しなかった。ラテン語が本当にできた。だが、がり勉ではなかった。人間にとても興味があった」。

大学では、学年の幹事のほか、出版部の編集長も担当していた。女子学生で構成される文芸部「Margaret Fuller Ossoli（マーガレット・フラー・オソリー）」（一八一〇〜五〇年）に属し、その機関誌『*The Mosaic*（モザイク）』に文章を書き、大学の新聞に記事を寄稿するなど八面六臂の活動をしていた。マーガレット・ブラー・オソリーは、当時、著名な女性ジャーナリストで女性の権利活動のための論陣を張っていた。モザイクは、寄せ集めの意味である。

ターベルは、当時の活動について「作家として小さな才能しかなかったとしても自由に文章を書いて訓練し、自由な討論のための最高の場を見つけた。それが文芸部であった」と振り返っている。

学内の新聞では、文芸部の主張を反映させたのか、女性教育についての投稿が多く、「女性は、男性のためではなく、創造神のために女性を教育し、教育されなければならない」などとの持論を展開したこともあった。勉強も良くできしかも積極派だから大学でも目立つ女子学生だった。在校生を代表し、学生を前に演説することもたびたびあった。

現在でも、女子大生の就職は狭き門である。一九世紀のこの頃は、針の穴のように狭く困難だった。企業に期待できるはずもなく、あるといえば、教師か宗教活動の関係の採用程度だった。それが難しければ、伴侶を見つけて結婚生活に入るしかなかった。

結婚の予定のないターベルは、時間があれば顕微鏡ばかり覗いていた。海外での留学も選択肢にあり、その実現のため生活を切り詰め、貯金していた。

成績優秀のターベルに対しアレゲニー大学は、フランス語とドイツ語の教師のポストを提示した。だが断った。牧師からも誘われた。最終的に、断ったはずの教師の道を卒業後の道として選ぶことになる。他の候補をはねのけて狭き門を突破した。ターベルの若さや意欲が勝っていたからである。

4　社会問題に開眼――教師生活

一八八〇年八月二三日。ターベルは、この日から隣のオハイオ州ポーランドのプレスビテリアン（プロテスタント長老派教会）系私立学校の教師として学生と対峙していた。現在の感覚からすれば、中学校と高校を合体させたようなものである。

給与は年間五〇〇ドル。当初は満足していた。教師は尊敬される仕事だし、給与が高いと思ったからである。だだし、それが間違いだった。前任者の給与は年間八〇〇ドルで、仕事も酷く忙しかったのである。

当初は、ニューイングランドのような落ち着いた雰囲気がとても気に入っていた。もっとも、地元住民から歓迎されているという気持ちはあまりしなかった。前任者の教師を懐かしむ声ばかり聞かされたからである。

学校というよりはむしろセミナー、専門学校と表現したほうが適切だった。スタッフは校長、補助員を含めてわずかに三人。二クラスでギリシャ語、ラテン語、フランス語、ドイツ語を担当した。このほか、地質学、植物学、地理学、三角法も教えた。州内のベテラン教師が相手の文法、数学の研修もあった。これには手を焼いた。素人が玄人に教えるという逆さまの図式だったからである。

研修では、毎年参加者全員が同じテキストを使っていた。出席者は答えも分かっていたし、前年と同じ説明、講義を求めるのである。それを知らないターベルは、授業の間にこの事実を知り、愕然とした。結局、テキストを替えて乗り切った。ベテラン教師達からは、不満が噴出した。

恵まれた待遇と受け止めたのであるが、生活を始めると、そうではないことが直ぐに分かった。毎日の食費、家賃などを考慮すると年俸五〇〇ドルでは足りなかった。心ならずも両親に無心せざるを得なかった。

授業の準備やテストの採点で毎日が驚くほど忙しかった。好きな顕微鏡に触れることさえもできない。ワクワクする気持ちで入った道だったが、二年後、教師稼業にきっぱりと別れを告げ、故郷のタイタスビルに戻っていた。

良い思い出がなかったのかといえば、そうでもなかった。生涯の親友もできた。銀行家の娘のクララ・ウォーカー（愛称ドット）である。ドットがいなければ、ターベルは、ポーランドに二年もいることはなかったであろう、と自伝で書いている。後に社会的不正義に鋭いメスを入れる記事を連発することになるターベルのジャーナリスト精神を開花させてくれたのが彼女でもあった。

ご多分に漏れず、仕事を始めた最初の一週間で早くも「仕事を止めて田舎に帰ろう」と考えていた。思い直したのはドットとの出会いであった。顔見知りでもなかった彼女が突然訪れ、ホームシックにかかっていたターベルを元気付けてくれた。これは街で偶然出会ったドットの父親が、赴任直後で顔色の優れず元気のない姿を心配し、娘に相談したからだった。

二人はなぜか気があった。付き合いの中でターベルは、意外な新事実や社会の新しい動きを知ることになる。刺激の連続であった。かかとの低い靴をはくドットは、型にはまらない自由な格好をしていた。いろんなところへ一緒に出かけた。英ウェールズからの移民の働く鉱山では、石炭を掘る機械が空恐ろしいものであることを知った。

一〇マイル（一六キロメートル）離れた鉄鋼の街ヤングスタウンでは、観劇の帰りに葬儀の列に遭遇した。荷馬車の上には、黒焦げになった労働者の死体が積まれていた。溶鉱炉の爆発で犠牲になった人たちだった。それは、幼い頃のローズビルで見た油井が爆発を起こした時の光景を思い出させた。あるときは、夫のレイオフ（一時解雇）に抗議する主婦たちの群衆にも出くわした。

「仕事の上ではがっかりすることもあったが、ポーランドの二年間は、それまでの人生でもっとも楽しく、面白く、多くの面で幸せであった」と振り返っている。こうした社会との接点が後年、ターベルが社会派ジャーナリストとして開眼するきっかけになったのであろうか。

5　母の影響

難関の大学進学や、後に述べるフランスへの留学など、ターベルの行動力には目を見張るものがある。開明的過ぎる。これは一体どこからきているのだろうか。実は、母親のエセル抜きには語れない。ここでは、ターベルが影響を受けた母親を取り上げてみよう。

自伝でターベルは、「母は、社会と家庭での自分の役割について、しぶしぶ折り合いをつけてやっていた。母は女性の権利拡張運動の中で育ってきた。結婚していなかったとしたら、高等教育を受け、専門的な職業に就くことを希望し、女性の権利拡張運動にきっと奮闘していただろう」と評している。ターベル家は、もともと、お客に対してオープンだった。特に、この種の開明的な活動家の訪問を喜んで受けていた。敬虔なメソディスト派でもあった父は、一八四〇年代に同派を中心にスタートした禁酒運動を支持、熱心な酒類製造販売禁止論者でもあった。女性の権利拡大についても理解があった。

当時の女性には選挙権がなかった。母は女権拡張運動に積極的に関与。タイタスビル転居後は、これに拍車が掛かった。

交際範囲の広かった母のエセルは、訪問客と「女性の本性とは」、「自分たちは一体何ができるか」などを自宅で際限なく議論していた。選挙制度などの不公正について母は、ひどく腹を立てており、ターベルも世界の中での自分の居場所について苦悶していたようである。

こうしたことから社会問題を知り、社会に対する批判的な態度をターベルは、自然と身に付けるようになった。当然、教育にも目が向き、進学を希望するようになった。

一家の中で大学進学を一番熱心に勧めてくれたのも母である。進学を希望していたのにもかかわらず一八五〇年代の米国は女子学生を受け入れる大学がなく、断念せざるを得なかった母親。大学の新聞に投稿したように、ターベルは、母親の熱心な女性の権利拡張運動にも関心を抱いていた。

6　シャトーカ運動

タイタスビルに戻ったターベルは、実家に身を寄せていた。仕事もなく、顕微鏡を覗く日々を送っていたが、間もなく仕事が舞い込む。当時流行していた、文化運動のお手伝いである。中身は出版の校正作業であった。始めると、それにとどまらず、取材し記事を書く記者のほか、編集長の仕事まで要請された。この経験が、後のジャーナリスト、作家へと転身を遂げ、調査報道のパイオニアとまで崇め奉られるきっかけとなったのだから興味深い。

一九世紀後半、米国ではシャトーカ文学や同文化活動が流行しており、総称してシャトーカ運動と呼ばれていた。

もともとは、ニューヨーク西部の教会が開催している日曜学校のサマーキャンプ活動であった。これが宗教に限定されず、文化的、教育的にも拡がったのである。シャトーカ自体は地名で、ターベルは幼い頃、一家でピクニックに訪れたこともあった。

この活動を広報するための機関紙の編集スタッフに採用されたのである。当初は、補助的な役割だったのが、筆が立ち校閲作業も的確だったから編集活動を支える主軸となった。

機関紙の『シャトーカ・アセンブリー・ヘラルド』は、一八八三年夏号でターベルが編集局のスタッフに加わったことを掲載している。どこまで本音でどこまでがお世辞か分からないが、ここに紹介しよう。

「素晴らしい文学的知性に恵まれ、明快で説得力のある表現力という類まれな天賦の才能に恵まれた若き女性、アイダ・ミネルバ・ターベルの筆が加わることで弊紙は、さらに質が向上……、キリスト教に対する強烈な共鳴と子供たちに対する愛情と同時に、多彩な知性と幅広い読書は、この新聞の編集者として若き読者に対し素晴らしい価値を提供してくれるでしょう」。

ターベルの参加で、発行部数は一八八〇年の一万五〇〇〇部から五年後に三倍強の五万部に膨らんだ。活動の拡がりに加えて機関紙の中身の向上も要因だったのだろう。

編集部は、勝手知ったるアレゲニー大学と同じミードビルにあった。当初は、一カ月のうち二週間滞在して編集活動に携わっていた。ところが、いつの間にか専従となり、一日一〇数時間も働くまでに入れ込むようになった。通うどころか結局、居を構えるまでに至る。筆が立つことからエディター（編集）も任され、取材し、記事も書いていた。

機関紙は、女権拡張派に分類されていた。ターベルもその傾向があったからその種の記事が多かった。野心的な調査報道の記事を手掛けたこともあった。それは、米国の女性による特許の獲得数である。既に説明したように、当時、米国の女性には選挙権はなかった。「女性には創造的な力がない」、

「あってもごくわずか」という差別的な理由が挙げられていた。当局は、女性による特許権の数を意図的に過小に数えているようでもあった。

女性に創造力があるかどうかは、それを証明すれば決着する話だった。ターベルは申請された特許件数に目を付け、果敢にチャレンジした。ワシントンの米特許庁に押し掛け、幹部に取材を申し入れた。その結果、それまで三三四としてきた女性による米国内での特許件数について、約三倍の九三五もあることを突き止めたのである。

こうした仕事に没頭しているうちにターベルの生物学者になる夢は薄れ、ジャーナリズムの道へ急速に惹かれ始めた。そして、一世紀前のフランス革命の時代にジロンド派の黒幕と言われたロラン夫人に興味を抱くようになった。女性の権利拡張活動に熱心な母親の資質を受け継いだのだろうか。

ターベルは、このアイデアを編集長に提示し、仏革命で断頭台に消えた悲劇の王妃マリー・アントワネットなどを含めてフランス革命で登場する数人の女性研究を機関紙に掲載した。

これをきっかけに、ロラン夫人の生きたフランス・パリをこの目で見て取材し、自分で伝記をまとめてみたいとの気持ちが募った。フランスに行けば、夫人は、女性が期待される公的な場での貢献の仕方を自分に教えてくれるのではないか。それには、まず、研究が第一で、パリに行かなければならない。こう考えるようになった。この時ターベルは大学を卒業してちょうど一〇年、既に三四歳になっていた。

計画を明かすと、編集部の誰もが婉曲な形で反対した。「あなたは三〇歳を過ぎていることを忘れないで。三〇歳を超えると新しい職場を見つけるのは難しいですよ」と諭す同僚もいた。女性の同僚は、「あなたは私たちの中の一人、何か不満があるの」と反対に説教された。決断は同僚にとって反逆と映ったのである。編集長からは、「君は記者ではない。飢え死にするぞ」と脅された。これに対し、両親は、不安を感じながらも賛成してくれた。

キャサリン・ブレディー著の『アイダ・ターベル――マックレイカーの肖像』によると、人事上の処遇の不満もあったようだ。ターベルは、「昇進がなければ辞める」と上司に申し入れた。だが、これは完全に無視された。この結果、嫌気が募り、辞めることを思い立った。興味深いことにこの話は、自伝には一切触れられていない。

フランス行きを決めると、当然、日常会話である仏語の特訓に迫られた。読み書きは高校時代から得意だったが会話となると話は別だった。このためタイタスビルに住むフランスからの移民を探し出し、週三回の会話の練習に励んだ。「ソルボンヌ大学へ留学しよう」、「ロラン夫人の伝記を書こう」との思いが日ごとに募っていた。

最大の問題は、渡航費を含めたカネだった。とりわけ、現地での生活費をどうやってねん出するか。それが頭痛の種であった。ターベルは、追い込まれた瞬間になぜか、驚くほどの行動力を発揮する妙なジンクスがある。逆境に強いということであろうか。

パリ留学中に米新聞社へ欧州の鼓動を伝える記事を寄稿する臨時特派員になることを思い立つ。ピッツバーグ、シンシナチなどの近隣の大都市を回り、新聞社の編集長と会った。その結果、一〇数社との間で一本六ドルの原稿料で執筆する契約の取り付けに成功した。

米国には、「パリを見てから死ね（See Paris and die)」という諺がある。ターベルの場合は、「パリに行き、生活をする（See Paris and live）」だったと自伝の中で書いている。

一八九一年八月、ターベルは、米国を発ち、パリに到着する。さっそく、本拠となるアパートを見つけ、八月一九日には既に、米国の新聞向けの最初の記事をベッドの上で書いていた。

第2章 フランス留学時代
——ジャーナリストの素養を涵養

1 叩きつけた辞表——抗議の留学

◆ガラスの天井

女性差別を象徴する米国の言葉に「ガラスの天井（grass ceiling）」がある。米労働省の「Grass Ceiling Commission（ガラスの天井委員会）」のリポート「Good for business（ビジネスのために良いこと）」（同委員会、一九九五年三月）によると、「ガラスの天井」とは、米経済紙ウォール・ストリート・ジャーナル（ＷＳＪ）が、「大企業の女性」というタイトルのコラムでこの言葉を一九八六年に紹介して以来、広く知られるようになった。

報告書はその中身を、「その女性の業績や功績にもかかわらず、女性がビジネスの世界で（会長や社長などの）最高の地位に就くのを阻んでいる女性と役員室との間にある通り抜けることができない見えない壁」と規定している。いったん女性が官庁や企業などの組織に就業し、昇進という階段を一歩一歩、上ろうとした時、つまり一定以上のポストからの昇進を目指すと、この見えない壁が俄然立ちはだかってくるというのである。

学歴、技能、業績とは無関係。ジェンダーが違うという単にそれだけでの理由で昇進が阻まれる。有史以来の長い男性社会の歴史が構築した堅固な、見えない壁とでも表現できようか。この天井は、視覚的な確認は困難という意味を込め、新聞特有の分かりやすく、しかもキャッチーな言葉で「ガラスの天井」と表したわけである。

WSJ紙の報道は、当時、財界人、ジャーナリスト、官僚などの間で大きな反響を呼ぶ。五年後の一九九一年、当時の労働長官エリザベス・ドールの指示で、実態を調査する委員会が立ち上げられた。この結果、ジェンダー差別の根絶を目指す「Grass Ceiling Act（ガラスの天井法）」が検討されたが、そこまでは至らず、米公民権法の一部修正での対応となった。

二〇一一年三月二六日、血液のガンのため入院中の病院でジェラルディン・フェラーロ元下院議員（民主党）が死去した。民主党の米副大統領候補として一九八四年の米大統領選で、大統領候補のウォルター・モンデール（元副大統領、元駐日米国大使）とともに出馬したことでも知られる女性議員である。共和党を含めて副大統領候補となったのは女性で初めて。副大統領は、大統領に万一のことがあった時に職務を引き継ぐ重要ポストである。

フェラーロ逝去に際し、当時、米国務長官だったヒラリー・クリントンが、元大統領で夫のビル・クリントンとともに連名で声明を発表した。この中に、くだんの「ガラスの天井」という表現が盛り込まれている。象徴的な意味があるので引用しよう。

「ジェラルディン・フェラーロは、粘り強くて素晴らしい、信念のために立ち上がる、自分の意見の公表を決して恐れないニューヨークの象徴で、米国生まれの真の米国人であった」、「イタリア系移民の彼女は、多数を占める政党（民主党）から大統領選での公認候補者の指名を受ける初めての女性に浮上した。フェラーロは、女性の指導者リーダー世代のために路線を敷き、米国の政治の中の〝ガラスの天井〟に初めてヒビを入れたのである」。

この追悼声明を発表したヒラリーも〝ガラスの天井〟とは因縁浅からぬものがある。ヒラリーは、二〇〇八年の米大統領選への出馬を宣言し、その前段階となる民主党予備選で、後に大統領に就任したバラク・オバマと戦った。ヒラリーは残念ながら、後半得票が伸びず、敗退した経緯がある。大統領候補の指名争いで、オバマに惨敗したことが明らかになった時点でヒラリーは、自分の支援者たちを集めた集会で、こんな言葉を送り、感謝の気持ちを示した。

「私たちは、あの何よりも高く、最強の〝ガラスの天井〟を粉々に打ち砕くことは今回できなかった。けれど、皆さんのご支援で、天井に約一八〇〇万ものヒビを入れることができた。〝ガラスの天井〟を通して見える光は、これまで以上に光り輝き、次回は、この道筋は少しばかり楽になるであろうとの確信と希望で私達を満たしてくれています」。

最高指導者である大統領を目指したけれど、あの強固な〝ガラスの天井〟に行く手を阻まれ、最高点まで、つまり大統領のポストに到達することができなかった。ヒラリーはこんなことをいいたかったのだろう。捲土重来を期した二〇一六年の大統領選でも現大統領のドナルド・トランプ氏に敗北したことはよく知られている。

官界、民間とも女性のトップが少ない日本に比べればはるかに米国の方がオープンなように見える。だが、米国に住む女性にとっては、女性の社会進出は、なお茨の道であるということを呼びかけたかったのであろうか。

ターベルの生きた一九世紀末から二〇世紀当初の米国には、〝ガラスの天井〟という言葉はもちろんなかった。差別が皆無だったわけでは決してない。女性の社会進出では、むしろ〝鋼鉄の天井〟ともいうべき難攻不落の頑丈な壁が張り巡らされていた。社会活動に大きく関わりたくてもそれが受け入れられる社会情況ではなかったのである。

理不尽なまでの差別は厳然と存在し、あらゆるところでそれが見られ、締め出されていた。女性の地位向上を目指したターベルはこの中で苦悶し続けていた。

女性を受け入れていたのはごくわずかで、そのうちのアレゲニー大学へ進学した。参政権の実現は第一次世界大戦後の一九二〇年（一部の州はもっと早く実現）まで待たなければならなかった。意欲があっても教師などを除くと就ける仕事さえなかったのである。進学、就職の両面でターベルは息が詰まるほどの人生の壁を意識していた。

フランスに渡るきっかけは、そもそも何だったのか。既に触れたように、雑誌編集部での昇進に対する不満の可能性が強い。同じ原稿を書き、同じ編集作業をしていても男性より昇進が遅い。七年在籍している自分にはその声さえ掛からない。取り残された気持ちがしてたまらなかったのだろうか。

辞表を叩き付けたターベルは、決死の覚悟で渡仏を決めた。ターベルに同調し、編集部の同僚二人も同行することになった。心強いことだっただろう。

◆恋に落ちて

渡仏は、女性の生き方を自問する旅でもあった。差別に煩悶していたターベルにとって、フランスは夢と希望に満ち溢れていた。自由、博愛、平等を希求する革命の実現するために活躍した当時のフランスの女性達は自分の手本のようにも思えた。その代表格がロラン夫人。革命を主導した女性たちの生きざまはどうだったのか。これからの生き方の参考になるかもしれない。この目で確かめたいと考えていた。

一八九一年八月六日、ターベルは、友人三人とパリに向けてニューヨークの港から船で発った。港では大失敗してしまった。欧州行きの船が停泊する埠頭に行くのとは別のフェリーに乗り、対岸に着いてしまった。間一髪、危うく乗り過ごすところだった。緻密な取材で知られるターベルもこんなところがあった。

ベルギーのアントワープ経由だった。大部屋の旅を四人は、存外楽しんだ。歌やダンスなどで乗客たちは長旅の時間をつぶしていた。

パリ行きの乗り換え港でもあるアントワープでは、空き時間に美術館を訪問。音楽会などで束の間の楽しみを味わった。到着後は、安ホテルに宿泊。物価が高く、懐具合が必ずしも良くなかったためだ。急いで住居を探すことになるのだが、そんな忙しい中でも、ロラン夫人のことを一瞬たりとも忘れなかったターベルだった。

九一年夏のパリといえば、パリ万国博覧会（一八八九年）が終了し、歓喜に沸き立っていた頃である。一九六〇年代の米国が「黄金の六〇年代」と呼ばれたように、フランスは、「Gay Ninetes（歓喜の九〇年代）」の真っただ中であった。

最大の呼び物として、革命一〇〇周年を記念して当時世界一のノッポビル、エッフェル塔が三月に、折からの建設ブームでモンマルトルの丘に聳えるサクレクール寺院も同じ時期に完成していた。シャンゼリゼなどの大通りには、淡い青色の光のガス電燈が灯り、光の街と化していた。夜空に揺れるガス灯の光はロマンチックなムードを醸し出したに違いない。

やっとの思いでパリの街に立ったターベルらは、一瞬にしてこの町の虜になった。その時の気持ちを自伝の第六章、「I fall in Love（恋に落ちて）」の冒頭で、「私は見た瞬間にパリと恋に落ちてしまった。それは爆発だった」と表現している。人口が一万人にも満たないペンシルバニア州の田舎町タイタスビルと比べると、人口三〇〇万人を超える当時のパリは大都会。キラキラ輝くまさに光の街だった。

とはいえ、大金を持参しての留学ではない。直前まで関わっていた啓蒙活動「シャトーカ」の編集部の給料は安月給。質素な生活をしていたが、膨大な蓄えができるわけでもない。旅費を払ってパリに到着した時の所持金はわずかに一五〇ドル。耐乏生活を渡仏前から決意していたのである。

幸運なことといえば、四人による共同生活となったことだ。これが生活費の節約に大いに貢献した。ホームシックや寂しさも何となくまぎれた。三人のうち二人はシャトーカ時代からの知り合いで、うち一人がタイタスビルの友人、アレゲニー大学の同窓でもあるジョセフィーヌ・ヘンダーソン。もう一人がメアリー・ヘンリー。キリスト教系団体の職員の娘だった。急きょ加わったもう一人は、メアリーの知り合いで、禁酒会のリーダーのアニー・タウエル。年かさのターベルは三人から「お母さん（mammy）」と呼ばれるようになった。これは、フランスに向かう大西洋の船の中で、乗客の一人がターベルをふざけて、「お母さん」と呼んでいたからである。三人の世話を焼いていたからだろうか。

◆カルチェラタン

住居は、パリの中心部からやや離れたセーヌ河の南の学生街、ソルボンヌ大学などがある「Quartier latin（カルチェ・ラタン）」とした。カルチェ（Quartier）とはフランス語で地区、ラタン（latin）とはラテン語。ラテン語のできる教養ある学生の多く住む学生街という意味である。ターベルは、渡仏前からここに住むと決めていた。

セーヌ河を挟んでノートルダム寺院の向かい側。ニューヨークの象徴、港の沖に立つ「自由の女神」の原像が庭園内にあることでも知られるリュクサンブール公園や英雄たちを祭る神殿パンテオンもある。ソルボンヌにも近い。学生街だから生活費が安くあげられる。大学の授業を受講し、学位を取得できるかもしれないとの思惑もあった。秘密にしていたが、パリで仏革命の専門家になり、大学の先生になろうとの野望も抱いていたのである。

四人は早速カルチェラタンを歩き回る。お目当てのパンテオンやクリュニー中世美術館あたりを物色した。衛生状態は必ずしも良好ではなく、悪臭でむせ返り、息の詰まる部屋やノミや害虫などのいる物件もあった。結局、ソミュラー通り（Rue de Sommerard）の二階建てのアパートに決めた。屋根裏ながらも、簡単な台所、居間、ベッドルーム二部屋を借り受け、四人でシェアすることにした。

大家は英語もしゃべれるボネ夫人だった。「かなり流ちょう（fluent）」と自伝で褒め上げているが、他の文献では文章を書かせると必ずしも上手ではなかったとの記述もある。

フランス語が上手とは必ずしもいえない四人にとって、これが家を決めた最大の理由だったのではあるまいか。夫人は翌年に新しい家を買い、ターベルも一緒に引っ越した。そこは、普通の部屋だった。レース付きの窓、ビロードの椅子、大きな机、小さかったがクローゼットやバルコニーもあり、かなりリッチになった。夫人とは、都合三年付き合うことになる。

食料品は確かに安かった。数スー（旧仏硬貨）で出来合いの料理が調達できた。卵一個、クロワッサン一つ、牛乳瓶一杯程度のミルク、コーヒー一杯などのわずかな量で買えるのには驚いた。

十分な蓄えも持たずに飛び出したターベルは、米国内の新聞社への寄稿のためを到着後から猛然と記事を書き出した。生活費を稼ぐためである。いわば、フリーランサーである。

当時の米国民にとってフランス、特に芸術と花の街パリは、あこがれの存在だった。何でも珍しい。面白いと思った日常生活の体験を綴れば、歓迎された。ネタを探すために片っ端から新聞を読み始めた。到着後の一週間で二本の記事を送っていた。

うちの一本がオレゴン州ポートランドの地元紙サンデー・オレゴンに掲載された「パリの四人の少女――強い結束で乗り切り」である。おっかなびっくりで米国から渡仏した自分たちの体験をそのまま紹介している。当時の四人の生活が分かるから簡単に紹介しよう。

「居間、大きなクローゼット、台所、ベッド付き二部屋がしめて月一五ドル。四人は家具などの部屋の装飾に八〇ドルしか使わなかった。部屋の天井、壁、暖炉はきれいだったし、鏡が掛かっていた。台所も家具付きだった」。

必需品のほとんどを中古に頼ったようだ。しかしバカにするなかれ。なかなか優れているのである。

カーテンは横丁の市場で生地を買い、食べ物は、カルチェラタンで調達した。ロールパン一個、カフェオレ一杯、スープ一杯を超安値で売ってくれる。お店で肉を差し出せば、タダ同然の値段で焼いてくれた。料理の必要はほとんどなかった。

2 ロラン夫人

◆女傑

冒頭に記したように、渡仏の目的は、フランス革命で政権を一時掌握したジロンド派を操り、「黒幕」、「女王」との異名を誇ったロラン夫人の伝記を書くためである。

ロラン夫人とはいったいどんな人物なのか。少しばかり考察してみよう。生まれはパリ、出身はブルジョアジーの第三身分。父ガシャン・フィリポンは金細工師で、パリの中心部で宝石商を営んでいた。

「平民とは結婚しない」とやや高慢な口を利く、後にロラン夫人となるジャンヌ・マリー（愛称マノン）は、美貌の才媛で、街でも評判の娘だった。当然、求婚が殺到する。だが、平民出身は断り続け、二〇歳年上の哲学者、裕福な名望家ジャン・マリー・ロラン・ドラプラティエールと一七八〇年二月に結婚し、お城のあるリヨンに住んだ。

その頃、バルチーユ監獄などへの民衆による攻撃が始まり、革命が進行していた。田舎に籠りながらも夫人は多大な関心を抱き、ジロンド派の幹部となるジャーナリスト、ジャック・ブリッソに一方的に書簡を書き続け、革命への共感を発信し続けていた。

書簡に綴られていた夫人の革命観をブリッソは、高く評価、自らの新聞『フランスの愛国者』などに、「ローマの女からの手紙」のタイトルで掲載した。

たまたま、この時、技術関係の地方官僚でもあった夫にリヨン市の巨額な債務を中央政府が肩代わりする交渉役の仕事が回ってきた。夫人は夫とともにパリへ赴任、これを機に夫人のジロンド派への出入りが始まった。名実ともに革命に関与することになる。

なぜ、政治にのめり込んだのか。幼い頃からひとりで本を読み耽るような知的好奇心が旺盛だった夫人は、父親が教える金細工やデザインよりもラテン語や読書、ダンス、歌、バイオリン、ギター演奏のなどの文化的教養を高める活動に興味を示していた。

両親は家庭教師を付けたが、知識欲はこの教師の力量をたちまち上回り、しばらくすると学ぶものがなくなった。修道院に入ったりもしたが、難解な哲学書への興味は治まらない。帝政ローマ時代の哲学者プルタルコスをはじめ、プラトン、ディドロ、ヴォルテール、スピノザなどのほか、当時流行の最先端だったルソーも愛読、ストア哲学に傾倒していた。

この影響からか、ローマの共和制を信奉し、進行していた革命に痛く感銘を受けていた。アテネの民主制も熟知する夫人は、その中で大きな役割を果たしたサロンが革命の成就のためにも必要と痛感、自ら開催するに至った。

夫人の個人的魅力に加えて、その卓越した知性と教養、才覚、才智、絶妙なもてなしでスタートしたサロンはたちまち人気化。週四回開催の会合には、ジロンド派の大御所のジェローム・ペティオンをはじめ革命遂行で大きな役割を果たしたピエール・ヴェルニオや旧知のブリッソなど超一流の幹部が多数集結。革命を進めるための拠点となったばかりか、ライバルのジャコバン派のマクシミリアン・ロベスピエール、ジョルジュ・ダントンさえも顔を出すなど大物政治家の政治情報の交換の場となった。夫人は、後年、恐怖政治の中心人物になるロベルピエールの政治力を見抜き、味方につけるべく懐柔を図ったが失敗、その後は疎遠になった。

リヨンの技術官僚のトップとしてくすぶっていた夫が、進行する革命と時を同じくしてパリ在住となったことが夫人の運命を大きく変えたのである。

ところが急転直下、九二年三月事態は急変する。ジロンド派が多数を占める内閣が成立し、ブリッソの後押しで夫が内相に就任する。才智に優る夫人は、内務省内に机を確保、采配を振るうようになる。演説などほとんどは夫人に手によるものとなった。

なぜ夫人は、国政に大きく関わる政府の文書のほとんどを自分で書いたのだろうか。筆の立つ夫人は、実は結婚直後から、夫の原稿や演説の代筆を自宅で続けていたのである。文学的素養もあったことから夫が出版用や百科全書派などに寄稿する原稿を推敲する過程で、自分なりに文章を修正、付け加え、校正、清書なども担当していた。積極性に欠け、決断力に乏しい夫はこれを容認していた。

宿泊するパリ市内のホテルで開いていたサロンは夫の内務相就任後は公邸に移る。サロンは、ジロンド派の拠点となり、夫人が卓越した政治力を発揮する場となった。これを苦々しく思ったライバルで急進的なジャコバン派で法務相に就任したダントンは、「内相を夫人が操っている」とする公然の秘密を暴露。夫人が陰の内相として君臨しているという驚くべき実態をメディアも報じ、フランス全土に知れ渡った。夫の人気は急降下。同時に、王妃マリー・アントワネットさえも凌ぐ夫人の権力を〝ジロンド派の女王〟あるいは〝黒幕〟とたとえるようになった。

九一年の国王一家の国外逃亡（ヴァレンヌ事件）が失敗後、ルイ一六世が処刑されてからは、優柔不断、煮え切らないジロンド派の革命の進め方に大衆の不満が充満し、没落。代わってライバルのロベスピエールの属するジャコバン派が権限を掌握。反対派を断頭台に次々に送り込む恐怖政治が始まった。ジロンド派の黒幕と目された夫人も逮捕され、五か月後に断頭台（ギロチン）に消えた悲劇の女性として知られている。

フランス革命では、欧州随一の名門といわれるハプスブルグ家出身でルイ一六世の王妃マリー・アントワネットなど数多くの女性が登場する。後世、フランス革命と女性とのタイトルで多数の本が出版されている。女傑、ロラン夫人は、この中の五本の指に必ず入る人物である。

◆二つの論文

ターベルはなぜ、夫人に興味を抱いたのか。それを解くヒントが、渡仏にさかのぼる二年前にあった。シャトーカ運動の広報誌の編集部門勤務時代の話である。この雑誌に掲載するためフランス革命で活躍した女性二人の記事を書いている。

うち一つが、同誌八九年七月号掲載の「スタール夫人（Madame de Stael）」。二人目が九一年三月号のロラン夫人。タイトルは、やや刺激的な「ジロンド派の女王（The Queen of the Gironde）」である。

タ―ベルは、女性の権利拡大運動に熱心な母親の影響を受けて育ち、大学では女性だけで組織される文芸部に所属、学内紙に「女性は男性のためではなく、創造神のために教育し、教育されなければならない」との独自の女性教育論を寄稿した。結婚に対しても「幻滅するほど自分を縛り、自分の夢を閉ざされる」との持論を持っていた。

スタール夫人は、テネシー大学出版から一九九四年に出版された『More than a Muckraker（マックレイカー以上）』の九～一七ページに、「ジロンド派の女王」が一八～二七ページに掲載されている。

スタール夫人の本名は、アンヌ・ルイーズ・ジェルメーヌ・ド・スタール（Anne Louise Germaine de Stael）。革命後の第一帝政を築いたナポレオンに好意を寄せ、その度が過ぎて対立、挙句の果てに追放された批評家で知られる。むしろ多感な女性を描いた「コリーヌ」、「デルフィーヌ」などフランス・ロマン派を切り開いた小説家としての方が知名度は高いかもしれない。

スタール夫人もフランス革命に関与した。王妃、マリー・アントワネットの助命を嘆願する論文を公表、穏健な共和制を採用すべきとの主張を展開した。神奈川大学名誉教授の佐藤夏生は、著書の『スタール夫人』の中で、「互いに戦いを繰り広げる世紀にあって、国外に視線を向け、近隣諸国、諸文化を『発見』した人、それがスタール夫人であった。今日になってみれば、夫人こそ欧州統合にいたる道のりの第一歩を踏み出した人ではなかったか」と高く評価している。

波乱万丈の人生を送った夫人がロラン夫人と異なるのは、「機を見るに敏」なところであろう。身に危険が及ぶとみると、間一髪のところでスイスへ逃げ、ナポレオンからの迫害を避けるため英国などで隠遁生活を送った。生きていなければ何もできない。ロラン夫人が、運命にあらがうことなく、そのまま身を任せた断頭台で散ったのに対し、恐怖政治などの動乱の中を首の皮一枚で逃げ切った絶妙な時代感覚の持ち主ということができよう。

二人の生い立ちには大きな差がある。父親が金細工師のロラン夫人は、幼年時代から比較的裕福ではあったものの一介の市民の出身であった。これに対し、スタール夫人は父親がフランスの財政難を解決するためルイ一六世に三顧の礼で財務総監に迎えられたスイス人の銀行家で知られるジャック・ネッケルである。美貌で知性派の母親は、社会活動家でもあり、両親とも高い知名度を誇っていた。

幼い頃から両親に連れられて哲学者や文学者の集う高級サロンに出入りし、知的な上流社会の生活を経験。頭の回転の早さはサロンに出入りする人々の注目の的となった。

執筆した論文は、高い評価で文壇でも注目を集めた。パリ在住のスウェーデン大使のスタール・ホルシュタイン男爵と結婚、社交界で縦横無尽に活躍していた。スタール夫人と呼ばれるのは、この男爵の家の名前である。

自らがサロンを開いたのもロラン夫人と同じだ。ナポレオンに仕え、失脚後のウィーン会議でフランスの国益を守るために手腕を振るった仏外交官シャルル・タレーランとも特に親密な交流があったようで、政界に売り込んだのはスタール夫人との説がある。

スタール夫人の論文を読んでもなぜ、ターベルが夫人に興味を抱いたのかはいまひとつ明確ではない。夫人の一生が年代を追って単に綴られているだけである。主張もないし、独自の分析もない。興味をそそられる部分もない。

強いて挙げるとすれば、女性に参政権もなかった社会参加の道を閉ざされた時代の一八世紀末のフランスで、知性と教養を武器に、女性が男勝りの存在感と影響力を発揮、ナポレオンを相手に互角に勝負し、欧州全土で活躍したという点であろうか。職探しに苦労したターベルにとっては、スタール夫人の活躍は夢にように思えたことであろう。

これに対し、ロラン夫人は、ターベルにとって破壊的な影響力があったことは間違いない。同誌に掲載された論文に目を通せばそれが生き生きと伝わってくる。

留学中から書き始め、その後、単行本として出版された三二八ページのロラン夫人伝と比較すれば、格段に見劣りするのは仕方がないだろう。ただし、視点は大きく外れていない。要旨と考えればわかりやすい。

ターベルは、「マノン（夫人の愛称）は禁欲主義者であり、唯物論者であり、無神論者であった」とも書いている。卓越した能力を持ちながらも、社会進出の道が閉ざされていた一八世紀末に生きたマノンが、結婚後についにフランス革命の中に居場所を見つけ、積極的に関与、優れた知恵と卓越した政治力などを武器に、八面六臂に活躍したものの政敵との政争に敗れ、犠牲となった夫人と自分とを重ね合わせているかのようにも見える。

夫人が中央政界に躍り出たきっかけは、スタール夫人と同様にサロンを開いたことである。辺鄙な田舎暮らしからパリへの生活の拠点を移したことも大きい。フランス革命の勃発を機に、ブリッソへ友人を介して手紙を熱心に送り、交流の始まったことも間違いなくある。

いずれも、手紙魔との異名を持つ夫人の積極的な行動力が生んだ成果といえる。歴史には「if」はないのだが、ブリッソへの書簡の内容が稚拙だったとしたら、交流は始まらず、田舎暮らしが続いただろう。であれば、夫人の人生はもう少し長かったかもしれない。

知性と教養を兼ね備えしかもウィットに富み、人の気持ちを摑んで離さないという絶妙な間合いに長けていた夫人の人間的な魅力がサロンに革命家たちを引き寄せる強力な磁場となったといえるだろう。

幼年時代からギリシャ、ローマなどの難解な古典にいそしみ、アテネの民主制、ローマの共和制に造詣が深く、当時のアテネで盛んだったサロンの重要性を痛感していた。夫人は自らこれを実践、自宅をサロンとして開放したのである。

形式は、夫が開催する形はとっていたが実質は夫人の主宰で、ここにジロンド派幹部を中心に革命家が集い、政治情勢を交換するたまり場となっていた。活発な議論の中で、王政や共和制のあり方などフランスの将来像が話し合われていたのである。この中心にあったのが夫人の考え方であり、幹部間の意見調整を図ったのが才覚のある夫人であった。

九二年に夫が内相に就任する。夫人が実務の一切を取り仕切った。国王処刑につながった国王による内相罷免処分のきっかけとなる書簡も実は、夫人が代筆した。書簡は国王に対し「革命を支持する側」なのかそれともそうではない「反革命」なのかを迫る内容で、内相罷免の国王の決断はとりもなおさず「革命の否定」を意味した。

この結果、怒った民衆が立ち上がり、ルイ一六世は幽閉され、翌年一月に処刑された。王政終焉のきっかけを作った夫人の存在感は一段と高まり、事実上の女王であることは公然の秘密となったのである。この頃が、夫人の絶頂期といえようか。

いいことは長くは続かない。国王処刑に際し、ジロンド派が優柔不断な態度を取ったことが命取りとなる。これに代わってジャコバン派が急速に力を強め、ジロンド派が没落、恐怖政治が始まる。夫人は逮捕され、五か月後に断頭台に散ることになる。

選挙権もなく社会進出への道がほとんど閉ざされた時代に、知性と教養を巧みに操って積極的に行動、一時は国政を牛耳るまでに活躍した女性がいたことはターベルの目には、この上もなく素晴らしく映ったに違いない。自らの思想のために殉じ、断頭台に赴いたことも気高いことだ。革命広場に据えられた断頭台に送られる馬車の中で叫んだ「自由よ、汝の名において、なんと多くの罪が犯されたことか」という名言も胸を打つ。突出した異彩が男性社会の反感を買い、恐怖政治の中で命を絶たれた悲劇的な最後は共感できたに違いない。

その死は実は、愛人もいた当時の夫人にとっては無駄な最後ではなかった、とターベルは解釈している。五か月間の監獄生活は、それまでの、夫に尽くす良妻賢母を演じていた夫に奉仕する毎日からの解放であり、断頭台での死は必ずしも自分の思想に忠実だったことを意味するわけではない。処刑の日は、愛人との「夫人にとっては結婚式の日であったのではないか」と分析している。

3　パリの日々

◆仏国立図書館

海外生活は、結構大変である。滞在先の言葉が流ちょうに話せればさほど問題はないが、そうでなければ毎日のストレスは大変なものとなる。生活習慣が違えば、誤解が生まれたりする。ターベルの場合、大学の授業にしても当初は、ほとんど分からなかったようだ。

フランス語は故郷の高校と大学で勉強し、シャトーカでは、機関誌に掲載のためフランス語の記事を翻訳した程度。渡仏直前に仏系米国人に頼み込んで会話を練習したが、聞き取り能力が不十分なことを実感した。英語の上達を希望するフランス人を集め、英語を教える代わりにフランス語で話をしてもらう努力もした。

住まい確定後、早速、ロラン夫人関連の情報収集活動に入った。平民出身にもかかわらず革命の中心人物に躍り出て、〝黒幕〟、〝女王〟などとのおどろおどろしい異名が付けられたばかりか、悲劇的な最後を遂げただけに話題性は超一級。手紙魔に加えて、逮捕後、死ぬ直前まで監獄の中での五か月に回想録を執筆したというから、関連の書籍や資料が膨大な量に上ることは知っていた。分厚い四冊からなる書簡集も出版され、内相時代の公文書なども残っている。仏国立図書館の夫人の目録は渡仏前に完成していた。

国立図書館はアパートから歩いて行けた。資料は確かに膨大だった。文献、資料などに目を通し、これをすべてノートに書き写す気の遠くなるような作業が始まった。複写機があればあるでコピーする作業も大変だが、書き写しはそれ以上に骨が折れる。助手を雇う余裕もなく、これが日課となった。心配だったのは、すべて筆記できないうちに帰国の日を迎えることだった。

一日の大半を図書館で過ごし、骨折り損とも思える資料の書き写し作業が金字塔『スタンダード石油の歴史』の告発記事を書くための良い訓練になったことは間違いない。

正確な記事を書くために公開情報を集める。それを土台に、取材先を辿り、第一級の情報を求め続け、追い詰めていく。ネット、パソコン、携帯電話、複写機など文明の利器がすべてない時代に、こうした緻密な作業の積み重ねが労作の多くを生み出す原動力になったといえるだろう。

一九世紀の中盤から後半にかけ、英国で亡命生活を送ったカール・マルクスは亡くなるまでの約三〇年間、その大半を大英図書館で過ごした。経済研究と膨大な資料を収集、その結果、生まれたのが中国や旧ソ連などの共産主義国家を生み出す原動力となった、あの壮大な『資本論』体系であった。

論文の執筆では、それまでの先行研究や事実関係の調査をいかに迅速に収集するかがカギとなる。もちろん専門家の意見も多方面から聴取しなければなるまい。それには、世界最大級の蔵書を誇る仏国立図書館の利用が最も近道だったのは間違いない。

仏国立図書館、大英図書館の蔵書は現在、いずれも一四〇〇万冊誇る。現在これを上回るのは米議会の図書館ぐらいのようである。

調査報道の質を高めるには、自ら足を棒にして歩き回り膨大な量の情報、資料をかき集め、それと並行して、利害関係者やその筋の専門家などに当たる基本動作が肝要となる。

毎日の図書館通いは、存外楽しかったようだ。当時の国立図書館（現在は旧分館となっている）は、フランスの公官庁街、仏財務省の入居するルーブル宮殿の北のパレロワイヤルの隣。自宅から直線で約一キロメートルの距離にあった。

自宅からセーヌ河に向かい一七世紀に完成したポンヌフ（新しい橋の意味）などの橋を渡れば、ルーブル美術館などの入るルーブル宮殿、つまり対岸に出る。パレロワイヤルを右手に眺めて北に歩

く と間もなく到達する。速足で歩けば、二〇分程度、三〇分みれば十分だろう。

ターベルは、パリの官庁街の中を突っ切って歩くこの道程をいたく気に入っていた。それは、ロラン夫人の生きた足跡がそのまま残されていたからであろう。父親の仕事場や夫人の生まれた家から洗礼を受けた教会、幼い頃から慣れ親しんだセーヌ河とその河畔。内相時代の公邸、逮捕後移送された監獄、断頭台に上るまでの一週間過ごした監獄、断頭台に運ばれ、処刑される直前に夫人が馬車の車窓から目にしたであろう最後の光景などを自分の眼で見ることができた。

夫人の遺物がそのままの形で残されているパリは、ぞくぞくするような興奮を呼び起こす〝聖地〟でもあった。「何と、何という幸運、私は夫人が歩いたまさに同じ道を歩いている」。ターベルは当時、いつもこの言葉を口にしていた。

◆フリーランサー

その日暮らしのフリーランサーとして、生活費をどう捻出するかは死活問題だった。だから、米国の新聞、雑誌への寄稿のための材料集めは極めて重要な課題だった。

フランスとりわけパリの話は何でも珍しかろうと考え、ありとあらゆる種類の記事を送った。フランス人は何を食べ、飲んでいるのか。どこでそれが手に入るのか。値段は、興味は何なのか、遊びは、乞食はいるのか、など何でも書いた。だからいろんな人と話をし、親しくなるように努力した。最初はお高く留まっていた商店街のおかみさんたちも、貧乏学生の身の上を知ると、気を許していろんな話をしてくれた。これが大きな手助け、ネタになったのである。フランス語の上達に大きく貢献した。

寄稿の契約をしたのは、ボストン・グローブ、シカゴ・トリビューンなど。原稿料は一本五ドル、イラスト付きであれば六ドル。ターベルには、とても安く思えた。しかも支払いは、信じられないほど遅かった。記事を送っても掲載される保証もなかった。扱いが当初悪かったことがあり、不満が高じた。

キャサリン・ブレディー著『アイダ・ターベル』によると、到着直後に書いた記事が、「パリの安全」と題するたわいもない記事である。シカゴ・ユニオン・シグナル紙に掲載された。内容は以下である。

「落ち着き払った一人の女性がレストランに入ってきた。食事をするためのようだ。だが、たった一人で食事をするのは、今、来店したばかりの女性だけではない」が書き出しだ。現代では、女性が一人で外食するのは、さほど珍しくない現象であるが、当時の米国では到底考えられないようなことだった。ターベルはここに着目した。

喫茶店での一コマの記事もある。女性が化粧用のコンパクトを突然取り出し、小さな鏡で化粧に乱れがないかを確認し始めた。大勢が周りにいるのにもかかわらず、である。それが終わると、女性は、今度は一緒の男性の肩に誰に気兼ねもなく寄りかかった。これも当時の米国だったら、度肝を抜かれる光景である。

到着一か月後には、別の話題を送付し、ピッツバーグ・ディスパッチ紙に掲載された。反ドイツ主義の高まりで、ワーグナーの有名なオペラが警官の警護の下で上演されているという記事で、これには、「普仏戦争から二五年も経過しているのに」とのターベルのコメントが付いている。

最初の原稿料は、三か月後に受け取った。シンシナチ・タイムズ・スター紙からで、わずか六ドル。「こんなわずかな原稿料のために一生懸命になることはない」とこの瞬間心に誓ったのだが、予想外にもその後は、小切手の到着が相次いだ。

世界的にも有名で権威のある米スクライバー誌に、「France Adorée（フランス大好き）」の記事を一方的に送ったら一〇〇ドル送られてきた。アパート代（月一五ドル相当）の七倍近い。これには驚いた。

ターベルは、原稿の評判が芳しくなく、生活に困るケースを想定して、留学を一年で切り上げる積りだった。だが、評判は上々だったから自信を深めた。この結果、期間を二年に延長することにした。最終的にはこれが三年となる。

近くのソルボンヌ大学では、フランス政治経済学、フランス革命、一六世紀のフランス文学などの講義に出席、授業ではあれこれ質問をした。これが夫人の伝記を執筆する際の歴史的背景や政治経済面からの分析などで大きな補強材料となったのである。

◆エジプトの王子

三年間のパリ生活は山あり谷あり、さまざまなことがあった。アパートの隣人はエジプト王子、官僚の卵らである。この面々とのお付き合いも始まった。

大家のボネ夫人は、政府派遣の法律、医学、外交を学ぶ学生にも部屋を貸していた。パリ西方のサンシールの陸軍士官学校で学んでいた王子も週末はこの家に滞在していた。夫人の計らいで米国勢四人は、王子や政府派遣の学生一一人らと週一回、夕べを共にするようになる。夕食が済むとゲームやダンス、手品をしながら、あれこれ歓談し、これが夜更けに及ぶこともあった。

王子の英語は完璧だったし、学生は全員優秀で三〜四か国語を操れた。米国人の日常にいたく興味を持っていたようで、特に女性の生き方、結婚前後の男性との付き合いに質問が及んだ。政治についても口角泡飛ばし議論した。ターベルは、上品でしかも優しく、誠実な王子のファンになった。

海外生活は異なもので、筆者の経験でもそうであるが、同胞と出会うとその後、信じられないくらいに深い付き合いとなる。米留学生たちともすぐに親しくなった。大学教授も含まれていた。ジョンホプキンス大学のジョン・ビンセント博士、同大学卒でフランス革命やフランス文化の専門家、後にコロンビア大学や名門女子大学の米スミスカレッジで教鞭を取ることになるチャールズ・ハンセン、そしてマサチューセッツ工科大学（ＭＩＴ）のフレッド・パーカー・エメリー先生など。たちまち親密になり、夫人を交えてカルチェラタンのレストランで毎週、夕食を共にした。貧乏学生で自らレストランに入ることのなかったターベルだったからこの食事会は一種の冒険でもあった。

「毎週末はどこかに行く」と宣言していた一年目は公共交通機関を利用し名所、旧跡を訪問した。セーヌ河での船遊び、ベルサイユ宮殿、フォンテンブローなど郊外の街やお城などを訪れた。天気が悪ければ博物館や教会に。ターベルを除く三人は、一年で帰国するため最後の旅行はモンサンミッシェルを選んだ。全員が帰国すると俄然ホームシックが募り、家族が無性に恋しくなった。配達される手紙だけが楽しみとなった。

二年目は、ボネ夫人の引っ越しでターベルも一緒に移動した。今度は、リュクサンブール宮殿の近く。国立図書館には少しばかり遠くなった。

奇妙な経験もした。二年目に入る二か月前のある日突然、得も言われぬ恐怖心に襲われた。執筆もままならず、外出。重苦しい気持ちがなかなか晴れない。午後遅くに家に帰ると、夕刊が届いていた。手に取ってみると「米タイタスビルが洪水と火事で、鉄道の駅舎と鋳物工場を除くすべての建物が壊滅的な打撃を受けた」との米国発の記事が掲載されていた。家族は全員死亡したのか。ターベルは目の前が真っ暗になった。その夜はほとんど眠れなかったが翌朝、ボネ夫人が電報を持って部屋を訪ねてきた。それは、家族からのものだった。開けてみると電報には「無事だ（Safe）」とだけ書いてあった。俗にいう、テレパシー体験であった。

◆マクルアーの急襲

記事は、ニューヨークのマクルアーズ誌へも送付していた。寄稿して生活費を稼ぎたいとの思惑から、興味を持ってくれそうなところへ手当たり次第に送り付けていたのである。

タイトルは、「パリの結婚の日」。当初関心を示さなかった編集部もその筆力を認め、オーナーのサムエル・シドニー・マクルアーが遥々ニューヨークから乗り込んできた。テレパシー体験から間もなくしてからである。

アパートは、路地裏でしかも四階、とても分かりにくいところにあった。にもかかわらず探し当ててきたのである。この出会いがターベルの人生を決定的に変えることになる。

ノックする音がしたのでドアを開けると細身でもじゃもじゃ頭の男が立っていた。「一〇分だけいいかい」、「今夜スイスに発たねばならないから」。開口一番こう切り出した。最初は自己紹介。貧乏な家庭に育ち、一念発起し、大学進学を決意、孤軍奮闘の末に大学の卒業を勝ち取った生い立ちや、妻とのロマンスを一方的にまくしたて、同時に、寄稿した記事とそれから読み取れる取材テクニックなどを褒めたたえてくれた。

率直、情熱的、自信たっぷりのしゃべり方、燃えるような鋭く青い目。なぜかひかれた。ターベルも自分の身の上話や将来の夢などを披露。語らいは、一〇分どころか二時間を超えていた。

マクルアーは、自分の出版事業について触れ、パリを引き払い、編集部に直ちに加わって欲しいと懇願した。これに対し、ターベルは、「やりかけた仕事がある」と態度を明らかにしなかった。ただし、パリからの寄稿は快諾した。編集部へ所属するかどうかの結論は先送りとなった。

帰り際に、お金の持ち合わせがないことに気付いたマクルアーは、四〇ドルを貸してくれと切り出した。たまたま、夏の旅行用に大金を準備していたターベルは貸すことになる。「戻ってこないだろう」と思ったのだが、予想に反して四〇ドルの小切手が翌日届いた。

マクルアーからは、間もなく注文がきた。当時流行の仏女流作家を紹介する連載のほか、狂犬病ワクチンや牛乳などの低温殺菌法を開発したことで知られる科学者ルイ・パスツールのインタビューなど。大学時代に科学者になる夢を持っていたターベルには、世界的な科学者を取材できるというだけで心が躍った。パスツールの紹介記事は、マクルアーズ誌の一八九三年九月号を飾った。

さらには、記事のインタビューのため日曜物語で有名なアルフォンス・ドーデ、ドレフュス事件の解決で大きな役割を果たしたエミール・ゾラ、三銃士のアレキサンドラ・デュマなど第一級の知識人、小説家と会うこともできた。こうして全天候型のジャーナリストに着実に育っていくのである。

執筆活動が順風満帆だったかというと必ずしもそうではなかった。九三年は米国の景気が最悪で企業倒産が相次ぎ、出版社の経営も厳しく、送金は滞っていた。気乗りはしなかったが経営は比較的良好と思われたシャトーカの編集長に思い切って打診すると快諾してくれた。「パリのサロン」という記事を書き、一〇〇ドルの原稿料をせしめた。

家賃が払えない時期もあった。ボネ夫人に悪いと思い、質屋に毛皮のコートを持ち込んだ。身元証明が必要で、質屋はなかなか首を縦に振らない。ラテン語で書かれた米アレゲニー大学の卒業証書を見せたら納得し、当座に必要な資金を工面できたのである。

4　本丸へ

◆末裔との出会い

私有財産制を否定し、財産の共同共有化に基づく社会の建設を目指す共産主義を体系化したマルクスが大英博物館に閉じこもり理論を発展させたのとは趣をやや異にし、仏国立図書館の文献や資料、情報を漁り、基礎的なデータを集めたターベル。調査報道の旗手と異名を後年付けられたジャーナリストらしく、一〇〇年前に生きたロラン夫人の新しい情報を目指し、パリ市内を足を棒にして積極的に歩き回った。

世の中には、運のいい人とそうでない人がいる。本人の努力もあるのだろうが、ロックフェラーとの対決やリンカーンの伝記でも筆者は、ターベルが稀に見る強運の下に生まれたジャーナリストだと思えて仕方がない。夫人関連の情報収集では、信じられないことにその末裔と知己を得ることに成功したのである。

マクルアーの要請で、著名な仏女性作家の連載を始めることになった。英国人の詩人でゾロアスター教の経典の翻訳者としても知られるＡ・メアリー・Ｆ・ロビンソンを取り上げた。このメアリーの夫が著名な学者ジェームズ・ダーメステーターで、ターベルがロラン夫人に興味を抱いていることを知ると「自分が紹介状を書くから、末裔に当たる学者のレオン・マリリエールに会ったらよい」と勧めてくれた。

レオンは、未公開のロラン夫人の手紙などを所蔵しているというのである。レオンこそが、ターベルが追い求めていたまさにその人物だった。未公表の資料を入手できれば、これまで知られていなかった新しい夫人像を世界に紹介できるかもしれない。上手くいけば、夫人の評価を一変させる画期的な伝記が書ける可能性もある。

書いてくれたのは、レオンらと夕食を共にする紹介状であった。これをきっかけに、ターベルはレオンやその実母などの末裔が集うロラン家への出入りを許されることになる。未公開情報を入手する余地が十二分にできたわけである。執筆に向けて大きな推進剤となったのはいうまでもない。

それにしても何という運の良さであろう。ジャーナリストが世界を震撼させるような特ダネをかっ飛ばすには、第一級の情報源が必要となる。その情報源を見つけることができるかどうかが成否を決する。それは、作家でも同じである。粘り強く着実に取材を重ねることが第一。さほど重要ではないと思えるつながりが糸口となって取材源が広がる。ターベルのケースはまさにそれだった。

血のにじむ努力をした人物に運命の女神は微笑むといわれる。米国の発明王トーマス・エジソンは、「天才は、一％のひらめきと九九％の汗（Genius is one percent inspiration and 99 percent perspiration）」と喝破した。汗とは「汗をかく」、つまり努力することのようである。フランス留学は俄然大きな成果を挙げそうなムードになってきた。

◆サロン

「それは、新しい社会と知性の世界への門でもあった」。夫人の末裔の主宰による晩餐会へ出席したターベルはその時の印象をこう語っている。

食事が終了すると曾々孫（ひひまご）に当たるレオン・マリリエールは、断頭台に散った夫人の直筆の手紙を見せてくれた。夫人の曾孫娘（ひまごむすめ）に当たる実母マリリエール夫人なども紹介してくれたのである。ターベルは、その後、この会に頻繁に出かけることになる。

集う面々や規模、政治性を帯びていないことなどでかなり異なっていたが、この集まりこそが一〇〇年前にジロンド派の幹部を集め、情報交換のためロラン夫人が内密に開いていた集まり、つまりサロンであった。留学生などの外者にはなかなか出会うことのないまさに非公式の、内輪の集いであった。ターベルは、この経験をシャトーカ誌に執筆している。

ロラン夫人は、自らのアイデアで、こうしたサロンを自宅で開いた。ジロンド派はここを本拠に政治力を強め、政権掌握後は内務相に就いた夫の後ろ盾として夫人は、一時はルイ一六世の王妃のマリー・アントワネットを凌ぐ影響力を発揮した。これが、ジロンド派を陰で操る黒幕、女王といわれるゆえんである。

あれから一〇〇年、レオンの母マリリエール婦人の主宰するこのサロンは、フランスの知性の集まりでもあった。常連には、仏知識人で社会主義系政治家の頭脳であり、数年後に発生した反ユダヤ主義の冤罪ドレフュス事件で大尉の支援に回ったルシアン・エールや英タイムズ紙の外信部長になった英国人などもいた。サロンのリーダーは、玄人はだしのピアノの演奏家で、辛辣な弁が立つことで知られたソルボンヌ大の著名な教授もいた。その教授は、マリリエール夫人の愛人でもあった。毎週水曜日に夫人の家で開かれていた。

ターベルは常連となった。「Miss. Tarbell」をフランス語風にもじり、「Mademoiselle Mees（マドモワゼル・ミーイス）」の愛称で呼ばれた。フランス人のエリートでもなかなか入れないフランスの知性が集う高級サロンの会員とターベルがなれたこと対し、嫉妬が渦巻いていたことも確かだった。

不満がなかったわけでもない。それは、フランス人の自己中心主義であった。サロンのフランス人は年齢や属する社会に関係なくフランス以外の世界について無関心。これを指摘すると、「なぜ、ほかの世界に関心を持たなければならないの」との反応が常に戻ってきた。知識人でさえも北米と南米の違いが分からなかったのである。サロンのメンバーからも「米国人が武器を携帯しているのは、シカゴの街を今なおインディアンが歩いているから」と頓珍漢な答えが帰ってきた。

◆夫人のお屋敷

ターベルにとって、末裔と知己を得たことに次ぐ成果は、ロラン夫人が革命の混乱に揺れるパリに転居するまでの四年間住んだ広大なお屋敷を訪れたことであろう。二週間の滞在で当時の夫人の生活を肌で知ったのである。

この体験は強烈だったようで、ターベルは自伝で「価値ある印象」、「最も幸せであると同時に、最高に充実していたロラン夫人に巡りあったような確信を持った」、「二〇か月のパリの生活の中で、夫人についての素材の源となる研究を完成できた」などと綴っている。

一八九三年五月、ターベルはリヨンの北方約五〇キロメートルのマリリエール夫人の所有の所領ル・クロに立っていた。ロラン夫人は、ここに四年間住み、その後パリに引っ越す。それを機に革命に深く関与し、時代の波に翻弄されていくのである。

マリリエール夫人とターベルは、鉄道で最寄りの駅ヴィルフランシュに到着、そこで馬車に乗りかえた。丘を登り、谷を越え、畑の中の道を一時間以上揺られ続ける。黄色い門の前で馬車は止まった。見上げると、タイル張りの屋根の赤い角に塔が立つ広大な庭のある中世のお屋敷だった。

窓からはパノラマのように広がる丘や山、谷間が見える。東方にはスイス・アルプスの山々が広がっていた。夕方には、雪をかぶった山々の地平線の中に太陽の光を反射して輝くモンブランが見えた。

ロラン家は、使用人を雇って果樹園、野菜畑、家畜の世話などをさせていた。秋の収穫期にはワインを製造し、地下に貯蔵していた。

夫人の回想録にも登場する石の床の台所は、広く大きかった。巨大な暖炉がどんと座り、銅製の鍋などがずらりと並び、輝いていた。煉瓦製のビリヤードの部屋には、古めかしいテーブルがあった。壁には、軍隊の兵士の銃や帽子がかけられていた。最も明るい大広間は、黄色のビロードの一種でしつらえてあり、壁には家族の肖像も。多くの部屋には古くて価値のありそうな蔵書が並んでいた。七〇巻のヴォルテールの著作もあった。ほとんどすべてが一八世紀の日付で、いくつかは主の名前も書きこまれていた。当時絶大な人気を誇っていた社会契約論で知られるルソーや啓蒙思想家で百科全書派のディドロなどを含め数百冊の本もあった。いずれもロラン夫人が愛読していた本である。

夫婦の共同作業場でもある書斎もあった。夫人が夫の資料収集や整理、原稿の校正などを手伝っていたところである。

屋敷はほとんど一〇〇年前のまま。ターベルは夫人とともに部屋の中を歩き回り、資料が残っていないかと書斎などの古い机の引き出しを開けて探した。多くの記録や興味深い資料が残っていることを発見した。それは、その後の執筆で大いに役に立った。

ターベルはロラン夫人のベッドで眠り、夫人愛用の宝石や衣服に触れることもできた。部屋の中を歩き回り夫人の気持ちを想像してみた。それは自分の最終的な探求目的の「女性の生き方」について考え直す絶好の機会となったのである。

◆ジロンド派の女王――ロラン夫人の魅力

ターベルの伝記を筆頭に世の中には、さまざまなロラン夫人伝が出回っている。日本国内でもそうである。「自分の思想に殉じて死に赴いた、勇敢で誇り高い女性」と称賛されているフランスであればなおさらであろう。

研究者の間では、良く知られていることであるが、夫人が死ぬ間際の監獄の中の五か月間で書き上げた「回想録」には、愛人に対する告白が綴られられていた。夫人の死後しばらくは、それが誰なのか分からなかった。

判明したのは、一八六四年のことである。パリ中心部の古本屋がロラン夫人の愛人宛の手紙五通を売り出したからである。高値で購入したのは仏国立図書館だった。手紙は、古本屋がある若者から購入したもので、自殺したビュゾーの死体から抜き取られ、それが回りまわって若者経由でその古本屋にたどり着いたようである。愛人は、訃報を聞いて絶望し、夫人の後を追うように、ジロンド派の大物ペティオンとともに自殺したビュゾーだったことが調査の結果、判明したのである。

これにより、夫人が逃亡の機会などが何度かあったのにもかかわらず、監獄にとどまることを選択し、断頭台に立った理由が明らかになった。つまり、夫人は脱獄すれば、必ずしも好きでもない夫と住まなければならないことになる。それは絶望的に耐え難い。愛人ビュゾーとの、天国での愛を貫徹するために断頭台に赴くという固い決意だったことが明らかになった。

身寄りのない知り合いの未亡人が死刑の直前に突然面会に来て「自分が身代わりになるので逃げたらどうか」と誘ってくれた。だが、夫人はこれをきっぱり断ったことが知られている。回想録や手紙で拒絶した理由が一段と明確になった。これによって、悲劇の夫人という偶像に、不倫を軸としたメロドラマの要素が加わり、さらにドラマチックになった。

夫人がジロンド派で大きな影響力を持っていた理由についてターベルは、夫人の伝記の中で、同派の面々たちが動揺、妥協しやすく、理想を追い求める代わりに現実的な結果に甘んじてしまう傾向があったのに対し、夫人は断固たる決断力、確固たる目標、屈しない強い態度を持っており、これが決定的な役割を果たしたと分析している。

夫人の個人的魅力についても複数の友人の男性の発言を引用し、「愉快、快活、優れた知性、刺激的な表情」、「若々しく美しい」。「目、顔、髪が驚くほど美しい」、「素敵な声、心からにじみ出る気高さ」などと褒めちぎっている。もっとも、その年齢にしてはという条件がつくのだろう。ターベルは、知性が声や表情などとマッチし、それが会話の上手さを引き立てていたのだろう、とも指摘している。

筆者が入手した夫人伝を並読すると興味深い。その評価に大きな落差があるからである。岩波新書のガリーナ・セレブリャコワ著、西本昭治訳『フランス革命期の女たち』は、夫人に対し手厳しい評価を下している最右翼だろう。

夫人の少女時代について、「人を見下し冷笑する態度」、「名誉欲の強い女」と酷評、結婚後の夫人については「控え目過ぎるということが全くなかった」、「学問のある才女であることを鼻にかけている」、「節度、謙虚さ、質朴さに欠ける」、「人を見下す熱っぽい口調」などとまさに人間性を疑問視するような表現がずらりと並ぶ。ジロンド派の幹部に対しても同様で、政治家で夫人の愛人のフランソワ・ビュゾーについても「名誉欲に燃えた野心家」、「大言壮語家」などと決めつけている。

一時代を風靡した漫画として知られる『ベルサイユのばら』の書き手としても知られ、フランス革命に詳しい池田理代子著の『フランス革命の女たち』も同様で、「上昇志向の異常に強い少女」、「並外れた野心」、「名誉欲の強い女性」との芳しくない形容がずらりと並んでいる。その一方で、池田は、「革命が人間の自由と平等を高らかに歌い上げていたもののこの中には女性は含まれていなかった。そんな中で、時代の様子を見据えながら巧みに男性の陰に隠れ、男性を巧みに操り、政治参加を果した」と夫人の力量を高く評価している。

対照的なのが、安達正勝著の『フランス革命と四人の女』で、とても好意的だ。夫人の魅力について「知性・教養に群を抜き、政治家としても資質に恵まれていたが、また不思議な魅力の持ち主でもあった」、「彼女の魅力は、(中略)彼女の存在全体から醸し出されてくる雰囲気にあったようだ」、「一度彼女と親しく話をする機会を持ってしまうと、その魅力から逃れることはほとんどできない」と極めて肯定的な見方をしている。

夫人の魅力について安達は、リヨンの弁護士ルモンテの言葉を引用し、「機知、良識、表現の適確さ、意表をつく論理、ナイーヴな表現の妙」との実像を伝えている。さらにはジロンド派が決断力のない男の集団ともいわれたが、「夫人は、ジロンド派の中でただ一人の男らしい人物だった」とも指摘している。

夫人の主宰したサロンは、多くの革命家が出入りした。夫人自身が吐露しているように女性の出入りは少なかった。この関連で安達が「美人の誉れ高い」と記しているが、残された肖像画を見ると、直木賞作家の佐藤賢一著『フランス革命の肖像』の、「触れ込みから期待してしまうような絶世の美女ではない」というのが適切であろう。となると夫人の人気は、ターベルの指摘のように、知性や教養からにじみ出る人間的魅力が卓越していたというべきだろう。その魔力にひかれ、当時の革命家たちがサロンに集ったということであろうか。

◆落胆と失望

では最後に、ターベルの書きぶりは一体どうだったのか。「伝記はその対象となる人物の称賛だけになりがちな傾向があるが、ターベルはそれには従わなかった」との指摘がある。

ミズーリー大学名誉教授のスティーブ・ワインバーグは、留学後出版したロラン夫人伝について著書『トラストとの攻防』の中で、こんなことを綴っている。やや長いが引用しよう。

「未公開文書に目を通して分かったことはこれまでの夫人の伝記を否定するものだったことだ。さらに読み続けると、資料は（夫人が獄中で綴った）革命的な回想録を傷付けるものだった」、「未公開情報を読めば読むほど、夫人に対して持っていた多くのこれまでの印象は間違っていたことが判明した。肯定的な内容の伝記を書こうとしていたのだが、それは説得力のないことが分かった。実際、ターベルは、歴史的な事実と異なっている記述が多く、信頼性に欠けるとの認識を持ったようである。あくまで事実を追い求める調査報道の旗手ターベルならではの緻密さが既にここで発揮された。驚嘆するばかりである」。

この点だけからもフランスの三年間は調査報道の旗手として、既にある程度の実績を挙げていたことが分かろう。土台となったのが、夫人の末裔との人脈を築き上げたことにある。河原に転がる砂の中から貴重な宝石を発見した大変な成果である。この人脈を通じて仏国立図書館の夫人関連の文献や資料、手記などを自由に閲覧できる栄誉にまみえた。内外を通じて未公開を含めた資料のすべてをチェックした初のジャーナリストになったのである。

幼い頃に憧れていた貴族から屈辱的な扱いを受けたことが大きく影響していたのか、夫人は、貴族に対する憎しみを抱いていた。王政を廃止し、共和制への移行を強く望んでいた。貴族階級に対する逆襲という意味合いもあったのだろうか。

その一方で「平民とは結婚しない」と両親にいい続け、殺到する求婚を撥ね付け、困らせていた。二〇歳年上と結婚したのは、夫の名前が関係しているかもしれない。夫のフルネームがロラン・ド・ラ・プラティエール。フランスでは貴族出身だと、その名前に「ド（de）」の付くケースが少なくない。夫人は、夫が貴族だと一時勘違いしていた。そうでないと分かった時にがっかりしたようだ。憧れと嫌悪。貴族に対して抱いていた夫人のアンビバレントな思いだったのだろう。

革命前に夫人が書いた関連文献をチェックすると、「どんな特権も階級的差別も私には滑稽で不公正」、「人類を再生させるため（中略）あの不幸な階級の忌むべき貧困を破壊するため革命がやってきた」、「もし国民議会が二人の高貴な人間（国王と王妃）の裁判を開始しないならおしまい」などとの手厳しい記述が残っていた。

資料を探るうちにターベルは、夫の命もあって、結婚直後、貴族の称号を得るためにベルサイユ宮殿詣を夫人が続けていることを知った。王政を廃止し、共和制を希求する一方で、それとは正反対の行為、つまり、王の権威を認め、貴族の称号を求めるという猟官運動を続けていたということが分かったのである。夫人は、自分のプライドを満足させるのが第一の人物だった。こう考えると、落胆と失望の気持ちが強くなっていた。

ターベルは、こんなことも書いている。「ロラン夫人は、愛する人次第で王党派、共和主義者、革命家と変わった。夫人は確固たる確信を持って、男性に奉仕し、調整したり、協力したりすることもなかった」。夫人には男性に尽くすというだけで、革命遂行に対する信念がなかったと見ていたことが読み取れる。これにもさすがのターベルも幻滅した。

一八九四年春、ターベルは英グラスゴーにいた。マクルアーからの要請でスコットランドの聖職者の取材をするためである。英国への取材は悪くないと考え、二つ返事で引き受けた。

ロラン夫人の取材は終了し、あとは帰国するのみとなった。だが帰国の旅費がない。ちょうど良いことに、マクルアーからニューヨーク本社で仕事をする気があるなら帰りの旅費を出すとの提案があった。給与は年間二一〇〇ドル、三〇〇〇ドルにすぐアップするとの約束もあった。出社は一〇月、それまでは故郷に戻って骨休みしてもよいとする寛大なものだった。ターベルはこれを受け入れ、六月に帰国した。

まる三年には少し足りなかったがまた来ればよいと考えていた。その時も、カルチェラタンに住む。次回は、周囲の屋根を上から見下ろし、空が臨める高層階がいい。マリリエール夫人のようなサロンを開く。そしてフランスの友人を招待する。夏には米国人が訪ねてくるだろう。私の人生は満ち足りたものになる。こんなことを考えていた。

第3章 ニューヨーク修業時代

本章では、パリから帰国し、ニューヨークが本拠の雑誌社マクルアー社に入社し、新米の雑誌記者としてその頭角を現す数年間を扱う。年代でいえば、一八八〇年代前半から二〇世紀入りの直前までである。

故郷で静養していたターベルに、オーナーのマクルアーから突然呼び出しが掛かる。おっとり刀で出社するとナポレオンの伝記を書くよう厳命が下る。情報収集のためのパリ行きを決意するのだが、ワシントンなどで予備的な取材に入ると、十分な資料があることが判明、ターベルはフランス行きを断念する。連載の評判は上々で経営に貢献。気をよくしたマクルアーは、今度は奴隷解放の父として知られるアブラハム・リンカーン大統領の伝記の執筆を提案、ターベルが担当し、これも当たった。

この成功は、ターベルの別の世界への目を開花させる契機となった。米国内での人脈が格段に拡がり、活動する領域は米国以外にないと痛感。それまでの夢を断念し、国内の取材に専念する画期となる。この結果、ターベルの名声を不朽のものとした市場独占のトラスト（企業合同）の王者、スタンダード石油との激突に至るのである。

1　ナポレオン伝――ニューヨークの一八九〇年代

◆出社命令

一八九四年六月パリから帰国した。家族との生活から長期間にわたり隔絶されたターベルは家族の下へ無性に帰りたかったようである。旅費は、マクルアー社入社を条件に工面してもらった。船便の二等運賃を送金してくれたが実際は三等で帰国。浮いた差額で、姪が欲しがっていた磁器製のフランス人形などのお土産を購入した。帰国後は鉄道を乗り継ぎ、一家の住むタイタスビルへ直行した。三年ぶりの大歓迎を受けた。

かつてのように家族でピクニックに出かけた。誕生日を祝い、父の提案でサーカスにも行った。そんな日が続いていた二か月後、オーナーのマクルアーから電報が突然舞い込んだ。「直ちにニューヨークの事務所へ顔を出すように」との指令であった。

当初の予定は一〇月に出社し、青少年部門の編集者になるはずだった。だが、英雄ナポレオン・ボナパルトの伝記の執筆を依頼されたのである。それも一一月からの掲載である。あと二か月超しかない。

要請は、実は〝渡りに船〟だった。なぜなら、自宅は居心地の良いものでは必ずしもなかったからである。

それは経済情勢とも関係した、九三年に米国を襲った恐慌で銀行、企業の倒産が続出、全米が厳しい状況に追い込まれていた。ターベル一家も例外ではなく、経済的苦境に追い込まれていた。ロックフェラーはこの機に乗じて、タイタスビルのオイルビジネスを根こそぎ手に入れようと画策していた。石油製品を採算度外視の値段で売り出し、独立系業者を廃業に追い込もうとしていた。ターベルの父親もこの洗礼を受けていた。原油が二倍に値上がりしたのにもかかわらず、販売価格は据え置いていたのである。

オイルビジネスに関わっていた弟のウィルは兵糧攻めを乗り切るため、欧州への製品輸出を画策していた。家族の雰囲気は張りつめており、ターベルは息苦しさを感じていた。自分がこの家にいては負担になると常時思っていたのである。

フランスへの恋しさが募っていたターベルは、ニューヨークへ行けば家計を助けることができるし、再訪の資金も貯められると考えていた。荷造りを終え、切符を握りしめたターベルは鉄道に飛び乗った。

なぜマクルアーは、ナポレオン伝の執筆を依頼してきたのか。それは一八九〇年代、フランスがナポレオンの勝利一〇〇周年に沸き立っていたことと関係がある。その動きは大西洋を隔てたマクルアーズ誌の編集部にも伝わっていた。米国では、これを「Napoleon Movement（ナポレオン運動）」と呼んでいた。フランスを含めた欧州からの移民が相次ぐ米国にとっては、気になる文化運動であった。

マクルアーには、ナポレオンの肖像画や手紙などの遺品を大量に収集したワシントン在住の知人がおり、「伝記を出版するのであれば、提供しても良い」との申し出があった。マクルアーは、フランスでもなかなかお目にかかれないようなこうした肖像画や遺品を満載した本を出せば、絶対に当たるとみた。一儲けをたくらんでいたのである。

ライバルの総合誌センチュリー誌がナポレオン特集を近くスタートさせる噂も耳にしていた。「こちらの方が優れた材料を持っている」、「先行を許してはならない」との対抗意識が燃え上がった、ということもあった。

ターベルに白羽の矢が立ったのは、三年のパリ留学から帰国したばかりのフランス通で、「ナポレオンを知り尽くした女性ジャーナリスト」と宣伝できると踏んだからである。

筆も立つし、取材力もある。ターベルはどうだったのかというと、確かにフランスには滞在した。だが、ナポレオンの伝記を書けるほどの豊富な知識は持ち合わせていなかった。だから、情報収集のためにまずフランスに渡り、仏国会図書館などで各種材料を集め、それを基に当然書き始めるのだと考えていた。念頭には、留学中のロラン夫人伝の材料を集めた手法があった。これを応用すれば可能だと考えていた。

ナポレオンの遺品の収集家は、引退した法律家のガーディナー・グリーン・ハッバードであった。ハッバードは、電話の発明で知られるアレキサンダー・グラハム・ベルが設立したベル電話会社の後盾。娘がベルの妻でもあったからである。

マクルアーは、伝記の執筆を当初、詩人のワーズワースの孫で英国出身のロバート・シェラードに依頼していた。だが、書かせてみたら反ナポレオン的な内容でハッバードの理解が得られず、執筆者の交代が決まった。特集の第一回目は一一月に掲載される段取りだった。時間がない。急きょ浮上したのがターベルであった。

話がまとまると、ターベルは直ちにワシントン行きとなった。ハッバードに会うためである。ハッバードは一〇〇周年に当たり、ナポレオンの遺品を個人のものとして眠らせるのではなくて、公けのために提供しなければならないと感じて、提供を申し出でいた。

幸運なことに、ターベルはフランス留学中にこの運動を夕刊紙フィガロなどで読んでおり、政治運動と見ていた。無政府主義者などの台頭で街角で爆弾騒ぎも起きており、国家への求心力を蘇らせるために皇帝ナポレオンの栄光を利用した政治的な側面もあると睨んでいたのである。

執筆にはやや抵抗があった。自伝の中で、「ナポレオンの人生を書くって。それはお笑い草だった。だけれども、どうして拒否できようか」とその心中を書いている。

自分を納得させるために視点を変えて考えてみた。ナポレオンは、ロラン夫人が断頭台に消えた革命の泥沼の混乱の中から国家を救い、礼儀、秩序、常識を蘇らせた英雄ではないか。フランス革命という大きな流れの中で歴史を見ればこの分析も悪くない。こう考えて自分を納得させたのである。

ターベルにとってマクルアーの編集部に加わることはどういう意味があったのか。マクルアーは、入社後に週給四〇ドルの給与を保障していた。これは予想外の収入であった。フランス革命史に自分を捧げたいと伝えていたから、それに関連した記事も書けると期待していた。取材力を付け、筆力のアップも可能である。そうなれば、仏再訪の可能性も出てくると考えていたのである。

◆ワシントン行き

「やってみましょう」。ターベルはマクルアーの誘いに応じた。もちろん、パリへ行き、関連の情報収集が必要なことも付け加えた。マクルアーの口から出たのは、「ハッバードが持っている肖像画などのナポレオン関連の遺品の膨大な収集物をまず見て欲しい」との言葉であった。もちろん、パリ行きも検討する。それは、ワシントン訪問の後である。

相前後してハッバードから夏の別荘に顔を出すよう求める書簡が届いた。ワシントンのロック・クリーク動物園の近郊で、当時の大統領クリーブランドやフィリピン戦争の英雄ドウエイ司令官なども別荘を構えるワシントンで最高の高級保養地であった。

会ってみると、ハッバード夫婦は存外素敵な人達であった。一流の人物の別荘らしく、メイド、バトラー(執事)、庭師などがいる大きな家であった。七〇歳くらいに見えた。逞しく、エネルギッシュさが傑出していた。友人や家族、夫人など周りの人たちへの気遣いが素晴らしい人だった。夫人は、教養やセンスに恵まれていた。服装などに気を使わないターベルに対しても驚くほど寛容だった。ターベルは、この社交的な夫婦を軸として、予想外の素晴らしい執筆生活を送ることになる。

情報収集活動を始めると、執筆の材料が山のように埋まっていることが短期間で分かった。情報の街なのである。腰を落ち着けて調査・取材活動に入ることを決断、時代感覚にあふれる街との評判の高いデュポン・サークルに居を構えて本格的な取材活動を開始した。

ハッバードは、ナポレオン本人、家族、友人らの肖像画から関連の最新の本、パンフレットまで幅広く所蔵していた。回顧録をパリから取り寄せたりしていた。ターベルは、フランス政府の命により出版されたナポレオンの手紙などの文書の全量が国務省に保管されていることを突き止めた。ナポレオン時代の仏主要紙がバックナンバーを含めて読めることも分かった。

議会の図書館がこれまた凄かった。一七七九～八一年の当時の、ドイツ公使アンドリュー・ホワイトの収集した驚くべき量のナポレオン関連の英独仏語の文献が眠っていた。五〇巻に上る英仏語などによるパンフレットなども所蔵されていたのである。

米政府がかき集めたこうした情報に接し、いずれも記事に利用できることが分かるにつれてターベルは、パリに行く必要性が次第に薄れていくのを感じていた。

ロラン夫人伝を書いた時のようにターベルは、まず、議会の図書館に籠った。他の利用者の迷惑にならないように、隅の机を利用した。一九世紀当時、一般の利用者が使える机はなかった。情報収集のための図書館通いが続く。床から積み上げた本は天井にも届くようになった。最終的には専用の部屋があてがわれることになる。

当時、コピー機もない時代。自伝には特に言及はないが、ここでも必要な部分はすべてノートに書き写したと推定される。

六週間後に特集の第一回目が完成した。自分の経歴を記事に加えた。それがとても生意気に思えた。週給四〇ドル以上のことは望んでいなかったし、英雄の最後となる一七九三年のセントヘレナ島への流刑までのスリリングなドラマを追うのに精一杯だったのである。

第一回目の原稿に目を通したハッバードの評価は好意的だった。読者の評判も悪くはなかった。雑誌が本屋に並び、ターベルが執筆者であると全米に知られるようになると、ナポレオン通で知られる著名人達から声が寄せられた。

筆頭が、ナポレオンの末裔からで、ナポレオンの五男のジェローム・ナポレオンのひ孫のチャールズ・ボナパルトから「自分のコレクションを見せるからボルチモアに来ないか」と誘ってくれた。米富豪の娘と結婚したこともあるジェロームの末裔が、米国にも住んでいたのである。

「会ってみると、無意識に後ろに手を組み、少しばかり身をかがめて立って話すチャールズの仕草が、ナポレオンはこうだっただろうと思わせる雰囲気があった」と自伝に記している。

ターベルの手によるタイトル「A Short Life of Napoleon（ナポレオンの短い人生）」の伝記と頃を同じくして、ライバルのセンチュリー誌でも同様の連載が始まった。数年を費やしたウィリアム・ミリガン・スローン教授が執筆した本格的な伝記で、タイトルこそ似かよっていたが、中身はかなり異なっていた。ハッバードの保有する門外不出の肖像画などの写真を多数盛り込んだマクルアーズ誌の方が読者の購買意欲をそそったようだ。それにターベル自身による足で稼いだ材料を盛り込んだ記事が付け加えて出版されたわけである。

現代風にいえば、写真や絵などを多用する、いわゆるビジュアル化を徹底させた記事だった。このため評判は上々で、スタート時に二万四五〇〇部だった部数が数か月後には、六万五〇〇〇部に倍増した。連載が終わる頃には一〇万部にまで膨れ上がっていた。雑誌には、著名な米作家による短編が掲載されていたが、ターベルの作品の人気が高かったのは紛れもない事実だった。

多くの米新聞が賞賛してくれた。ニューヨーク・プレス紙は、「これまでのナポレオン伝の中で最高」といった具合である。嬉しかったのは、競作となった著者のスローン教授が一定の評価をしてくれたことである。

教授は、ターベルのナポレオン伝に対し、「好奇心を満足させるため、あちこち駆けずり回り、楽しみながらも疑いを持ち、あれこれ考えながら、全時間を費やして貴女は、伝記の価値と健全性に貢献した。私もしばしば、あなたのようにできたらと思った」、「貴女は、living sketch（生き生きとした素描）という手法で大きなものを得た」と喜んでくれた。教授がスケッチという表現で褒めてくれたのは、ありのままの姿を読者に届けたいという気持ちで書いたターベルにとっては望外の喜びだったようだ。

◆ナポレオンの亡骸

ナポレオン伝に絡む興味深い思い出をターベルは自伝の中で綴っている。それは、オーナーのマクルアーとの関連の話である。

情報収集を続ける中でターベルは、パリ・アンバリッドのナポレオンの霊廟が、埋葬後に一度だけ開けられたとの話を聞き込んだ。盗掘され、ナポレオンの亡骸はもはやそこには眠っていないという噂が流布し、その末裔である当時の皇帝が、この噂の確認のため深夜に開けてみたというのである。

念の入ったことに、作業に加わった友人らにはかん口令が引かれ、後年、これが発覚して、問題が生じたケースに備えての供述書も作成されたという。だが、その後の皇帝の失脚で、これが無意味になったという尾ひれがついていた。ナポレオンの亡骸はもちろん、そのままだったというのである。

好奇心旺盛なマクルアーは、それを記事に直ちにするように指示。ターベルは、単なる噂に過ぎず、その可能性は薄いと力説した。マクルアーは、「何と残念な。君はナポレオンのことを何も知らないね」と食ってかかり、結局、原稿だけは書かされた。

ねつ造された話題が雑誌に掲載されることを心配したターベルの立場を配慮してマクルアーは、さらなる検証が必要だと約束した。この時期に、たまたま欧州を訪れたマクルアーはパリにも足を伸ばし、数週間後、自らの手で調査した結果を葉書で伝えてきた。

文面は、「ナポレオンの墓を開けた話は掲載するな。開けられていない」という素っ気ない内容だった。記事は結局、日の目を見ずに終わった。正確性を重んじるターベルそしてマクルアーならではの逸話ともいえようか。

競作となったナポレオン伝の売れ行きと評判が好調で、知名度が上がったことはターベルに副次的な効果をもたらした。パリの留学時代に書き上げたものの出版社が現れず、お蔵入りになっていた自信の処女作『ロラン夫人』がサブスクライバー誌に掲載となったのである。さらには、単行本としても上梓された。ナポレオン伝の成功で知名度が上がったためである。

◆粗製乱造

それでは、ナポレオン伝とはどんな内容だったのか。筆者は、米国から取り寄せてみた。当時の本をそのまま出版したものである。

厚さ一センチメートル強の伝記をめくって驚いたのは写真、肖像画、絵画、イラストがあまりにも多いことである。当時の技術の限界から白黒による印刷ではあるが、大小合わせれば、二四八ページの全ページにわたって一ページごとに少なくとも一枚の写真が収めてある。写真集かといえば、そうではない。写真だけのページもあるが、基本は、記事と一緒に写真が付いているという形である。

表紙の次のページには、本のタイトルと著者名の下に、「ガーディナー・G・ハバード閣下、ビクター・ナポレオン、ロランド・ナポレオン、ラリー男爵、その他のご厚意で提供された二五〇の挿絵入り」との文章が掲載されている。

最初に登場するのは、フランスの当時の人気画家ジャン・バプティスト・グルーズによる肖像画で、キャプションは、「二二歳のボナパルト」。現物は油絵と思われる。ネット上で検索すると、カラーの現物を楽しめる。

画家グルーズの特徴の一つは、人物の目の描き方に凝縮されている。この肖像画の目も一連の作品と同様、大きく描かれている。勲章などのけばけばしい装飾は一切身にまとわず、ふっくらとした頬のお坊ちゃま風の青年が何か遠くを眺めている構図である。二二歳のナポレオンの雰囲気を伝える絶妙な作品といえるだろう。

肖像画のキャップションには、「二二歳のボナパルト」に加えて、「これは、一七世紀中葉、王室関係の建設、各種工芸品や装飾の振興や人材育成のためルイ一四世によって設立されたパリ国立高等美術学校が一八九三年に開いた『世紀の肖像画の展覧会』で展示されたナポレオンの青年時代の姿を伝える珍しい肖像画」などとの説明が付いている。同学校は、セーヌ川を挟んでルーブル美術館の対岸に建てられたフランス最高峰の美術学校。隣には、ボナパルト通りが位置する。

次のページは、序文が書かれている。一八九四年一〇月との日付が入っており二五〇枚の肖像画、彫刻、絵画などの提供先をさらに詳しく記述している。

後半には、掲載された肖像画、彫刻などナポレオンの収集物の多くを所有するG・G・ハッバードが雑誌のオーナーであるマクルアーへ宛てた手紙が掲載されている。内容は、一四年前からこうした収集を続けていること。ナポレオン本人のほか家族の関連で、その数は、二〇〇~三〇〇枚。最初の肖像画は、二二歳の時の一七九一年に描かれ、その次は五年後の一七九六年、死亡直後には四枚描かれたなどと綴っている。

ハッバードは、ナポレオンの人生を①将軍、②政治家、立法者、③皇帝、④転落と衰退――の四つの時期に分け、それぞれの時代の肖像画などを描いた画家の名前を列挙、入手先なども挙げている。

その次が目次。二二章に分かれて、例えば、第一章は、幼年、青春期の環境―ブリエンヌの学校時代、第二章、パリ時代―砲兵士官―著作物―革命、第三章、ロベスピエール―予備役―最初の成功……など。

ナポレオンは、フランス革命のジャコバン派のリーダーで、独裁権の掌握後はロラン夫人などの反対派を次々と断頭台に送る恐怖政治を断行したロベスピエールの弟と繋がりがあり、ロベスピエール失脚後は、一時軍務から外されるなど冷や飯を食っていたことがある。そうした不遇の時代を取り上げたわけである。

第二一章は、エルバ島―一〇〇日―二度目の退位、第二二章、英国に降伏―セントヘレナ島―死、第二二章、二度目の埋葬―最後のナポレオンの家系―ナポレオンの人生の歴史、などと続いている。

冒頭で説明したように、最大の特徴は、二五〇枚にも上る肖像画、手紙、挿絵である。恋多き女として知られる夫人のジョゼフィーヌなどの肖像画も盛り込まれている。競作となったスローン教授の作品が同時に別の雑誌に上梓されたのにもかかわらず好調な売れ行きだったのは、このビジュアル化が功を奏したためであろう。

当時は、テレビはもちろんラジオもなかった時代。街角のお店で、のぞき窓から動画が楽しめるエジソンのキネトスコープが登場した頃である。写真集というほどではないが、欧州で流行しているナポレオン一〇〇周年に関心を抱いた当時の米国の市民の関心を集め、購買意欲をそそったのは分かるような気がする。

緻密な取材で知られるターベルが自伝で「粗製乱造」と表現しているように、ナポレオン伝は、政府の文書や図書館などの公的機関の公開情報を基に短期間で書き上げた作品である。中身は、それまで公表された文献、新聞、雑誌などをベースに書いた正統派的な内容であるが、それ以上のものではないといえるだろう。

2　リンカーン伝

◆秘書の拒絶

半年続いた連載の終了間際に近づくと次のテーマの打診があった。今度は編集である。マクルアーは著名人へ執筆を依頼し、その原稿を雑誌に掲載することを考えていた。

その人物は、米国で最も評価されている奴隷解放の偉業を成し遂げた直後に、狂人の銃弾に倒れたアブラハム・リンカーン大統領だった。米国民に歴代大統領の中で最も偉大なのは誰かと問うとトップ三傑の中に必ず挙がる人物である。

熱狂的な信奉者であるマクルアーは、「リンカーンをやらなければ偉大な雑誌ではない。わが雑誌は、南北戦争以降の最も重要な要素を俯瞰してきた。アブラハム・リンカーンの人生と個性もそうである」と常に強調していた。

ターベルは、この申し出に不安を募らせていた。関心事は依然として、フランス革命を通じて女性の権利拡張の問題を紐解くことにあった。学生時代から興味の対象だった生命の観察、その不思議さの解明もその中にあった。ダーウィンの進化論が宗教界の反発を呼び、学界などでも議論となっていた。生命の解明はとりもなおさず、神の解明でもあった。

「米国の歴史へひとたび足を踏み入れれば、それはフランスの終わりを意味する。そして、女性問題などを解明するという決意の終了でもある」と当時の気持ちを自伝で語っている。ただし、深刻に考え過ぎなのかもしれない、との気持ちもあった。それに、年俸が破格の年間五〇〇〇ドルを約束されていた。工場の女性労働者、メイド、料理人の給与が週五ドルを超えるのはほとんどなかったことを考えると、五〇〇〇ドルは相当の高給だったのである。タイタスビルの家族の家計が火の車であることもあって、我を通すわけにはいかなかった。

リンカーンが凶弾に倒れたのは一八六五年四月。わずか三〇年前のことであり、大統領とともに選挙戦を戦った参謀や政治家、知人、その支持者達はもちろん、家族達も存命中であった。

確かに、リンカーンの当時の秘書であったジョン・ニコレイやジョン・ヘイらがリンカーン伝を既に出版、高い評価を得ていた。だが、マクルアーは二人が本に書かなかった個人的な逸話があるはずだし、当時の内閣の閣僚、議会の政治家、主要各紙の編集長、例えば、奴隷制廃止の急先鋒でリンカーンを熱心に支持したシカゴ・トリビューンのジョセフ・メディルなどに当たれば何か出てくるはずだ、と主張してきかなかった。

ターベルは、まず、六一年から暗殺まで私設秘書を務めていたジョン・ニコレイと連絡を取った。ワシントンの文学関係の学会に顔を出しており、声を掛けた。だが、返ってきたのは、「何もない」という冷淡な返事だった。演説や手紙についても、一〇巻にわたる長編の伝記を一緒に執筆したジョン・ヘイを含めて残っていないという。「無謀な企てを試みるのは辞めた方が良い」とアドバイスしてくれた。

協力を得られないため、独力で調査を開始、その結果が「リンカーンの人生」としてマクルアーズ誌に掲載され、世に出始めるとニコレイは抗議にやってきた。「あなたは私の領域に侵入している。あなたは、通俗的なリンカーンの人生を書いている。そして、私の所有物の価値を下げているだけである」と言い張った。

大いに落胆したが、「それは間違っている」、「私のリンカーン伝を読んで、興味を持てば、貴方のリンカーン伝の読者が増えるのである」と反論した。だが、ニコレイは聞く耳も持たずそのまま姿を消した。

協力を拒否されたことで、ターベルは、リンカーンの人生の最初、つまり出身地のケンタッキー州での貧しく無名時代からの情報収集を始めることにした。

米ケンタッキー州ラルーの農場の丸太小屋で生まれたリンカーンはエイブとの愛称で呼ばれ、日本では「正直エイブ」、「偉大な解放者」、「奴隷解放の父」とも呼ばれていたが、しかし南北戦争終結直後に暗殺されたという程度の知識だけであまり知られることがない。

その生い立ちは順風満帆というよりは、不遇といった方が適切であろう。農夫の父は裕福ではなかった。リンカーンの祖父に当たる同姓同名のアブラハム・リンカーンは一七九六年、インディアンの襲撃にあい、子供たちの目の前で惨殺された。

リンカーンの名前はこの祖父の名前にちなんで付けられたのである。黒人奴隷に対しては慈悲深いほどの理解を示したのに対し、インディアンに対しては手のひらを返したように厳しく、無慈悲、冷酷な対応を取り続けた。西部への開拓途上で、リンカーンが民族浄化ともいえる大量虐殺を指揮したのはこの影響があったのかもしれない。

地区の陪審員になり、広大な農場を保有するまでになった父は一時裕福な暮らしをしていた。だが、訴訟に負けて、土地などをすべて喪失。インディアナ州へ移ったことが知られている。

ターベルは、裁判所の資料や地域史、新聞などを手当たり次第にあさり、情報収集を始めた。知人を探し、マクルアーが小躍りするような、リンカーンにまつわる何か凄いものを誰かが持っていないかを探し続けた。ターベルは、米国史には無知だったからこれはほとんどギャンブルのようなものであった。

一八九五年二月、ナポレオン伝の執筆がまだ残っているのにもかかわらず、一か月の予備的な調査に入る。ケッタッキーの厳しい冬の寒さを知っているマクルアーは、旅の前にベッドの中で使う就寝用の靴下をターベルにプレゼントした。調査はルイスビルからスタートした。だが、いざ動いてみると絵画にしても手紙にしても遺品として紹介できるものはほとんどなかった。がっかりしたターベルだった。

◆息子のロバート

そうこうするうちに驚くべきビッグチャンスが巡ってきた。ナポレオン伝の執筆の関連で、ワシントンで知り合ったシカゴ在住の女性が幸運をもたらした。それは、地域の社交グループに属していたエミリー・リオンズ夫人であった。夫が富裕層だったこともあって、人脈は驚くほど広く、実にいろんな人を知っていた。

ターベルが雑誌に掲載する門外不出のリンカーンの新しい遺品を探していることを知ると夫人は「シカゴに来なさい。（息子の）ロバート・リンカーンに会わせてあげましょう。私がお願いすれば、ロバートは、何か（遺品を）くれるでしょう」と助け舟を出してくれた。

実現すれば、それに越したことはないのだが……といぶかっていたターベルは念のためシカゴへ足を伸ばした。すると、いとも簡単にそれが実現したのである。強運は相変わらずだ。

夫人の計らいで、ロバートとの面談は夫人の家で実現した。その席で、ティーカップに紅茶を並々と注いだ夫人は、「さあ、ロバート、何か価値のある凄いものをターベルさんに差し上げてくれないかしら」とお願いしてくれた。

「エミリーさんがそうおっしゃるのであればもちろん差し上げましょう」ロバートは微笑みながら、

応えてくれた。

ただし、同僚の弁護士の事務所にあった資料など多くは盗まれている。大統領時代の資料は、ニコレイとヘイの著作でほとんど使われてしまった。力になれることは少ないとも語っていた。

ターベルにとっては、息子と紅茶を飲めることさえも信じられない出来事なのに、秘蔵品を手にすることができたのである。それは何だったのか。門外不出の父リンカーンの二〇代の銀板写真を提供してくれた。

初めて見た時、息を飲んだ。それまで知られていたあごひげを蓄え、ほおが骨ばり、厳格な印象の、あのリンカーンとはまったく別人の姿だった。ターベルは、この写真を見れば、それまで流布していた若き日々の、「野卑で粗野で見苦しい」との伝説を打ち砕くことができると確信した。この写真は、もちろん特集の第一ページを飾った。この写真については、後段のリンカーン伝の項で説明する。

自伝には、ロバートに会った時の様子が綴られている。以下が記述である。

「あまりにも信じられない出来事なのでメモさえも取れなかった。私は、類似点を見付けるためロバートの表情と態度をうかがった。何もなかった。ロバートは、丸々太った男でたぶん五〇歳くらい、散髪屋の椅子から出てきたばかりのように髪を小ざっぱりとした完璧な身だしなみ、世界の偉人に今会ってきたかのように海軍の提督のような落ち着き払った威厳があり、それはすべて（母親方の）トッドの姿であった」。

雑誌に掲載されると、写真は大きな反響を呼んだ。プリンストン大学学長やニューヨーク州知事を務め、後に米大統領に選ばれたウッドロー・ウィルソンは、「いずれも際立った、稀に見る素晴らしい写真」、「夢見るような表情、悲しみのない打ち解けた顔つき」に感銘を受けたと語っている。

リンカーン伝の作家でもあるジョン・T・モースは、「数人の友人に人物の名前を告げずにこの写真を見せたら、ある人は詩人、別の友人は哲学者、あるいは思想家、エマーソンのようだとも」、「だからこそ、この写真は、リンカーンの自然な軌跡についての価値ある証拠なのである」と高く評価してくれた。写真に対する専門家のコメントに対しロバートも喜んでくれた。

こんなこともあった。〝足で稼ぐ〟を信条とするターベルは、南北戦争中にリンカーンが英ビクトリア女王に対し、交戦相手の南部同盟を国として承認しないように要請する書簡を書き、自分自身で送付したとの興味深い情報を入手した。関係先に確認を求めたのだが反応はなかった。判然としない。思い余って息子のロバートに会うためシカゴまで足を伸ばした。

ロバートは丁寧に対応してくれた。ターベルが話を切り出した時こそ、厳しい表情だったが、すぐに打ち解けて、満面の笑みを浮かべて話をしてくれた。ロバートは、「もし父がその書簡を出し、当時の駐英米国公使のチャールズ・フランシス・アダムスがそれを知ったなら辞任していただろう。父は、政府間のすべてのやりとりについて任命された外交官らによって遂行されるべきであることをもちろん知っていた」と強調した。

そして、英宮廷での自分の体験談を笑いながら披露してくれた。ロバートはパッチワークやキルト、薬、楽譜などさまざまな種類の贈り物を女王から受けとっていた。朝食後、女王とアダムスは会ってタバコを一緒にふかしていた。お茶を理由に公使は女王にいつでも会えたし、二人ともそれを当然のことと考えていた。

「大統領が直接女王に手紙を出してはならないという理由はないのだが……」と、ロバートは、涙が出るほど笑って説明してくれた。これで一件落着である。

連載が終わるとターベルは、ロバートからの手紙を受け取った。中身はこうだった。「私は、貴女の粘り強い取材力の成果に対し驚きと喜びを告白しなければならない。貴女の作品はニコレイとヘイが書いたリンカーン伝を補完する欠かすことのできない作品であると考えております」と最大級の賛辞を送ってくれたのである。

リンカーンの長男のロバートの提供によるリンカーンの二〇代の写真は、雑誌の売れ行きを大きく左右した。さらに、「私のリンカーンからの手紙をぜひ掲載して」と声をかけてくる一般市民もいた。いずれもニコレイとヘイのリンカーン伝には含まれておらず、裁判記録と同様、人気があった。連載は単行本化したが、その中の補遺には、これまで収録されたことのない約三〇〇のリンカーンの手紙や演説を盛り込んだ。

演説のうちでもターベルが興味を持ったのは、奴隷制廃止が争点となったことで知られるリンカーン・ダグラス論争である。これは、五八年に現職上院議員のスティーブン・ダグラス（民主党）と共和党から出馬したリンカーンの間で七回戦わされた討論会での論争である。リンカーンは、「米独立宣言は黒人にも適用される」と奴隷制廃止を主張。これに対しダグラスは、「奴隷制の存続は、住民の意思である」との論陣を張った。この上院選でリンカーンは敗北したものの、論争はその後出版された。売れ行きは好調で、これが次の大統領選で当選する道を切り開いたとの見方がある。

論争の第五回目の会場となったのが米イリノイ州のノックス・カレッジで、そのカレッジの学長が全米一若く、パリ留学前にターベルが編集を担当していた日刊紙デーリー・ヘラルド時代の友人ジョン・H・フィンリーであった。フィンリーの紹介でターベルは、論争についての当時の新聞記事を読むことができたし、演説会に出て討論を自分の耳で聞いた、という市民に会って当時の思い出を取材することができた。

フィンリーは、論争を記念する祝典を一八九六年に企画し、リンカーンの長男のロバートが出席し、講演した。それは、ロバートの最初で最後のスピーチであった。

◆失われた演説

リンカーンの本拠でもあったイリノイ州をターベルはしばしば訪れた。街の人々にリンカーンの話をぜひ聞きたいと水を向けると、「そうね、リンカーンの演説はどれもよかった。だけど、〝Lost Speech（失われた演説）〟ほどのものはなかった。〝失われた演説〟は、リンカーンの演説の中で最も偉大だった」と判で押したような返事が戻ってきた。

失われた演説とは何なのか。それは、米イリノイ州ブルーミントンで五六年五月二九日に行われた演説である。演説会には新聞記者などが多数出席していたが、あまりにも感動的だったためにメモを取るのをつい忘れてしまい、即興だったこともあって演説は残っていない。中身は、奴隷解放に関連するものだとされている。

特ダネを狙うターベルは、この演説について異様な関心を示す。そんなはずはない。誰かが間違いなく聞いており、それにまつわる秘話があるはずだし、聞けるはずだ。運が良ければ、誰かがメモを取って残っているかもしれない。そんな確信から取材を開始した。その結果、米マサチューセッツ州の法律家で、メモを取っている人物の存在を突き止めた。名前は、ヘンリー・C・ホイットニーで、リンカーンと行動をよく共にしていた。ホイットニーは、リンカーンの思い出を本にまとめたこともある友人であった。

会ってみると、ホイットニーは、黄色に変色したその時のメモ帳を持っていた。聞いてみると、演説を完全な形に起こそうとしたが、うまくいかないので諦めた、と釈明した。ターベルは、演説の重要性を何度も何度も説き、ホイットニーを説得、やっと演説の形にまとめてくれた。

ホイットニーのメモなどに基づく「失われた演説」が掲載されると、嬉しいことに今度はシカゴ・トリビューンの編集長のジョセフ・メディルから連絡が来た。失われた演説の場に自分は居て、最前列の席にいた。メモは取っていなかったがホイットニーの分がオリジナルに最も近いと絶賛してくれた。メディルは、「ホィットニー氏は、驚くほどの正確さでリンカーンの演説を再現してくれた」、「それは、みずみずしい新鮮さで、四〇年前にされた素晴らしい演説を言葉と思想で思い出させるのに十分であった」と褒めてくれた。

もっとも、ターベルが苦労して突き止めた「失われた演説」の草稿は、イリノイ州では評判は芳しくなかった。その演説は、失われたからこそ意義があるのであって、分かってしまえば何も意味がない。失われたからこそ、他の演説よりも重要性が増すのである。だから、「失われた演説」は、これからも「失われた演説」とする声が多かった。

自伝には、これ以外にも新しい発見が盛り込まれていた。ひとつは、リンカーンの結婚式にまつわる話である。ターベルによると、リンカーンは妻のメアリー・トッドとの最初の結婚式に出席しなかったとのまことしやかな噂があった。家族に質問すると、「それは作り話で、そんなことは絶対になかった」と強硬に反論された。納得いかずに、リンカーン一家の仲間に聞くと、いずれも同じように否定した。メアリー・リンカーンの姉妹は、噂を拡げた人物の実名を挙げて、他にもこんな出鱈目を吹聴していると非難した。このように、ターベルは、それまで固定化していたリンカーンにまつわるイメージや通説を自分の取材でチェックし、ひっくり返すことを楽しんでいた。

では、部数はどうだったのか。門外不出の若きリンカーンの写真が掲載されるという前評判も手伝って、連載のスタートしたマクルアーズ誌の号は、一七万五〇〇〇部の売れ行きとなった。その後は、二五万部まで拡大した。ナポレオン伝のスタートの頃は、二万五〇〇〇部だったことを思い起こせば一〇倍の販売部数であった。

◆銀板写真

四年を掛けたロングランの連載は、ついに最終稿を迎える。リンカーンの長男のロバートが大いなる賛辞を送ったのは、皆さんもご存じだろう。その中身は、一体どんなものだったのか。

筆者は、『*The early life of Abraham Lincoln*（アブラハム・リンカーンの初期の人生）』などターベルによる著作を四冊を取り寄せ、目を通した。

目を通して驚くのは、年代ごとのリンカーンの顔写真、肖像画、生家の丸太小屋の家の写真から始まって名前が同じ祖父の土地所有証明書、祖父の住んでいたケンタッキー州の家の地区のデッサン画、父の結婚証明書、リンカーンが最初にスタートした雑貨屋、リンカーンの使っていた椅子、バッグなど、とにかくありとあらゆるリンカーン関連の写真や資料で埋め尽くされている。幼年時代の算数の計算問題を解くリンカーンの筆跡も掲載されている。

その手法は、ナポレオン伝と同様である。現代風にいえば、ビジュアル化に尽きる。当時は、テレビもラジオもなかった時代。銀板写真はあるにはあったが高価だったし、現在のように簡単にはプリントできない。写真は、一種高嶺の花だったのである。これが比較的安く入手できたのは、こうした雑誌を通してだったのである。

二四〇ページの『アブラハム・リンカーンの初期の人生』は、ほとんどのページにこうした写真やイラスト、手紙などが掲載されている。リンカーンのファンは当然として、ファンならずとも一冊は持ちたいと考えても不思議ではない。

それ以上にこの本の迫力は、最初のページに登場する若きリンカーンの銀板写真である。第一回目の連載時の巻頭にこの写真を据えたというから相当の自信作ということだろう。ターベルは、撮影時のリンカーンの年齢を三〇代前半と推定している。提供したのは既に述べた通り、長男のロバートである。脚注には、「現存するリンカーンの肖像写真よりも少なくとも六~七歳若い」と記述し、スクープ写真であることを強調している。

リンカーンは一八六〇年に、大統領にぜひなって欲しいと切望する一一歳の少女から「あなたの顔は、とても細いから、頬ひげをはやせばとても見栄えが良くなる。女性はすべて頬ひげが好きだから、女性は、夫にあなたに投票するようせがむだろうし、そして大統領になれるでしょう」との手紙を受け取った。これを機に存在感を増すため、あごひげを生やし、直後に大統領に当選したことが知られている。

写真はあごひげを蓄える以前のもので、蝶ネクタイに三つ揃いの背広を着た姿である。大きな目をかっと開き、口をへの字に結び、意志の強そうな風貌である。背広の袖から出た手の指がとても太く、農夫を思わせる野性味のある写真だ。あごひげのない分だけ、確かに重々しさがない。少女のアドバイスに従い、ひげを生やしたことは正解だったといえるだろう。

では、世界の誰もが知っているあごひげを蓄えた写真が掲載されなかったのかといえばそうではない。目次のページを二枚めくると我々に馴染みのある写真が現れる。

興味深いのは、この二四〇ページの本に掲載されている肖像写真・画の一八枚のうちあごひげを生やしているのはわずかに三枚だけということである。あごひげは、六〇年一〇月、つまり、リンカーンが五一歳の時から生やし始めたわけだから、二六歳までを扱う作品には含まれなかった。

目次を挙げてみよう。第一章、リンカー家の系譜、第二章、アブラハム・リンカーンの誕生、第三章、リンカーン一家、ケンタッキーを離れる、第四章、教育との闘い、第五章、近所での文学的名声、第六章、インディアナ州でのリンカーンの楽しみ、第七章、インディアナ州への別れ、第八章、初仕事、第九章、ニューセイラムへ、第一〇章、サンガモンの有権者に対する初めての演説――という具合である。これが第一九章、アブラハム・リンカーン二六歳になる、まで続いている。

以上の章立てから分かるように、ターベルはテーマごとに取材を続け、それをまとめて一回分の記事を書き、連載を続けた。雑誌には、この順番で連載を開始したようである。

調査力、取材力が傑出していたことが分かる記事をいくつか取り上げてみよう。例えば第八章に、奴隷解放の大統領の原点ともいうべき、二二歳の青年リンカーンが遭遇した衝撃的な記述が登場する。公開情報をベースに自分の足で稼いだ情報などを織り交ぜて描いたシーンである。

それは後に「偉大な解放者」と呼ばれたリンカーンが南部のニューオリンズを三一年五月に訪れ、一か月間に渡って滞在、初めての奴隷市場を見た時の話である。当時、リンカーンは、イリノイ州に住んでいた。カヌーを利用して一〇〇〇キロメートル以上も下流のニューオリンズを友人らと目指したのである。ターベルは、これを「冒険の旅」と形容した。

交易で栄える当時のニュー・オリンズは、リンカーンにとってキラキラ輝く、目覚ましい新興都市であった。住民は、欧州人と黒人の混血を中心とする地元民を中心にドイツ人、フランス人、スペイン人、黒人、インディアンが加わり、街の雰囲気はもちろん文化なども国際都市特有の百花繚乱の様相を呈していた。実際、リンカーンらが舟で下ってきたミシシッピー川を利用した内陸との物資輸送はかなり盛んであったし、海上には海賊がたむろしていた。

ニュー・オリンズはその頃、奴隷市場の街として栄えていた。人口の三分の一は奴隷。男女が動物のように売買されていたのをリンカーンはここで初めて目撃した。友人のハーダンによると、リンカーンは、ニュー・オリンズでの初めての体験を何度も何度も口にしていたと証言している。もっとも黒人奴隷は、南部に多かったにしても全米にいたはずだから、非人間的な売買を見たのが初めてということなのではないだろうか。

リンカーンは「奴隷制度の真の恐ろしさを見た」と証言していた。黒人奴隷が鞭打たれ、痛めつけられていた。リンカーンの奴隷制度の非人間性に対する正義と公正の観念が強い嫌悪感を生じさせたのである、としている。「奴隷制度がこの瞬間、リンカーンを捉えた」ということであろうか。

もう一つ逸話がある。ある朝、リンカーンが友人らと散歩中に奴隷の競り市に通りかかった。快活でかわいい黒人の少女が競売にかけられていた。少女は買手らの手で身体検査を受けていた。買手らは体をつねり、少女の動きを見るために、馬のように速足で歩かせたりしていた。競売人は、「十分満足されましたでしょうか」などと声を掛けていた。強い不快感を覚えたリンカーンはそこにいることに耐えきれず、立ち去った。その際にリンカーンは、「この奴隷制度に打撃を与える機会があれば、自分は強く攻撃するだろう」と語った、とターベルは書いている。いずれも、調査や取材で得た情報を基に執筆した成果である。

歴代の米大統領で一、二位の人気を誇るリンカーンは、悲劇の大統領ということでも知られている。南北戦争で南部同盟が降伏し、戦争が終結した五日後の六五年四月一四日夜、ワシントンのフォード劇場で夫人と観劇中に、至近距離で後ろから近づいた著名な俳優の凶弾に倒れた。ターベルは、暗殺が各地にどう伝えられ、市民はどんな反応を見せたのかについても描写している。それを見てみよう。

記事は、『*The life of Abraham Lincoln IV*（アブラハム・リンカーンの人生　四）』の第三一章「Lincoln's funeral（リンカーンの葬式）」に収められている。ターベルはさまざまな人物に取材し、その日を再現している。

リンカーンが暗殺された翌日のニューヨーク。その早朝に北部で配られた初版の新聞の内容は、「ワシントンでリンカーン大統領は致命傷」だった。その頃はまだ死亡は確認されていなかった。その二時間後に号外が出た。見出しは、訃報を伝える「リンカーン大統領が死亡」に変わった。この悲しい知らせが伝わると、通りを歩く多くの人は眉をひそめ、白い顔でうなだれて、さながら死のような静寂が街を包み込んでいた。商店は臨時休業となり、株式市場は閉鎖された。

ターベルはある大学教授の発言を引用している。「当時私は、イリノイ州の印刷所で働いていた。午前の早い段階に青ざめた顔をした編集長が電報を見ながら入ってきた。何もいわず、植字工らにそれを手渡した。受け取った植字工らは活字を置き、帽子をかぶり、コートを着て無言のまま、次々と街に出て行った。電報が間もなく私のところに回って来た。それには、『リンカーン大統領が前夜狙撃され、今朝死亡した』とあった。私も帽子をかぶり、コートを着て通りに出た。町中のすべての人々が仕事を止めたように見えた。静かで顔色は青ざめ、緊張した面持ちで次は何が起きるのだろうと皆注視していた」。

全米を襲ったこの衝撃ですべてのビジネスはストップ、一帯に掲げられていた南北戦争の勝利の旗が下され、弔意を表す喪章へと付け替えられた。その日のニューヨークは、昼前には既に喪服姿であふれていた。悲嘆に暮れたのはブロードウェイやワシントン広場、五番街だけではなかった。

アイオワ州の上院議員には、午前九時ごろには暗殺されたとの情報が入った、と書き記している。市民は、さらに詳しい情報を待ち望んでいた。リンカーンの死に弔意を示す動きはさらに広がっていた。農場の農夫は仕事を休み、あらゆるところのドアの取っ手に弔意を表す、黒の細い布切れが結ばれていた。

ただし、奴隷制の存続で南北戦争を戦い続けた南部に共鳴する声もあった。リンカーンの死を「歓迎する」との言葉がニューヨークでも聞かれた、などのその日の様子を克明に記録している。

リンカーン伝では、公開情報や読者から寄せられるさまざまな情報をベースにターベルが取材し、記事を書き上げていったことが分かる。骨の折れる緻密な作業であるが、それは、ロラン夫人伝、ナポレオン伝で既に編み出した手法であった。これは、調査報道に最も必要とされる要素でもあった。

リンカーン伝では、ターベルは新しい情報の掲載と事実関係の正確さにこだわった。毎日寄せられる読者からの手紙で使えそうな材料があれば、いつでも出撃し、取材に赴く体制を整えていた。事実関係はダブルチェックした。面白い記事であることを最優先し、オーナーのマクルアーは記事を三度読み直し、満足いかない記事であればターベルに書き直しを命じた。

寄せられた手紙には、リンカーンの直筆の手紙や演説が入っていた。こうした未公表の遺品は連載が終わるころには三〇〇を超えていた。正確な情報をかき集めるため取材した相手も数百人を数えていたのである。精力的な取材活動の結果、ターベルは体調を崩し、サナトリウムでの休養を余儀なくされた。これ以降ターベルは、毎年ニューヨーク州ロチェスターのサナトリウムで休養するのが常となったのである。

3　米国人脈

最後に、ナポレオン伝とリンカーン伝の執筆を通じてジャーナリスト、アイダ・ターベルがどのように成長したのかを考えてみよう。

第一は、女性ジャーナリストが必ずしも多くない時代に単身、見知らぬ世界に乗り込み、自らの目指す情報を死にもの狂いで足を棒にして歩き回りし、そして協力者を見付け、探し当てに成功したことであろう。時代背景を念頭に置くと、リンカーンの長男ロバートが執筆終了後にターベルに対し作品の素晴らしさを褒めたたえた書簡が指摘するように、未知の世界に飛び込む勇敢さ、臆せずさまざまな人に会い、話を聞くという積極性と何事にも挑戦しようとする前向きの態度は何よりも称賛されるべきであろう。

第二はやはり、取材力を着々と着けていったことである。ナポレオン伝の執筆では、当初予定していたフランスへの取材旅行こそ実現しなかったが、ワシントンへ赴くと、関連の情報が山のようにあることが分かった。孤軍奮闘し、国務省に行くと、外交文書を含めてさまざまな言語による当時の資料が眠っており、それが利用できることを突き止めた。

リンカーン伝では、連載前に出身のケンタッキー州入りし、基礎となる情報を裁判所や新聞社などを訪問して取得し、地元住民にも果敢にアタック。リンカーンを知る一般市民からの生の声を集めることができた。

何よりも増して取材力の強化につながったのが第三の豊富な人脈である。これまでも指摘したが、ターベルは、傑出した人脈形成力、驚くほどの巧みさを持ち合わせている。筆力の高さも大事であるが、優れた記事を書くために必要なことは、まず、質の高い、生きた情報を入手することである。

情報は、人を通してもたらされるのがほとんどである。その意味からも重要な情報を持つ人物との人脈あるいはネットワークを構築している人物と知り合い、太い絆を築くことが肝要となってくる。

それには、まず、相手に拒否反応を持たれるような人物では決してあってはならないし、二度と会いたくない人物であってはならないだろう。

情報は基本的にはギブ・アンド・テイクである。ある程度の情報がなければ、相手からの情報提供を期待することはできない。そういう意味ではターベルは情報に精通していたのだろうし、新しい情報の入手に貪欲であったといえる。

パリ留学中もそうだった。ロラン夫人伝を書くために奮闘努力し、その結果、夫人の末裔と知己を得ることに成功した。夫人伝の執筆で大きな成果を上げることができたのは、ロラン夫人の末裔と知り合ったことがきっかけであった。これにより、未発表の資料はもちろん、当時の夫人が結婚直後に夫と生活を共にした城を訪問し、そこで何日か過ごし、皮膚感覚でロラン夫人を体感できた。

さらには、普通のフランス人であっても参加はおろか、存在さえも知ることのない、夫人の末裔の主催するフランスの知識人の集まるサロンへの出入りも許され、当時のフランス上流階級と交流する機会を得た。そこでフランスの上流階級の考え方、常識、関心事などを学び、普段は閉ざされているフランス社会を覗き見ることができたのである。そうした人脈は、ジャーナリストにとって何にも勝る一種の財産でもある。

サロンへの参加を通じてフランスの政治家との交流も始まり、フランス政治の構造なども知ることもできた。そうした階級は一般的に情報の宝庫でもある。新しい情報、関連情報を入手したければ、その場で培った知己を通じて専門家を紹介してもらえばこと足りる。

そうした友人を介して紹介を受けた専門家は往々にして第一級の情報を持ち合わせえているものだ

し、運がよければ、さらに詳しいその道の通を紹介してもらえたりする。

ナポレオン伝を執筆する際に知り合った米国でも一、二を争うナポレオンの遺品の収集家でもある法律家ハッバードは、首都ワシントンでも屈指の人脈を誇っていた。社交にも熱心で、政治の街ワシントンの政治家、官僚など多くの知人が周りに集っていた。ターベルもその人脈の輪の中に溶け込み、さまざまな人々と知り合いになる。

リンカーン伝の執筆でもこのワシントン人脈が奏功した。ハッバード夫人の紹介を受けたシカゴの富裕層の夫人がリンカーンの長男であるロバートを紹介してくれた上に、未公開の秘蔵品をターベルへ提供するよう依頼してくれた。この夫人にロバートは過去に大変お世話になり、恩義を感じていたのだろう。

背中を押されたロバートは、「いいでしょう。たいしたものはありませんが」といって、本邦初公開の銀板写真を提供してくれた。これは、夫人の口添えがなければあり得なかった話である。そういう意味では、人脈は取材活動で大きくものをいう。この写真が突破口となりターベルの雑誌の掲載されている雑誌の発行部数が順調に伸び始めたのだから、オーナーのマクルアーにとってもありがたい限りであっただろう。

ハッバードについてターベルは自伝の中でこう語っている。「私の社会生活は、ハッバード夫妻の継続的な親切の上に形成されていた。ほとんど家族の一員で、夫婦の友人の中に自由に入っていけた。外交官、政治家、著名な来訪者を含めたご夫婦の交際範囲の輪は、幅広く、その中心は、スミソニアン博物館や農務省、地質調査、鉱物事務所、天文台などで仕事をする傑出した科学者らの大きなグループだった。この街では、ハッバード氏ほど尊敬されていた人はいなかった。その中心は、ハッバード氏の娘婿のアレキサンダー・グラハム・ベル氏であった」。老夫婦と子供の世帯は、「スープの冷めない距離」に住むのが最適だといわれるが、その言葉のように、グラハム一家は、ハッバード氏の家の向かいに住んでいた。

記事が雑誌に掲載され始めると読者からの反響が来た。特にリンカーン伝はわずか三〇年前に生きていた大統領だったから、その分、思い出を持ち合わせていた市民は多く、その記憶を綴る手紙が殺到した。ターベルはその手紙をいつも大きな袋に入れて取材時にも持ち歩いていた。いや、むしろそうした市民からの情報を基に、取材し、記事を書いていた側面があった。

ハッバードとの交流はその後も続く。娘が電話を発明したベルの妻ということで、米国科学会のトップレベルの知名度を誇るベルとベルを囲む科学者や経営者らとの交流も始まる。この流れから米最大の博物館で知られるスミソニアン博物館の館長をはじめとした、首都ワシントンの一流の人物とも出会い、人脈がさらに拡大した。

二つの伝記の執筆で知名度が増したターベルは、軍人への人脈も拡大させる。頻繁に取材していた軍の最高司令官ネルソン・マイルズ将軍との取材中に、米西戦争の発端となる米戦艦メイン号のハバナ港での沈没の第一報が入ってきた。一八九八年二月一六日午前、将軍と軍の執務室にいた時である。同沈没の時にルーズベルトは、海軍とほかの省との間を何度も行ったり来たりしており、「ローラースケート少年」だったとターベルは自伝で評している。後に大統領にまで上り詰める当時長官補のセオドア・ルーズベルトも海軍で仕事をしていた。

ルーズベルトは、独占禁止法の運用を強化し、反トラスト法をスタンダード石油に適用し、告訴、解体に追いやった政治家、そして第二六代大統領である。ターベルとは、切っても切れない関係にあるのだが、因縁をたどればここまで遡るようだ。

自伝でターベルは、この頃のルーズベルトを好意的に見ていない。というのは、米国がスペインに対し宣戦布告した直後に海軍省次官を辞め、義勇軍を募る活動に入ったためだ。結成した義勇軍の大佐としてルーズベルトは指揮した。この行動に対し「ルーズベルトは、軍が自分を必要としていたと感じていたのであれば、実際には明らかにそうだったのであるが、辞任するべきでなかった。それは礼儀に反している」などとのコメントを自伝で加えている。

4 米国の再発見──ワシントン・マフィア

リンカーン伝の執筆は、ターベルのフランスに対する情熱を揺さぶる転機となった。自伝に、「Rediscovering my country（自国の再発見）」のタイトルで第一〇章を設け、その思いを表現している。やや長くなるが引用しよう。

「公務についている人々の責任の意味、個性の激突、野心、裁定、理想の重大さを学んだ。私は長年、それを持ち合わせていなかったから、自分に問うたのは、さほど前ではなかった。自分は、彼らが働いている民主主義制度の中の一部なのである」、「この制度に奉仕するためには自分の仕事を使うべきではないのか。外国に逃げて、単なる傍観者ではあることはできない。実際、フランスの大きな魅力の一つは、そこでは市民として何ら責任を負っていないこと、それに疑問を持ち始めた。パリを諦めなければならない。事実上忘れていた米国の市民権を実感していた」。

ターベルは、リンカーン伝を書き上げる中であれほど憧れ、好きだったフランスへの関心が自分の身体から次第に抜けていくような感触にとらわれていた。自由、博愛、平等の国のフランス行きは、フランス革命で活躍したロラン夫人を通して女性としての生き方を探求する旅でもあった。

留学からの帰国の際は、再訪の時は、ここに住み、あそこに行き、こんなことをすると具体的な生活設計を描いていた。それが一瞬にして霧散したのである。裏を返せば、それは、米国への関心が高まってきたことに他ならない。フランスはやはり、自分の国ではなかった、ということであろうか。そして、ロックフェラー帝国スタンダード石油の米国内での傍若無人な振る舞いに目が向いてきた。

ターベルの傑出した取材力は、今回のリンカーン伝でさらに磨きがかかった。ロラン夫人伝で培った新聞、雑誌、公官庁の情報、裁判記録などのいわゆる公開情報をベースに手当たり次第にキーパーソンに当たり、情報を確度の高いものへと収斂させていく。取材拒否にあってもくじけず、他の有力な情報提供者を見付け、完成度を上げていく。この手法は、四年続いたリンカーン伝でさらに盤石なものになった。

ターベルの優れた記事が生まれた後ろには、傑出した時代感覚を持ち、あれこれアドバイスしてくれ、巧みなデスクワークで支えてくれた編集陣の存在を忘れてはならない。この裏方がいなければ伝記はやや違った内容になっていたかもしれない。

第4章

ロックフェラー帝国と激突

ナポレオン伝、リンカーン伝の連続ヒットで伝記作家としての自信を深めたターベル。構築した米国内の人脈は、その後の人生を変える大きな転機となった。潔癖で、正義感の強いターベルの関心は、自然と国内問題に向かった。

米国は、当時、弱肉強食の初期資本主義の真っただ中。いわば、資本家、政治家など強者のやりたい放題、弱いものは虫けらのように扱われる世界の中で、喫緊かつ最大の社会問題となっていたのが巨大企業による市場独占であった。

密約で形成したカルテルやプール制、トラスト（企業合同）などで生産量を絞り、力任せに値段を釣り上げて市場を思いのままに支配。一般庶民を搾取し、巨万の富の蓄財に血道を上げる大企業に対し、犠牲となった消費者の怒りは募っていた。倫理や道徳、企業の社会的責任を忘れて、やりたい放題。まさに傍若無人の経営を続ける大企業を政府は規制するどころかその自由を黙認した。札束で買収された上院議員、州知事などの政治家らは、ビッグ・ビジネスのいいなりになり、議会さえも頼りにならない有様であった。米民主主義の危機である。

義憤を感じたターベルは、「アナコンダ」、「巨大な怪物」と恐れられていた当時のトラストの象徴スタンダード石油に照準を定める。冷酷、反社会的な手法でライバルや同業者を腕力で叩きのめし、次々と吸収、乗っ取りを図り、着々と規模を拡大し続けていた。ターベルは、全米に広がる巨大な市場の支配を目指したロックフェラーの手法にメスを入れた。

市場独占を達成する過程で行使した反社会的、違法ともいえる経営の闇の部分に迫り、当時最大の人気を誇るマクルアーズ誌に連載した。ロックフェラー帝国の本格的な分析はこれが初めてであった。シリーズは大反響を呼び、これが起爆剤となり、政府が動き出す。そして、歴史的な解体へつながる。ターベルの一連の鋭い告発がなければトラストの王者の犯罪へメスが入り、断罪されたかどうかは疑わしい。牙城の分割は、さらに先送りされたかもしれない。ここでは、ロックフェラーの人物像とターベルの分析対象となったスタンダード石油とはどんな企業なのかを説明しよう。

1　ジョン・D・ロックフェラー

ロックフェラーと聞いて多くの人が頭に描くのは一体何だろう。「石油王」、「米国切って大富豪」。米シカゴ大学やロックフェラー大学、世界的に著名な日本の細菌学者野口英世の所属したロックフェラー医学研究所などを創設した篤志家。ニューヨーク・マンハッタンを代表する高層建築ロックフェラー・センターを建設した一族などとさまざまだろう。

世界的に知られる慈善団体の「The Rockefeller Foundation（ロックフェラー財団）」は、一九一三年、総帥の石油王ジョン・D・ロックフェラーによって設立された。人類の福利の増進のため寄付行為などを施す慈善を目指している。その資産規模は、最近で、四二億ドル程度。現在では、さらに大きな規模のフォード財団、W・K・ケロッグ財団、ブルムバーグ・フィナンソロピーなどがある。

一族の建設による超高層ビルのロックフェラー・センターは、ニューヨーク・マンハッタン五番街にある米国を代表する複合施設である。冬になるとビルの正面にスケートリンクが張られ、特大のクリスマスツリーが飾られることでも知られる。タイムズ・スクエアーとともに、ニューヨークの名物である。バブル絶頂期の一九八九年に日本の三菱地所がカネの力にものをいわせて買収し、その成金的なイメージが米国人の反感を買ったことが知られている。その後、多くは売却された。

世界最大との評もある、こうした巨万の富をため込んだロックフェラーとは一体どんな人物なのか。〝世界を操る〟との見出しの躍る暴露本が出るなど、巨大な資産を生み出す原動力となったスタンダード石油とは、一体どんな企業だったのか。ターベルの著作の分析に入る前に、調べてみよう。

実業家であり、社会貢献のために惜しげもなく自分の資産を寄付したことから後世、慈愛溢れる慈善事業家としても知られるようになったロックフェラーが生まれたのは、一八三九年七月八日の夜。英国に大幅に遅れて産業革命が米国でも始まった頃である。これは、産業の爆発的な伸長をもたらしたと同時に、圧倒的な購買力を誇る米国市場にビッグ・ビジネスの時代が到来した時期でもある。

日本はといえば、天保に代表される飢饉続きで、二年前の三七年に大阪で大塩平八郎の乱などが発生するなど社会不安が生じていた。この頃になると英仏米の船が日本に現れ、これがその後の開国の動きにつながる。明治維新を睨み、徳川幕府崩壊に向けた地殻変動が始まった。

英国は、三七年にビクトリア女王が即位し、大英帝国が絶頂期を迎えた頃である。四〇年には、自由貿易と唱える英国との間でアヘン戦争が勃発。敗北した中国は、南京条約を締結。これを機に、〝眠れる獅子〟への侵略に拍車が掛かる。そんな時代であった。

ロックフェラーは、ニューヨーク州リッチフォー

ジョン・D・ロックフェラー。

ドで、父ウィリアム・エイベリー・ロックフェラーとその妻のイライザ・ディヴィソンの六人家族の二番目の長男として生まれた。後年、大富豪になった息子からはほとんど想像できないことでもあるが、父は、必ずしも真面目な働き者ではなかった。

妻や子供がいるにもかかわらず愛人を家政婦として自分の家に住まわせ、子供ももうけ、同居させるという、現代からしても一種異常な家庭環境だった。父親の女性関係は、これだけにとどまらず、後年、若い女性と重婚していたことも明らかになっている。さらに、女性に対する暴行容疑も取り沙汰されていた。素行不良の父は、突然家を飛び出し、数か月間、留守にすることも珍しくなかった。

汗水たらして実直に人生に対峙する畑仕事などを嫌う父親の職業は、現代風に表現すれば、テキヤ、気ままな行商人といったところ。「薬草の医師」を名乗り、薬草などを法外な高い値段で一般人に売りつけ、稼いでいた。町の人々は、こんなジョンの父親を「デビル（悪魔）・ビル」などと呼んでいた。

素行不良の意味も込められていた。

幼少の頃に住居を頻繁に変えたのは、こうした模範とは対極の父親が生んだ近所の評判を気にしてのことだったようだ。

父親の不在が多く、ロックフェラーは母親を助け、家事などの手伝いはもちろん、七面鳥などを飼って育て近くの市場で売り、家計の足しにしていた。ただし、九二エーカーの広大な土地の広い家に住んでおり、貧乏では必ずしもなかったと指摘する書籍もある。信心深い母親の影響もあってパプティスト教会の日曜の礼拝には幼い頃からたびたび出かけていた。これが後の日曜学校の先生にもなる、信心深い性格を形成することになる。

先ほど父親の悪行について紹介したが、ロックフェラーは、父のことはさほど悪くいっていない。むしろ、好意的に見ていた。自伝では、いろんな事業に関わった父からビジネスの原則や方法、つまり商売のコツを教わったと綴っている。父の教えとして、使途が分かるように領収書などと、それを几帳面につけた会計簿を常に保存していた。

自伝では、七歳か八歳の頃に初めて手掛けた商売を紹介している。サルや小鳥などの動物を飼っており、これを売って小遣いの足しにしていた。

五一年に同州オウィーゴに引っ越し、中等教育を受ける機会に恵まれる。五三年には今度はオハイオ州クリーブランドへ移り、高校を卒業、その後商業専門学校のビジネスコースに数か月通い、簿記を学んだ。数学が得意で、成績は悪くはなかった。自伝では、「学校では、簿記と商業取引の諸原則を学び、それは自分にとってとても価値あるものだった」と振り返っている。

家計を助けたいと常々考えていたロックフェラーは、五五年九月、待望の職を得る。一六歳の時である。これをきっかけにビジネス界での出世街道をばく進することになる。

自伝『*Random Reminiscences of Men and Event*（人や出来事についてあれこれ回想）』では、この時のことを詳しく綴っている。商人や商店の経営者に「簿記ができます」などと説明し、「見習いはいりませんか」と黒い背広姿で何日も何週間も歩き回った。もっとも、行き当たりばったりではなかったようだ。目先のきくロックフェラーらしく、事前に、比較的大きな会社を中心に訪れるべき会社をリストアップしていた。

エリー湖に面する交通の要所地でもあった当時のクリーブランドは、人口三万人程度の新興工業都市。ミネソタ州からの鉄鉱石と鉄道で運ばれてきたアパラチア炭田の石炭の集散地で、工業の発達する土壌があった。

だが、若造の要求は一顧だにされない。見習いを求めていた経営者は誰もおらず、真剣に相談に乗ってくれる人は誰もいなかった。一度断られてもまた訪れた。この不屈の精神が、実を結ぶことになる。

努力すれば、その意志は通じるということなのだろうか、運命の女神がついにほほ笑んだ。造船所の一人が、昼食後にもう一度来ないかと声を掛けてくれた。時計が正午を回り、午後一番に再度訪ねた。すると、最初に会った男の上司との面接が待ち構えていた。ちょうどうまい具合に、帳簿掛を探していたようで、「君にチャンスをあげよう」との暖かい言葉を掛けてくれた。

その日が職業人としてのスタート、そしてそれは同年九月二六日だった。ロックフェラーは、自分の生涯の中で、最も記念すべき日として位置付け、自分の誕生日以上に盛大にお祝いした。

雇ってくれた会社の名前は、ヒューイット＆タートル社であった。嬉々として仕事をしたのはもちろんである。給料の額も決めずに、主に簿記の仕事を始めた。すると、父母の教えてくれた商売の鉄則や専門学校での学習が大いに役に立った。

翌年の一月、三か月間の給与として五〇ドルを受け取った。自分が会社に必要とされていることが分かり、至極満足だった。朝六時半から夜の一〇時半まで、一生懸命仕事をした。

当時の仕事について、自伝でこんなことを語っている。ある日地元の配管工が一ヤード（九一センチメートル）の長さの請求書を突き付け、「金を払ってくれ」と要求した。たとえ数セントのわずかな額でも請求書をきちんとチェックすることにしていたロックフェラーにはこうした手口は通じず、この配管工の不正請求は成功しなかった。ビジネス上、配管工との付き合いがあり、多くの請求書をチェックしていたためである。請求書を処理し、家賃を集め、要求を調整するなどの仕事を担当した結果、さまざまな人とのつながりができた。仕事を通じていろんな階層の人たちとの付き合い方を学んだ、と自伝で振り返っている。

仕事の捌きが評価されたのか、弱冠一六歳の若さにもかかわらず、経理のみならずさまざまな仕事を任された。大理石の輸送もそのひとつ。輸送は、鉄道や船を使って運河や湖を経由する手があった。運送途中での損失や損害が経路によって異なっていた。それを試算し、会社はもちろん、業者を納得させなければならなかった。こうした難しい仕事も担当したのである。

つらい体験ではなく、むしろ重要な仕事に関われたことで大満足だった。こうした輸送ビジネスに早くから関われたことが、鉄道会社からの巨額のリベートを軸に盤石なトラスト、ロックフェラー帝国を構築するヒントとなったことは間違いない。

「仕事は、現在の大きな会社の事務員よりはるかに面白いものだった」、「交渉とは何なのか、その原則を学ぶ最初のステップとなった」と当時の思い出を綴っている。

給与は月二五ドル（年俸三〇〇ドル）となり、その後は、年俸五〇〇ドル、五八年には同六〇〇ドルへアップした。几帳面な経理の手腕が評価されたといえよう。もっとも次第に給与の安さを感じ始めるようになる。さらに五七年に全米を襲った恐慌で、自分の働くヒューイット&タートル社の経営が盤石でないことも判明した。「独立」という文字がジョン・Dの脳裏を再びかすめ始めていた。

そんな折、会社を作らないかという話が、降って湧いてきた。相手は、商業専門学校の一〇歳年上の同級生で、住まいも近い英国人モーリス・B・クラークだった。それぞれが二〇〇〇ドルを出し合い農産物を売買するというのである。八〇〇ドル程度は持っていたが残りの当てがなく、父親に無心した。

父親は、財産分与の一環として一〇〇〇ドルを工面してくれたが、一〇%の利子を要求した。当時の金融機関のレートはこの程度だった。だが、息子に分与した財産に利子を付けるビジネスライクの父の金銭感覚は、一般とはやや異なる。場合によっては「守銭奴」、あるいは「我利我利（がりがり）亡者」と非難する向きがあるかもしれない。実際、父は家族用住宅を建てたが、そこに住んだ息子に対して家賃を要求した。のちに記述することになるが、ターベルの暴露したロックフェラー帝国構築までの冷酷な経営手法や金銭感覚は、この父親譲りのビジネスライクの家のルールから来ているといってよいかもしれない。

いずれにしろ、五八年四月、合弁会社クラーク&ロックフェラーがスタートした。ロックフェラーは金融と会計を、クラークは販売と購入を担当した。

三年後の南北戦争（一八六一～六五年）の勃発は、ロックフェラーに味方した。戦争特需である。兵士の食糧の確保で扱っていた塩、肉、小麦など農産物の売り上げが急増、戦後の利益は、戦前比で四倍の一万七〇〇〇ドルに上った。二〇代で裕福となり、クリーブランドで知られる企業となっていた。

その頃、東方約一六〇キロメートルのペンシルベニア州タイタスビルでその後のロックフェラーの人生を一から変えてしまう出来事が起きていた。五九年八月二八日、エドウィン・L・ドレイクが約一年半前から掘り続けていた油井で念願の石油採掘に成功した。ゴールドラッシュならぬ、オイルラッシュの始まりである。

報を聞きつけた一獲千金を夢見る山師たちが、人口二〇〇人にも満たない谷間の寒村タイタスビルへ押し寄せた。ペンシルバニア西部の産油量は、六〇年の四五万バレルから六二年には三〇〇万バレルへ急速に拡大した。ロックフェラーももちろん石油は扱っていた。電気のなかった当時、石油は高価でしかも値上がりの続ける鯨油に代わる照明（ランプ）用や暖房用などに利用されていた。ガソリンが売り上げの中心を占めるのは、自動車王、ヘンリー・フォードが確立した大量生産により安価な自動車が登場し、いわゆるモータリゼーションが大衆に広く行きわたる二〇世紀になってからである。

こうした中で、クラークの友人で燃料用石油の専門家サムエル・アンドルーズから石油精製事業の話が持ち込まれていた。ロックフェラーはこれに積極的で、石油精製もスタートさせた。この時、二四歳。創業開始後一年で、売り上げは早くも石油精製が農業を上回るようになった。経営を続けるうちにクラークとの路線の違いを明確に意識するようになる。この頃から独力での経営を考え始め、その時のために銀行を味方に付けるなど金策にも怠りなかった。

待ちに待った瞬間がほどなくして訪れた。相方のクラークが解散を持ち掛けて来たのである。これを機に自分たちの製油所を競売に掛けた。五〇〇ドルからスタートした競売は、七万二五〇〇ドルまで跳ね上がる。ロックフェラーは躊躇せずに、その金額を提示、権利の獲得についに成功した。六五年三月、合弁会社は解散、ロックフェラーは、クリーブランド最大の精油所を保有する経営者となったのである。

ロン・チャーナウ著『タイタン』によると、処理能力は日量五〇〇バレル、近くの商売敵の二倍で世界でも有数の大精油所だった。後に世界を代表する石油王への変身を遂げるロックフェラーの一生を、名実ともに決定する画期となったのである。

この経営権取得の時期も絶妙だった。なぜなら六一年から続いていた南北戦争の天王山となる南部の首都リッチモンドが六五年四月に陥落、南軍が降伏した。戦争終結を機に米国は、爆発的な経済発展を遂げることになる。急増する移民、西部開拓の急速な進展なども後押しした。

ハーマン・E・クルースなどによる『アメリカ経営史（上）』によると、米国は、南北戦争後の一九世紀後半に、農業国から工業国への転換を完了。この時期に、生産と企業活動がかつてないほど高まった。七〇年代以降、新産業と新タイプの企業者活動が勃興し、夢と熱狂の時代を生み出した。

その内容は、軽工業から重工業への転換であり、同時に、ビッグ・ビジネスが台頭した。ロックフェラーのスタンダード石油もまさしくこれに含まれる。

大精油所を手中にしたロックフェラーは、規模の拡大、品質の向上と効率化などについて懸命に取り組む。自己資金の蓄積にも努め、恐慌が来てもそれを撥ね除ける盤石な財政基盤の構築に努力した。背景には、米石油市場が慢性的な供給過剰体質にあったことも影響している。石油生産が需要の伸びを上回る急速なスピードで拡大したため価格が乱高下、石油を扱う業者は、その影響をもろに受けていた。敏腕経理屋のロックフェラーにもその弊害は及び、損害を最小限にするために編み出した防衛策でもあったのだろう。

一八七〇年一月、ロックフェラーは、当時の幹部を含めた五人でついにスタンダード石油を設立した。スタンダードの英語の意味は、「基準、標準、誠実」などである。当時の石油は、製品の質が安定せず、石油ストーブなどに着火した瞬間に爆発することが少なくなかった。良質で安定した石油を需要家に提供するという意味で、スタンダードの名称を付けた。

この間、高校時代に知り合ったローラ・スペルマンと結婚した。スタンダード石油を立ち上げたロックフェラーは、価格の乱高下を防ぎ、経営の安定を目指すため石油産業を支配下に収めることを思い立つ。その結果、無慈悲、冷酷、違法かつ反社会的、反道徳的ともいえる手法を用いた産業の独占に乗り出した。トラスト（企業合同）の形成である。意外に思われる向きが多いかもしれないが、当時ロックフェラーは、世論から口汚くののしられ、消費者の敵として罵詈雑言を浴びていた。

この手法に対し「フェアーではない」として敢然と立ちあがったのが女性ジャーナリストのターベ

ルであった。一連の連載記事でベールに包まれていたロックフェラーの血も涙もない、悪名高い取引のスタイルを白日の下にさらした。当時、最も憎まれた経営者像が形成されるのである。

特筆されるのが秘密主義である。記者との面談に応じず、会社の経営方針や業績などを開陳しない。当然、会社の内情を明らかにするのも嫌った。社員に対しても秘密の徹底を求めた。買収後にスタンダード石油側に寝返った企業に対してもこれまで通りの姿勢を取らせ、ライバルを欺いて機密情報を入手するなど公明正大とは真逆の手法で陣営拡大に利用した。裏をかかれたライバル企業が怒り狂ったのは当然であろう。社内には、人物名、会社、都市名などを記した暗号表があり、実名では呼ばれなかった。

回顧録が出たのは、ターベルの報道により世論に包囲され、四面楚歌、孤立無援の状態に陥り、自らの弁明を迫られた一九〇八年である。

この秘密主義は、素行のよろしくない実父の存在が原因とされている。幼少時代から複雑な家庭環境に育ち、家庭内の話を聞かれても他人に漏らすことは一切なかった。無慈悲かつ冷酷だったのも父親譲りだったのか。もっとも、ロックフェラーとは、自分の商才について「神から授かったもの」として誇りに思っていた節がある。

2　スタンダード石油とは

ロックフェラーの分身とされるスタンダード石油はどうか。その名称の会社は現在存在しない。なぜか。それは、反トラスト法で一九一一年に約四〇の会社に解体され、その後もスタンダード石油の名称を一部採用し、存続していたスタンダード石油ニュージャージーが七二年にエクソンへ社名を変更したからである。

そのエクソンも九九年に、スタンダード石油系のモービル石油と合併した。世界の石油市場になお君臨している統合後のエクソンモービルである。同社のガソリンなどの販売店名をエッソとしている。これは、スタンダード石油（Standard Oil Company）の「S」と「O」を連結した「SO」がエッソと呼ばれるのである。

ロックフェラーを世界最大の富豪に押し上げたスタンダード石油が巨額の利益を上げることができたのは、鉄道からの巨額なリベートやドローバックが背景にあったことは既に触れた。

スタンダード石油が市場をほぼ制覇した一九世紀後半は、輸送は荷車を引いた馬や牛などに頼るだけ、トラックはもちろん、大規模なパイプラインのない時代だった。油井から噴出した石油や精製した石油製品を消費地、需要家などへ大量に輸送するには、その多くは当時建設された大陸横断などの鉄道しかなかった。その鉄道といえば、石油産業に負けず劣らず過当競争が続いていた。

独立系の弱小業者の乗っ取りや買収工作で、規模の拡大を続けるスタンダード石油が繰り出す輸送の発注は、ロットも大きく、この輸送に関われることは鉄道業者にとってかなりのうま味があった。そのため公共機関でもあるにもかかわらず、裏でリベートを出す密約を積極的に結んだ。その結果、交渉巧みなスタンダード石油の経営陣の繰り出す手練手管の蟻地獄の世界にはまり込み、気が付いた時には、鉄道の支払うリベートは、空前の規模に膨らんでいた。抜け出したくても抜け出せないほどの深刻な事態になってしまったのである。

過剰生産に悩む当時の石油業界は、利幅が薄かった。リベートのないライバル企業は、敗退し、ロックフェラーの軍門に下ったのである。その結果、スタンダード石油は、大蛇のように膨れあがり続けた。加えて、理不尽、反道徳的、理解しがたい違法で悪質な、恐るべきリベートの一種のドローバックを鉄道に突き付けた。

『コンサイス・オックスフォード辞典』（第一〇版）で「drawback」を調べると、「disadvantage or problem, excises or import duty remitted on goods exported（不利な点、障害、製品が輸出された時に払い戻される間接税、輸入税）」などの説明が出ている。払い戻しの意味のようだ。だが、スタンダード石油が要求したのは単なる払い戻しではなかった。ライバル企業が当該鉄道を利用して運んだ石油製品の運賃のリベートに相当する分の支払いを、スタンダード石油へ要求したのである。

リベートによって自社の輸送を値引きさせて、格安の運賃で輸送できるうま味にありつけたばかりか、さらにライバルの支払った輸送運賃の中からドローバックを自分の口座に払い込ませた。リベートの二重取りである。これでは、ライバル企業に勝ち目がないのは当然である。もちろんすべて密約である。こうした不公正な手法でライバルを出しぬき、揺さぶり、統合あるいは吸収し、規模を拡大させたのである。

特筆されるのは、膨張する石油帝国をまとめるため、独占のひとつの形態であるトラスト（企業合同）をスタンダード石油の顧問弁護士が考案したことであろう。

安部悦生明治大学教授などによる『ケースブック　アメリカ経営史』によると、当時は持ち株会社形態が認められておらず、参加企業の一元管理が問題になっていた。ここで顧問弁護士は、トラスト（信託）形式の運営を発案した。トラスト形式自体はかなり以前からあった。設立に際し、顧問弁護士は、ロックフェラーなど九人の受託者を選任、全米のロックフェラー系企業四〇社の株を信託した。信託した株主数は四一人で、受託人は株式を管理し、信託人は株式と引き換えにトラスト証券を保有、四〇社を経営する。

こうして四〇社の経営が受託人によってなされたのである。持ち株会社が認められない時代にこのトラストは大きな役割を果たした。だが、ロックフェラーのトラストは、オハイオ州の州法によって同州最高裁から一八九二年に解散命令を受けた。これを受けて唯一持ち株会社が許されているニュージャージー州を本拠とする持ち株会社スタンダード石油を直後に設立し、強力な司令塔を再構築したのである。

スタンダード石油が、一九一一年に連邦最高裁で解体判決を下されたのは、ターベルの連載記事によりトラスト、スタンダード石油の犯罪的な経営手法に対する反対運動が急速に盛り上がり、大企業＝トラストとみなす風潮が流行したことも背景にある。スタンダード石油は、実は、解体判決を二度受けている。

当時の新聞王ピューリッァーやハースト系の新聞は、大企業を糾弾する論陣を張り、トラストの大見出しを記事に付け、読者にアピールしていた。トラストは悪徳大企業の代名詞でもあり、トラストが見出しに躍れば、一般市民の注目を浴び、新聞が売れた。それほどロックフェラー＝トラストに対する風当たりは強かったのである。

3 不朽の業績

さて、いよいよ、ターベルとロックフェラーの激突である。綿密でしつこいほどのターベルの調査報道の特集が連載の形でマクルアーズ誌に約二年間、掲載された。それが大きな反響を呼び、政府を動かしたことは既に説明した。その具体的な内容については、第7章で記述する。

特集は、上下二巻の本『スタンダード石油の歴史』にまとめられ、今なお入手可能である。読者の関心の度合いを考慮したためか、写真やイラスト、参考文献の引用などが省かれた一冊の縮刷版と、当時の記事がそのまま掲載されている二冊の本がある。ターベルとロックフェラーの激突は、この文献をベースに迫ることにする。

縮刷版には、一九六六年三月付で、フロリダ大学のデビッド・M・チャルマーズ教授が序文を寄せている。まず、それを紹介しよう。

教授は、冒頭、スタンダード石油をこう表現している。「ジョン・D・ロックフェラーとその仲間がスタンダード石油を設立したのは、ウォール街の銀行の役員室ではない」、「連中は、リベートやドローバック、賄賂、恐喝（略奪）、スパイ活動、値引き、そしてより重要なのは、情け容赦のない、組織と生産の高い効率性によって戦いながら（市場）支配の道を切り開いてきた」。

ロックフェラーの成功は、まさに、教授の指摘に尽きる。自分の手を汚さない金融資本とは対極の、実に生々しいやり方で市場独占を果たした。汗と血を流し、地べたを這いずり回り、冷酷、無慈悲で、恐喝、賄賂などの反社会的な手法もいとわず、腕力でライバルをなぎ倒し、傘下に収め、短期間のうちに米最大の企業にのし上がった米初期産業資本の王者でもある。

金融資本のモルガン財閥主導により、ＵＳスチールが設立される一九〇一年までスタンダード石油は米国最大の企業であり、ピーク時には、米石油精製業の九〇％近くを独占する化け物でもあった。利益率も飛びぬけて高く、初期には、利益率は二〇％を下ったことはなかった。

一九一一年の解体後に存続した約四〇社のうちの最大の米ニュージャージー州が本拠のスタンダード石油ニュージャージーは、以後も、米国で最大級の力を発揮していた。

だが、この巨万の富と利益をもってしても調査報道の第一人者のターベルの手厳しい追及を逃れることができなかった。

ターベルは、その著書『スタンダード石油の歴史』の中で、ロックフェラーは人生の中で、正義や人間性を含めて、万人に対する思いやりを奪った「情熱的に（カネを）愛しすぎたカネの犠牲者」と指摘。ロックフェラーは、「商業主義的なマキャベリズム（権謀術数主義）によって米国人の生活を集中攻撃で脅かすに至った」と断罪した。いかなる手法を使ってでも先頭を走るというのが米国のビジネス社会で最高の道徳となったのは、ロックフェラーの責任であると決め付けている。

この指摘に対し、教授はやや懐疑的である。ターベルは、ロックフェラーの経営手法と性格、外見などをごっちゃにし、不愉快でみじめな外見と心を持つ狡猾で無慈悲な、シェークスピアの有名な小説「ベニスの商人」に登場する悪徳金貸しのシャイロックのようなイメージを形成した。それは、教授が高く評するロックフェラーの慈善事業を首尾よく一掃した、と指摘する。それまで悪徳と決めつけるターベルに疑問を呈している。

ターベルは、「自由競争が〝エデンの園〟」だとし、それ以外は「罪深い」と決めつけた。その園は、ターベルの育ったペンシルバニア西部であり、そこでは、石油業に関連する労働者個人が生き生きと活動し、前向きの社会を発展させていた。ロックフェラーは、フェアーでない策略を使い、独占の構築のためにこれをすべて台なしにしたとターベルは、指弾した。ターベルは、トラストの支配力について、競合する弱小業者の潜在力を不利な立場に置き、あるいは破壊する、鉄道の差別主義に基づくものだと説明していた。

最後に教授は、ターベルの著作『スタンダード石油の歴史』は、米ジャーナリズムの二〇世紀初頭の調査報道の幕開けを飾るものとなり、これによってターベルの名声は、米国史の中に刻み込まれた。

教授は、権力について研究したアラン・ネビンズ著『ジョン・D・ロックフェラー、産業人と慈善事業家』の中の著者の言葉を引用して、「時代と雑誌と記者の共同作業でこの連載本は、大当たりし、ジャーナリズムの中のマックレイキング活動で、不朽の業績を残した」と締めくくっている。

第5章

地獄の番犬との邂逅

いよいよ、ロックフェラー帝国、スタンダード石油の激突に入る。ターベルが任された次の連載特集は、猛威を振っているトラスト（企業合同）と決まった。鉄槌を下すのは、最強、最大を誇るトラストの王者である。スタンダード石油の反競争的な手法は、地元の業者、自治体との間でトラブルになっており、これを取材すれば、ヒントが必ず浮かんでくると思い込んでいた。だがいざ着手すると、壁にぶち当たった。公聴会などの証言集などがないのである。何者かによって持ち去られていた。のっけから立往生、途方に暮れてしまった。そんな時、オーナーのマクルアーから朗報が飛び込んできた。

1　爆弾投下

◆照準はトラスト

取り組むテーマは、ジャーナリスト本人が決める。組織に属しているのであれば、同僚の記事の執筆などの支援に駆り出されることもあるし、上司の指示に従うこともある。

マクルアーズ誌はどうだったのか。リンカーン伝の掲載などで発行部数が倍々ゲームで伸びるなど勢いのある雑誌で、経営状態も悪くはなかった。アイデアが無尽蔵に湧き出るオーナーのマクルアーを筆頭に粒ぞろいの執筆陣。社会悪を告発する調査報道が傑出しており、社会正義の実現を求める敏腕記者のリンカーン・ステファンズなど多士済々が揃っていた。

ステファンズは、ターベルの連載に先立ち、金権腐敗にまみれた地方自治体の不祥事を暴く告発記事の取材に入っていた。ターベルの連載がスタートする四年前には、レイ・スタナード・ベーカーが編集部に加わっていた。ミシガン州出身で州立農業大学（現ミシガン州立大）卒のベーカーは、経営者のスト破りなどの労働問題や人種差別を本格的なテーマに据えた全米初のジャーナリストとして現在でも高い知名度を誇っている。

この三人は、社会を震撼させる告発型の特ダネ記事を連発する同誌の誇る調査報道のトリオとして知られるようになる。実は、この下に、「校閲の天才」、「生まれながらの校閲役」とターベルが褒めたたえる重鎮ビオラ・ロセボロがいた。才気渙発、論壇風発の編集部が連発する記事の縁の下の力持ちが彼女だったのである。

そうした編集部の中で、ターベルは、スタンダード石油に焦点を絞り、トラストを告発する記事の取材に着手した。材料は、あまた転がっていると踏んでいたのにもかかわらず、動き始めるとそうでもなかった。悪行の証拠を残さないなど細かいところにも配慮が及ぶ秘密主義のロックフェラー。さすがである。

全米がトラストの洗礼を受けたのは、スタンダード石油がトラスト体制に移行した一八八〇年代に入ってから。米西戦争の一八九八年頃に本格化した。米国の繁栄の見返りは、トラストによる混乱と荒廃だった。自由競争が市民に平等をもたらす旗印とは、裏腹の事態になった。

この時期には、取引を制限する契約、結合、共謀を禁じるいわゆる反トラスト法のシャーマン法（一八九〇年）が既に存在していた。「企業合同、あるいは共同謀議を違法とする」と第一条で企業結合を禁止しているものの営業や取引の制限、独占の中身について具体的な定義は何らなかった。このため法律の適用を受けて、トラストが摘発されるまでには至らなかった。むしろ、「絵に描いた餅」、「シャーマン法は無力」という認識が一般的だった。

市場を独占し、生産量を絞り、力ずくで釣り上げた値段で販売し、巨額の利益を上げるトラストとは対照的に、貧しい市民の生活は、不当に侵害されていた。庶民のなけなしの富を搾取するトラストへの反感が一般市民の間に高まっていたのである。特に、スタンダード石油の反競争的な手法はその筆頭で、地元の業者との間で軋轢を生んでいたばかりか、連邦政府、地方自治体との間でもトラブルになっていた。各地の裁判所で係争を抱えており、公聴会や証言台などで矢面に立っていた。スタンダード石油は一八七九年に創設された最初のトラストだった。

それ以前に独占体がなかったわけではない。一九世紀の後半以降、鉄道ブームや重化学工業化によって米産業革命が進む中で、にわか企業家達が激増した。産業の急速な拡張で、過剰生産が顕在化し、価格の低下、倒産などが続出した。企業家らは、こうした激烈な競争を避ける方策として、共同で組織を設立し、加入、協定価格の維持や割り当て協定により市場分割などを目指す一種の企業連合、プール制が生まれた。

加入する企業の占有率を固定化することで利益を確保、流通を調整した。だが、強制力に欠けるため長持ちせず、スタンダード石油の考案した参加者を拘束し、市場支配を中央集権化できる、より強制力のあるトラストにとって代わられたのである。

石油に追随し、一八八〇年代には棉花油、亜麻仁油、ウィスキー、砂糖、鉛、鉄道、銅などのトラストが相次いで設立された。これによって資本の集中がさらに進展し、不当な差別の濫用、価格を法外に吊り上げて目にあまる不当な利潤を上げるケースが目立ち始めた。

反独占のうねりは、農民、中小企業、労働者の間に湧き上がり、同業者による同盟が結成され、是正を求めて決起する動きが見られた。特に、高過ぎる運賃や公共機関であるにもかかわらず説明のつかない地域別・顧客別の差別運賃を設定した鉄道のトラストに対する反対運動は苛烈を極めた。この運動が奏功し、短距離差別運賃、運賃プール、運賃払い戻し制などの鉄道独占を禁止する「Interstate Commerce Act（州際通商法）」が制定された経緯がある。

社会問題はさらに深刻化する。一八八八年の大統領選では、目にあまるトラストの横暴が争点となり、同九〇年にカルテル、ボイコットなどの取引制限の共同行為、独占行為などを禁止する「シャーマン法（Sherman Act）」が圧倒的多数で上院で成立した。独占、トラストに対する社会の反発がいかに根強かったかが分かるだろう。

反ビジネス的な法律との批判もあったシャーマン法の成立に奔走した上院議員のジョン・シャーマンは、「不公正なビジネス慣行に反対するだけである」と猛反発した。

ターベルの指弾したスタンダード石油の不正行為は、その後政府内での態勢整備が進み、政府の告発を受けて訴訟が提起され、このシャーマン法などにより、最高裁判所の場で違法とされ、解体の憂き目にあったわけである。

編集部が照準を当てるテーマとしては、同誌の編集方針である「社会悪の告発」、「社会正義の実現」にも沿っていた。

なぜ、どのようにして一族は大きくなったのか。ターベルの編集部では、その分析のために、「典型的なトラストを取り上げ、その内幕を暴く」という流れになった。鉄槌を下すとすれば、最強、最大を誇るロックフェラー率いるトラスト、スタンダード石油以外にない。我が物顔に米経済を牛耳る独占資本、トラストを何とかしなければならないとの危機感が、編集部には充満していたのである。

その第一弾として、ベーカーは、一九〇一年一一月の同誌に「What the US Steel Corp. Really is.（USスチールの本当の姿とは）」の告発記事を執筆していた。中身は、ニューヨークを本拠とする金融財閥のJ・P・モルガンが巨大トラストUSスチールの創設などで果たした役割である。

カーネギー財団などを設立し、無類の篤志家でも知られる鉄鋼王アンドリュー・カーネギーのカーネギー鉄鋼会社を買収し、J・P・モルガンが既に保有していた連邦鉄鋼会社と統合させて生まれたのがUSスチールである。当時米国の鉄鋼の三分の二を支配する、スタンダード石油と並ぶトラストのガリバーであった。規模では、USスチールの方が大きい。これによってそれまで難しかった業界の協調行動が可能となり、鉄鋼のカルテルが成立、価格安定を確保するための寡占体制が構築された。

R・チャーナウ著『モルガン家』によると、〇一年のUSスチール創設に対し英国のクロニクル紙は、このトラストは「文明社会の商業活動を脅かす以外の何物でもない」と論評していた。

タイタスビルが出身のターベルは、スタンダード石油との因縁は浅からぬものがあった。編集部で、ロックフェラーが絡むさまざまな記憶や思い出を披露した。

石油は、父フランクの人生を一変させた。三歳の時にタイタスビルへ引っ越したターベルは、丘の斜面に林立する油井のやぐらを眺め、石油を汲み上げる井戸の騒がしい喧騒が子守唄に、地面に溜まった原油の池などを遊び場に石油を身近に感じ、育ってきた幼少時代について語った。

汲み上げた油を貯蔵する樽を製造する職人のターベルの父の友人の独立系の中小採掘・精製・パイプライン業者は、冷酷なスタンダード石油の権謀術数の罠に落ち、激烈な競争に敗北し、次々と廃業するか、ロックフェラーの軍門に下り、傘下入りするかのギリギリの選択を迫られた。ターベルは、その哀れな姿を目の当たりにしてきたのである。

当初ブームで一儲けした父も、晩年は被害者だった。頑丈で耐久性の強い鉄製タンクの登場で仕事が激減した。スタンダード石油の魔の手に会社を潰された友人がピストル自殺を図り、保証人の父へその借金が降りかかってきた。自宅を抵当に入れるような事態にも陥った。石油業に関わっていた弟たのである。

のウイルも同様で、一家は、スタンダード石油と食うか食われるのか血みどろの戦いを繰り広げていたのである。

◆隠れ蓑

ターベルが連載で、ロックフェラーの隠れ蓑であると暴いた南部開発会社と石油地帯の業者が正面から激突した〝一八七二年の石油戦争〟についてターベルは、自伝の中で、自分にとって「最初の革命」、「不正義との戦いは、義務であり、名誉でもあった」と綴っている。

ターベルは、「憎しみ、邪推、恐怖が社会を飲み込み、人間の悲劇を引き起こした」、「自分を動かしたのは、巨大化したトラストの人々に対する影響」とも語っている。それほど、七二年の独立系業者とスタンダード石油との戦いは、壮絶なものであった。

ジュールズ・エイベルズ著『ロックフェラー――石油トラストの興亡』は、同戦争について、零細業者の淘汰による過剰生産の抑制を目指すロックフェラーの企てに対して、中小業者が結束して反対運動を展開し、関連企業への石油販売のボイコットなどで対抗した大規模な消耗戦と位置付けている。

本書の第７章第３節で詳細を触れる同戦争の大まかな構図は以下である。ロックフェラーの要請で鉄道が南部開発を創設、リベートを餌に、これに参加しない業者が輸送する石油製品の鉄道運賃を大幅に引き上げた。反発した業者は結束して石油採掘を中止、対抗策として南部開発に参加した業者への原油の販売を禁止するなどの対抗策を打ち出した。これは大騒動となり、三〇〇〇人以上の業者を巻き込んだ大規模な反対運動が繰り広げられた。

最終的には、鉄道とロックフェラーの連合軍が敗退し、南部開発は崩壊、攻防戦は終了、鉄道は料金の値上げを撤回し、収束した。

鉄道が、南部開発に加わる業者に対してリベートを提供した結果、石油地帯からニューヨークへの石油製品の運賃は、独立系業者の一バレル当たり二・八ドルに対し、ロックフェラー陣営にはこの半分以下の同一ドル以下の差別的運賃を適用していたことが判明した。

利幅が極めて薄い業界でこの運賃が適用されれば、独立系業者はひとたまりもなく、討ち死にすることは火を見るより明らかだった。スタンダード石油主導で業者の選別を進め、淘汰により過剰生産を解消し、価格を安定させるのが狙いでもあった。

表面的には敗北したものの、これを機にロックフェラーは、二六か所のクリーブランドの精油所のうち二一を手中に収め、精製能力は全米の五分の一を掌握するまでに拡大した。シナリオ通りにはならなかったが、ロックフェラーは、南部開発をテコにした鉄道との提携による戦術を駆使し、巨大トラストへの階段をのぼり始める契機になったのである。

◆ヘンリー・D・ロイド

ターベルの連載で、惜しみない支援を与えてくれた『*Wealth Against Commonwealth*（国家に反逆する富）』の著者ヘンリー・D・ロイドをここで紹介しよう。

ターベルは、フランス留学時代の一八九四年に、英国人の紹介で既にこの本を読んでいた。ロイドは、名誉棄損などの訴訟を恐れて企業名こそ名指ししなかったが、中身は、市場制覇を目指すスタンダード石油の数々のスキャンダルの初の指弾であった。独占の弊害を暴露する形で巨大トラストを批判していたのである。

既に触れたように、この頃のジャーナリズムは、基本は、企業名や個人名などは匿名に伏せて報道していた。だから矢面には立たされたものの、スタンダード石油側やロックフェラーからすれば、記事による批判は、痛くもかゆくもなかった。

取材の過程でターベルはロイドに会った。その席で、ターベルがスタンダード石油の大幹部のロジャーズに取材していることを知ると非協力的な姿勢を示した。なぜか。それは、ターベルをスタンダード石油の回し者と見たからである。もっとも、連載がスタートすると、これが誤解だったことが分かり、一転してターベルに協力的となった。資料やメモなどをどっさり進呈してくれた。キーポイントとなる取材先も紹介してくれたのである。残念なことにロイドは、連載の最終稿を目にすることなく、この世を去った。

ロイドは一八四七年、ニューヨークの貧しい牧師の家庭に生まれた。調査報道を得意とする米革新主義時代の社会派ジャーナリストである。法律を学んだこともあって大学卒業後は、裁判所に勤務、その後シカゴ・トリビューン紙の記者となる。トラストを厳しく批判する記事を書き、論説委員などを務めた後に、フリーの記者に転じ、その傍ら、イリノイ州での政治活動も続けた。

ロイドは、ロックフェラーの悪行を糾弾する「The Story of a Great Monopoly（ある巨大独占企業の物語）の記事を月刊アトランティック誌へ寄稿し、八一年一〇月に掲載された。傑出した分析で、巨大トラストの全体像を描いたケーススタディーの記事との評がある。

この中でロイドは、市場独占を円滑に進めるためスタンダード石油が多数の政治家へカネをばら撒いて買収工作を図っていたことを暴露し、「(政治の浄化を除いては)石油トラストは、ペンシルベニア州の議会と一緒に何でもやった」と指摘。その上で、「最も偉大で小賢しく卑劣だと歴史上知られる独占を世界に提供したことを、米国は誇り、満足している」とのシニカルな表現で締め括った。

ロイドは、六年後、州際商業委員会でのロックフェラーの議会証言を取材する機会があった。ロイドは、雑誌に寄稿した記事の中で、「ロックフェラーは、富裕階層のツァー(皇帝)であり、人類に対する自身の持つ金の権力への崇拝者である」と厳しく断罪している。

もっとも、調査報道に詳しい米ミズーリ大学のスティーブ・ワインバーグ名誉教授のロイドに対する評価は手厳しい。著書の『トラストとの攻防』の中で、「自分の頭でというよりも感情で執筆した」と綴っている。企業や人物などの具体名が登場しないことに加えて、①スダンダード石油へ取材していない、②事実誤認が多い、③具体的なターゲットを欠き、記事はパンチ力に欠ける——などを挙げている。捨て身の論陣を張らなかったロイドの目指した社会改革が不発に終わったのは当然ともいえよう。

編集部の中で議論をするたびにターベルは刺激を受け、トラスト問題への執筆意欲はいよいよ高まった。ロックフェラーの手痛い洗礼を受けて独立系業者が壊滅的な状況に追い込まれていただけにその気持ちは余計に強まったのである。

◆欧州へ

「少し書いてみたらどうか」。マクルアーズ誌の編集長のフィリップスは、ターベルに特集のさわりを書くようアドバイスした。なぜ一部だけだったのか。それは、マクルアーが妻の持病の治療のため転地療養を兼ねて夫婦で欧州のスイスに旅立っていたからである。同社のルールとしてオーナーの承諾なしに掲載することはありえない。

導入部分を書き、それを持って欧州を直接訪ね、掲載の了承を得る。フィリップスは、そう考えてターベルに執筆を命じた。

シリーズの三回分の原稿を書き上げたターベルは一九〇一年秋にレマン湖の湖畔の保養地ローザンヌ近郊のヴヴェイへ向け旅立った。

何か月かぶりのマクルアーに会い、ターベルが原稿を手渡すと「考えないといかんな」と反応した。ただし、うわの空で、関心は妻の療養、健康問題にあった。マクルアーは「家内と三人でギリシャへ行かないか」と誘ってくれた。結局、中世の橋で知られる観光地ルツェルンやイタリアのミラノ、ベニス経由でギリシャを目指すことになった。

ミラノに近づくと、気まぐれなマクルアーは、途中下車を主張し、結局、夫人とともに健康のための泥風呂を楽しんだ。痺れを切らしたターベルは、途中で帰国を申し出た。

特集の掲載についてマクルアーは、結局ゴーサインを出してくれた。帰国後、本格的な取材に乗り出すことになる。

欧州への旅を振り返り、ターベルは自伝の中で、「マクルアーは、勇気があると思った」と記している。最大、最強のトラスト、スタンダード石油を血祭りに上げるスキャンダルを暴露する一連の記事の掲載を決断したからである。

相手は、オーナーやマクルアーズ誌、ターベルを名誉棄損で提訴するかもしれない。カネに任せて最強の弁護士を揃えたスタンダード石油と裁判所で戦えば、資本力に劣り、まともな弁護士さえも揃えられない弱小出版社はひとたまりもないだろう。場合によっては刑事訴追を受けるかもしれない。にもかかわらずマクルアーは、ターベルの取材力を信じて特集掲載を承諾してくれたのである。

もっとも、当事者であるターベルら現場のジャーナリストらは、怖くはなかった。なぜなら、合法的な手法で、歴史的な仕事に取り組んでいると確信していたからである。

「我々は弁解者でもなければ、批評家でもない。最も完璧な独占体を構築できたのはなぜなのかの徹底解明を目指す単なるジャーナリストなのである。恐れる必要などなぜあろうか」と記している。

いざ取材に着手すると、周りが恐ろしいほどビクついていたのに気付いた。戦う前から巨人の圧倒的なパワー、その政治力などに皆、恐怖感を抱いていた。敵対的な執筆計画をオープンに進めれば、必ずや手荒い攻撃や報復を受けると思い込んでいた。

ターベルは、自ら故郷のタイタスビルへ足を運び、古くからの知り合いに協力を求めた。だが、誰もが情報提供に逡巡した。ロックフェラーの仕返しを恐れていたのである。「やってみなさい。最後はコテンパンにやっつけられるよ」と何度も忠告された。「殺されるぞ」とも脅かされた。

ターベルは、ワシントンで開かれた電話の発明で知られるグラハム・ベル主催のパーティーでロックフェラー系のナショナル・シティー銀行の副社長のフランク・バンダーリップから声を掛けられた。

控えの間に呼び込まれ、「重大な関心を抱いて注視しております」と釘を刺された。「批判記事を書いたら容赦しないぞ」との金融サイドからの脅かしだったのである。

ターベルは、「そうですね」「大変申し訳ありませんが、それによって私が変わるわけではないのはもちろんのことです」とさらりと受け流した。

ロックフェラーとの抗争を続けていた父親のフランクでさえも「それはやってはいけない」、「奴らはお前の雑誌をつぶすだろう」とアドバイスしてくれたのである。

◆魔力

取材を始めると、「胡散臭さと、疑念、恐怖の入り混じった、しつこい霧が一面に立ち込めていた」（自伝）ことを実感した。資料を探そうとするのだが、見つからない。そんな最悪のケースが相次いだ。巨人企業の魔力を初っ端から思い知るターベルだった。

設立が一八七〇年に遡るスタンダード石油は、〃一八七二年の石油戦争〃で既に紹介した手法、つまり、鉄道からリベートを受け取り、自由な取引を制限している疑いで、連邦議会や工場が操業する各地の州議会の調査下にあった。

七二～七六年に連邦議会で、スタンダード石油の調査が行われ、七九年には、ニューヨーク、オハイオ、ペンシルベニア州で調査が進んでいた。九一年には、オハイオ州は、トラストの解体を裁判官が命じ、本社をニュージャージー州に移転していた。

運営する事業は、常に議論の対象となっており、その結果、取引の実態を調査する州際商業委員会が八七年に創設されていた。委員会は、鉄道との関係を直接、間接に、綿密に調査するため招集されたのである。

八八年のニューヨーク州や連邦議会での調査でスタンダード石油は、最も重要なテーマであった。オハイオ州では、八二年から九二年までに、裁判所や州議会の場で、数回の証言に基づくスタンダード石油に対する戦いが繰り広げられていた。他の州議会は、その証言に多大な関心を持っていた。九二年には、トラストに対し構成部分の分割を強制的に求める法律が制定された。だが、調査は終わらなかった。

マッキンレー大統領の任命した委員会による大掛かりな産業界への調査でも、スタンダード石油は、議論の対象になった。その結果、委員会が提出した一九冊の報告書の中に数百ページの証言が盛り込まれていた。

膨大な証言の多くは宣誓の下で行われており、スタンダード石油の運営の下でのさまざまな契約や合意、数多くの鉄道、精油所、パイプラインとの契約や合意が含まれていた。そして、一八七二年から一九〇〇年までの多くの個人のビジネス上の証言も盛り込まれていた。

暴露記事の執筆を目指すターベルにとっては、スタンダード石油関連のスキャンダル、事件などの証言記録は、喉から手が出るほどの垂涎の情報であった。記録には、経営の内部情報も盛り込まれており、節目、節目の個人的な思い出も盛り込まれていた。それは、目撃者としての視点からであり、見方の公平さにポイントがある。ターベルは、「多くの作家の記憶よりも慎重かつ正確である」と、こうした記録の価値の高さを重視していた。

証言には、議論の対象となった多くの事業についての事実関係と同時に、当局者の視点を踏まえた説明などが含まれており、トラストが発展していく重要な段階を網羅していた。

こうした宣誓の下でなされた証言以外にも、スタンダード石油の本拠のいわゆる石油地帯で発行されたパンフレットのほか数多くの日刊紙、月刊誌の記事、石油関係者間に交わされたやり取りのすべてが盛り込まれた報告書や統計、コラムなども含まれていた。

◆NY図書館

ターベルが最初に探したのが一二六ページの小冊子『*The Rise and Fall of the South Improvement Company*（南部開発会社の興亡）』であった。一八七三年にまとめられ、南部開発と鉄道の間で結ばれたリベート、ドローバック（払い戻し）戦術、ライバル会社の輸送に関する違法な情報の入手の手法などに関する証言などが盛り込まれていた。

ドローバックとは、既に触れたように、ライバル会社の運んだ荷物のリベートまでも受け取るという極めて公平さを欠いたリベートの一種である。公正な競争を破壊するこうした契約を鉄道会社と結び、莫大な利益を得ていた手法が事細かく記載されていた。冷酷かつ無慈悲なリベート商法に、正義感の強いターベルアの怒髪は天を突いたことだろう。

ロックフェラーは、南部開発と自身の関係を一切否定していた。既に触れたようにターベルは、この会社こそが、スタンダード石油の源流であり、こうした手法をベースに、価格競争で仕掛けて中小企業をのみ込み、あるいは蹴散らし、巨大化の道を歩んだとにらんでいた。

調べようにもスタンダード石油や関連会社の訴訟のため最近の資料はすべて係争中の裁判所内にあった。これでは利用できない。

「資料はどうすれば入手できるのだろうか」。困惑するターベルに対し、「一つたりとも見付けられないよ。奴らはすべてを台なしにしたからさ」との辛辣な言葉を浴びせられたりもした。懸命な努力の甲斐が実り、その在り処を見付けた。だが、それを目の前にしても、持ち主は資料に手を触れることさえも拒んだ。

ターベルは、当初、スタンダード石油の活躍の舞台であるタイタスビル、ピットホールなどのいわゆる石油地帯に関係者が多いはずだと予想し、しらみつぶしに探した。だが、見付からなかった。そんな中で、「絶対にない」と噂された資料が見付かったのである。ニューヨーク・マンハッタンの公共図書館に問い合わせて、眠っていることを突き止めた。

当時図書館には、アデレイド・ハスという有能な書誌学の専門家がいた。議会証言を集めた『*The Rise and Fall of the South Improvement Company*（南部開発会社の興亡）』の存在をターベルが問い合わせると、ハスは、「いつ来てもご利用いただけます」、「これまで一〇〇部だけ印刷されましたが、残っているまれな一冊です」、「完全版が一〇〇ドルで売りに出されております」と丁重な返事を返してくれた。

ターベルが、リンカーン伝などのベストセラーで知られる新進気鋭のジャーナリストであることを知ってか、ハスは、手紙の最後に「自分の委員会証言が掲載されている一～二の主要な鉄道会社の社長が、入手できるすべての報告書を買い上げ、隠滅してしまったようです」とのコメントも付け加えてあった。「こういうことだったんだ」。ターベルは妙に納得した。

負けず嫌いのターベルの猛然とした努力で、印刷された証言集、資料などのありかをほぼ突き止めることができた。だが、訴訟の場に持ち込まれた印刷されていない証言があった。告発の証言は、裁判のファイルから持ち去られたのか。

ターベルは、ロイドに質問をぶつけると、「証言は、私の本が出版された後に返却された」との返事が返ってきた。であれば存在するはずである。「何としても探し出さなければならない」。ターベルは、一段と意欲を燃やした。

◆助手シダル

材料を集めるための調査は多忙を極めた。「相棒がいれば、もっとスムーズに進むはず」。こう考えて、情報収集のための助手の採用を思いついた。持つとすれば、スタンダード石油の本拠のオハイオ州クリーブランドが良い。ニューヨークに舞い戻っていたオーナーのマクルアーと編集長のフィリップスに相談した。

「問題ない」との嬉しい返事だった。入手困難を当初極めた資料が続々と集まり始め、記事は、「モノになる」との最終的な判断が付き始めたからだろうか。

どんなタイプの助手がいいだろう。同僚のリンカーン・ステファンズの仕事を見ていてターベルは、①誠実で勤勉というよりも正確さ、②パズルを解くような、物事の真相を探し出す熱意、③大卒、一〜二年の記者経験があり、理知的でエネルギッシュ、好奇心に燃える若い男性――との条件を付けた。

真実の追跡を、楽しめる人物でなければならない。報復も想定されるから、口の堅いのが必須だ。

ターベルは、クリーブランド在住の知り合いの編集者に紹介を依頼した。ほどなくして三人の候補が集まった。面接の前に課題を与えた。このリポートのでき栄えで決めることにした。

いざ会ってみると三人目の背が低く小太りの男に触手が動いた。エネルギッシュで、目が輝いている。会った瞬間に、今にも飛び出してきそうな雰囲気で、とにかく驚いた。こうした印象は後に大統領となるセオドア・ルーズベルト以外にはいなかった。

ジョン・M・シダルと名乗る青年は、リポートを手渡してくれた。でき栄えも悪くない。材料の追跡の仕方や溢れる好奇心がターベルの求めていた資質と合致した。掘り出し物と確信し、採用を直ちに決めた。

シダルはターベルがフランス留学前に籍を置いたシャトーカ誌の編集部のフランク・ブレイの仲間だということが判明した。同誌は、本拠をクリーブランドへ移していたのである。

シダルは、地元紙の記者を兼任していた。ターベルの意向を察知するとすぐさま取材へ飛び出し、情報収集を終えるまで帰ってこなかった。指示に対してはニューヨークの編集部へ手紙で報告してくれた。

シダルの功績は、ロックフェラーの写真を数多く入手したことであろう。マクルアーズ誌の誌面を華々しく飾った。ロックフェラーの隣人らが数日間に限って写真を貸してくれ、シダルはそれをコピーした。

学校の同級生らを説得し、入手したこともあった。孫娘を抱くロックフェラーや妻、子供などの写真などである。ターベルが教会の日曜学校に潜入し、にわか校長のロックフェラーを身近で観察できたのもシダルの功績だといえよう。

連絡は電報を使っていた。ある時、それがなぜか消えてなくなったことがあった。スタンダード石油の関与した可能性も捨て切れない。それをきっかけに手紙に変えた。それでも安心できない。極秘事項のやり取りでは秘密の暗号を使った。これであれば横取りされたとしても大きな問題とはならない。

シダルは、総帥ロックフェラーの毎日の動向や石油関連の統計やオハイオ州関連の事件でターベルが興味をそそりそうな話題があると自発的に連絡してくれた。

その活躍ぶりは、編集部で好意的に受け止められ、スタンダード石油関連の仕事の終了後、編集部入りが実現した。シダルの八面六臂の活動の成果は、ターベルの記事に反映され、大反響を呼ぶのである。

2　ヘンリー・H・ロジャーズ

◆マンハッタン二六丁目東五七番地

連載の掲載までの一二か月は、ターベルにとっては情報収集の毎日であった。連載スタートの約一年前の一九〇一年一二月、オーナーのマクルアーが息せき切って編集部に飛び込んできた。ターベルを見るなり、「マーク・トウェインと話をしてきた」と叫んだ。『トムソーヤーの冒険』のあのトウェインである。

話を聞くと、スタンダード石油の頭脳とも言われる大幹部ヘンリー・H・ロジャーズが、マクルアーズ誌の広告で、掲載を予告しているスタンダード石油関連の記事について中身を探って欲しいと頼んできたとのことだった。

トウェインが同誌への寄稿者でもあり、二人はとても親しい関係にあった。破産の憂き目にあったトウェインを、ロジャーズが救ってくれたのを機に交流が始まり、それが深化したようだ。トウェインは、〝奇跡の人〟で知られるヘレン・ケラーとも知り合いで、ロジャーズに紹介。ラドクリッフ・カレッジ（現ハーバード大学）に通うための資金支援をしたことでも知られる篤志家でもあった。

ヘンリー・H・ロジャーズ。

それはともかく、トウェインがそんな話を切り出すと、マクルアーは、「ターベル女史に聞けばよいだろう」と応じると、トウェインは、今度は「女史は、ロジャーズに会ってくれるだろうか」と畳み掛けた。

最終的にターベルは、この誘いに応じることになり、地獄の番犬との異名を誇るロックフェラーの側近、ロジャーズに〇二年一月に会うことになった。『スタンダード石油の歴史』の特集が雑誌に掲載される一〇か月前である。

それにしても、このおどろおどろしい異名、「地獄の番犬（hellhound）」とはどういう意味なのか。

『*Oxford Concise Dictionary*』などで調べると、民話などで出てくる想像上の犬で、ギリシャ神話だと、ケルベロスの名で登場する三つの頭を持つ冥界の番犬である。

死者が地獄に送り込まれると、そのまま中に受け入れるのだが、収容された死者がいざ外へ逃亡を試みると捕獲して食べてしまうという恐ろしい野獣である。脱獄を防ぐため爛々と目を光らせている厄介な番犬である。

地獄からの脱出を成功させるには、この怪物を大人しくさせるしかない。好物を握らせ手なずけることになる。幸いケルベロスは、甘いものに目がなく、甘い焼菓子などを与えて食べている間に逃亡できることになっている。

この頃ロジャーズは、別の才覚で知られていた。ニューヨーク株式市場が本拠の大物相場師としてである。ロックフェラー帝国が後ろ盾の、膨大のカネを投入して市場をかく乱させる度胆を抜くような捨て身の投機的手法は、相方に回った投資家を震え上がらせた。

地獄の番犬は、血も涙もない冷酷さで容赦なく相手を完膚なきまでに痛めつけて、巨額の儲けを独占するやり方から名付けられたようである。

指示を受けたターベルは、マンハッタン二六丁目東五七番通りのロジャーズの自宅を午前中に訪れた。当初、インタビューに自信がなく、心配だった。これまでさまざまな人物に会ってきた。だが、今回のような産業界を代表する大物ビジネスマンは初めて。いつもとは勝手が違ったのである。

「私は、ライオンの口の中に手を入れようとしているのか」と自問した。だが、そうは思わなかった。トラストの巨人が私を噛み砕くとすれば、最高に愚かな行為である、との結論に達した。ペンを武器に同社と戦うのと、その幹部に面談するのとは別のことであると割り切った、などと自伝で回想している。

◆老獪なビジネスマン

ロジャーズとはどんな人物であろう。米市場の九〇％近くを支配した同社だから総帥のロックフェラーが世界最大級の大金持ちであることは誰もが異論はなかろう。総帥には及ばないもの、のロジャーズも相当リッチだったようだ。

米国の金満家一〇〇人をランキング形式で紹介した一九九六年出版の『*Wealth 100*（長者番付一〇〇人）』の二二位に、顔を出している。トップは、スタンダード石油の創設者ロックフェラー、二位は、鉄道のコーネリアス・バンダービルト、三位は、毛皮や不動産で財をなしたジョン・J・アスター、四位、銀行経営のスティーブン・ジラード、五位、鉄鋼王のアンドルー・カーネギーなどと続いている。

興味深いのは、スタンダード石油の幹部からロジャーズ以外に、二四位オリバー・H・ペイン、三五位ウィリアム・ロックフェラー、四八位ヘンリー・M・フラグラーの計四人がランキング入りしていることである。トップの総帥を加えれば計五人である。

それに、同社幹部で一八八八年に夭折したスティーブン・V・ハークネスの資産を引き継いだ息子のエドワード・S・ハークネスも四七位入りしている。巨大な米石油市場を独占したスタンダード石油が、いかに信じられないほどの利益を上げ、巨額の富を幹部の間で山分けしていたかことが分かるであろう。

『長者番付一〇〇人』は、ロジャーズについてこう記している。組織化とビジネスの運営の天才。金融トラストの幹部として君臨、スタンダード石油では、パイプラインでの石油の輸送を考案、ロックフェラーが会社の日常的な経営を退いた後は、事実上の経営者となった。ガス、銅、鉄、銀行、保険などの事業にも手を拡げ、特に銅開発事業では、ビジネス拡大のために情け容赦のない手法を駆使し巨大トラストを構築した。一九〇七年の恐慌時に、バージニア州西部の炭田からノーフォークまで伸びるバージニア鉄道を敷設した。以上のように八面六臂の活動をしたビジネスマンで、六九歳で死亡した。

ターベルの自伝によると、長身でハンサムな好男子。無慈悲、残酷という良からぬ形容詞が付きまとう手法とは対照的に個人的にはとても寛容で、機知に富み、魅力的な男性であった。

二人の面談に戻ろう。そうした心配に押しつぶされそうなターベルだったが、ロジャーズ宅の書斎で、話を始めた途端、不安は一瞬にして吹き飛んでしまった。好感を持ったことは、自伝を読むと手に取るように分かる。ターベルは、最上級の言葉を駆使し、ロジャーズを極端なほど褒めちぎっている。

「ウォール街の中で、あらゆる点で、最高の美男子、傑出した人物」、「長身、筋肉質、インディアンのように敏捷」、「並外れた髪などの手入れ」など。額、鼻、口、ひげ、目、眉毛などを個別に取り上げて、いずれも最上級の言葉で褒めたたえている。

相手を飽きさせないことでは随一の老獪なビジネスマンの面目如実である。訪問前にターベルの身辺調査を十二分に済ませ、同郷であることなどは既に熟知していたのであろう。自分なりの脚本を頭の中で描いていたはずである。

トウェインが仲介役となってくれたことについてターベルは、「二人は外見でさえも似通っていた。トウェインがネバダ州、ロジャーズが揺籃期のペンシルベニア州の石油地帯出身で、青年時代に同じような経験をしたという強い絆があった」と論評している。

◆狙い

ターベルは、二年近く続いたロジャーズとの面談について自伝の第一一章「A Captain of Industry Seeks my Acquaintance」で記している。

タイトルを直訳すれば、「業界の大物一人が私と知り合いになることを求めてきた」あたりだろう。現代風に意訳すれば、「業界の超大物が私に接近」となるだろうか。

告発記事を書くため取材に着手すると、どういうわけか重鎮ヘンリー・H・ロジャーズから声が掛かり、以降、本丸の本社や自宅でインタビューする得難い機会を得た体験をここで、綴っている。「悪事を暴露される側、それも重役が率先して取材に応じる」という極めて稀な機会を得たのである。幸運というしかない。

もっとも地獄の番人と称されるロジャーズだけに、狙いがあった。「人間関係を構築することで記事のトーンを弱めたい」、「当時強かった世論の風圧を、間違った情報の掲載で強めたくない」との思惑があったようである。取材に応じたことで、ロジャーズは、「論調を自分の側に好意的に引き寄せることに成功した」との論評も確かにある。

連載は、社会派総合誌として評価の高い二五万部以上の発行部数を誇っていたマクルアーズ誌に掲載される。血祭りにあうスタンダード石油からすれば、最大級の注意を払うのは当然でもあった。しかも、乗り込んでくるのは、皇帝ナポレオンや大統領リンカーンの伝記で既に高い評価を得ていた記者。一筋縄ではいかない。

インタビューを通じて、ロックフェラー帝国の内情や論理、意向を探れるから、ターベルに断る手はない。新たな情報が得られれば、記事の信頼性を高めるのは間違いない。書かれる対象が取材に応じているからこそ、記事の客観性が担保されることになる。ターベルの著書が、今なお高い評価を得ているのは、当時、秘密主義を徹底的に貫いていたスタンダード石油が、取材に応じた結果、正確度がさらに高まり、深み増したという事情もある。

◆同郷

「いつどこで石油に興味を持ったのですか」。ロジャーズは、ソファーに座りながら、ソフトムードで、こう語りかけてきた。これに対しターベルは、「ローズビル（タイタスビルの隣）の大地や丘です」と応えた。

するとどうだろう。驚いたような顔をしたロジャーズは、「そうだ。そうだ。ターベル樽店だったですね。お父さんを存じ上げております。お店がどこにあったのか地図上で指すこともできますよ」と叫び声を上げた。

その瞬間から二人は、取材から離れ、二〇年以上も前の故郷ペンシルベニア州の石油地帯やタイタスビルの話題に花を咲かせた。

ロジャーズは、なぜ石油ビジネスに関わることになったのかの少年時代の身の上話から語り始めた。その後、ローズビルに移り、石油精製業をスタート。結婚後、数一〇〇〇ドルを費やして丘の斜面に自宅を建てた、とも語った。

「屋根の先端がとがった白い家でね」と説明を始めると、ターベルは「ええ、覚えております。世界中で一番かわいい家だと思っておりました」と褒め讃えた。こんな同郷人同士の楽しい会話がしばらく続いたのである。

話題も出尽くしたのを見計らって今度は、ロジャーズが切り出した。「それはともかく、何をベースに特集記事を書く積りなのでしょうか」。問い掛けに対し、ターベルは、「資料でいえば、南部開発会社から始めるつもりです」と応じた。

何度も触れるように、この南部開発を隠れ蓑にした卑劣なリベート商法こそが、スタンダード石油が全米の石油市場を掌握する巨大トラストに発展した鍵であり、この経営手法が紛れもなくスタンダード石油の原型であると睨んでいた。

この秘密を解明できれば、ロックフェラーの化けの皮をはぐことができる。そのために本丸に乗り込んできたとの意気込みがあった。これを聞かなければ取材は絶対に終われない。そうした使命感から切り込んだのである。

ターベルが続けようとすると今度は、ロジャーズがこう切り返した。「そうですね。もちろん、あれは常軌を逸したビジネスでした。あそこで、ロックフェラーは、大きな過ちを犯しました」と語ったのである。

この発言には度胆を抜かれたことであろう。実は、スタンダード石油は、南部開発との関係をなかなか認めようとしなかった過去があったからである。

ロジャーズも当初は、南部開発と敵対する反ロックフェラーの業者だった。だが、所属するチャールズ・プラット・アンド・カンパニー社の一八七四年の傘下入り後、その交渉手腕が高く評価され、スタンダード石油が引き抜き、ロックフェラーの片腕となる。ロジャーズは、南部開発の手法や中身を熟知していたのである。

ターベルは、自伝の中で、「もちろん私は、ロジャーズが南部開発の侵攻に対して全力を尽くして当初、戦ったことを知っていた。そして、共謀者となったことも知っていた。だが、そのことは責めなかった」と書いている。

◆初の広報マン

「わが社は、方針を変えたのです。情報を外部へ出すことにしました」。やり取りの中で、ロジャーズはこう語った。

先ほど触れたように、スタンダード石油の秘密主義はつとに知られていた。徹底したのは、裏リベートなど違法を含めた表沙汰にできない手法で規模を拡大したその経営手法にあった。それを知られたくなかったのは当然であろう。

加えてオーナーでもあるロックフェラーの個人的な性癖もあった。少年時代から自分のことについてはほとんど語ることのない秘密主義を貫き通しており、社員にそれを守るよう強制したのである。

表や裏のリベートをはじめとする強引な手法は、市場シエアを高めた。一八七〇年代から州政府、州議会、連邦政府、連邦議会などの委員会で問題になっていたことも既に触れた。幹部が証言などを求められるケースもあったが、誠実に答弁することは一切なかった。

ロックフェラーが証言の場に登場すると、いずれもにわか健忘症となり、のらりくらりと答弁、積極的に情報を提示しようとの姿勢は微塵も見られなかったのである。

では、スタンダード石油側は、良心の呵責を何ら感じていなかったのだろうか。ダニエル・ヤーギンは、その著書『褒美』の中で、「スタンダード側はこうした批判を全く理解していなかった。それは安っぽいデマで、知らないことからくる嫉妬、特別な哀願と考えていた」、「自由競争による災難を監視しているだけでなく、自分たちは、米国でいまだかつていなかった最も偉大な真の建設者だと確信していた」との見解を示している。

一般の見方とこれほど乖離しているケースは珍しいだろう。孤高を貫く唯我独尊、現代風にいえば、企業倫理に完璧に欠けるばかりか、強欲で冷酷、無慈悲のベールに包まれた謎の傲慢な巨大企業との認識が、スタンダード石油に対しては一般的だった。

実際そのやり方は、世論ばかりか裁判所さえも小馬鹿にした傲慢な対応だった。オハイオ州の裁判所がオハイオ・スタンダード石油をトラストから分離せよと命じた九二年の決定にスタンダード石油が従うふりをして、面従腹背の姿勢で一向に従わなかった。これは、法廷侮辱罪に当たるとして訴訟を提起した裁判での尋問で、九八年一〇月に召還されたロックフェラーはほとんど何も認めなかった。

当時、新聞王ジョゼフ・ピュリツァーのニューヨーク・ワールド紙が、「ロックフェラー、二枚貝と化す」との見出しで、手厳しく批判した。同紙は、「忘れるということは、独占企業のトップが反対尋問を受ける際にはもっとも有益な長所となる。ロックフェラーは、これを最大限に備えている」と酷評したのである。

話を元に戻そう。「なぜ最初から取材に来なかったのでしょうか」。ロジャーズの質問に対しターベルは、「その必要はなかったからです」と応じた。

スタンダード石油には、それまで企業情報を外部に公開するための担当者を設置したことはなかった。トラストへの攻撃が過熱し、歴史的な解体判決後の一九一四年に、スタンダード石油は、米国の広報の草分けとされるアイビー・リーを初の広報の専門官としてやっと雇った。筆者は、アカデミズムに転身する前の記者時代に、国際石油資本（メジャー）の動向を取材対象としていたが、スタンダード石油の末裔である現在のエクソンモービルについて広報が積極的という評価を聞いたことがなかった。

ターベルは自伝の中で、約二年間続いた面談を踏まえて、「リーに先立つ一〇年以上も前のロジャーズが最初の広報官だった」と評価している。

初日のインタビューは二時間近く続いた。ロジャーズは、リベート、パイプライン、中小業者との抗争などについての見解を披露してくれた。

もちろん、自分たちの素晴らしい実績、完璧なサービスから始まって頻発する裁判や、同業者からの〝persecution（迫害）〟、さらには、ロイドが著した『国家に反逆する富』からの指弾などについても自分の考えを説明してくれた。ターベルは、話せば話すほど打ち解けた気分になり、好感を持った。それは、オーナーのマクルアーやフィリップスと編集部で話をしているようでもあった。

最後に二人は、約束を交した。①執筆するスタンダード石油の原稿に関してターベルは、ロジャーズと協議する、②ロジャーズは、ターベルに対し理解や判断の増進のため資料や統計、説明などを提供する――など。

別れ際にロジャーズは、「私の事務所にまたおいでいただけますか。次回はもう少しはくつろげるでしょう」とも語った。驚くべきことに「ロックフェラーと会いますか」との提案もあった。ターベルは、「もちろんですとも」と答えると、ロジャーズは、「では、セットしてみましょう」と笑顔で答えてくれた。自伝にはないが、ターベルは、スタンダード石油の中に一時期自分の机を持ったとの記述が関連の書籍にあった。宿敵にもかかわらずロジャーズは、それほどターベルに便宜を図ってくれたのである。

ターベルやマクルアーが米国の社会や政治改革のために健筆をふるった一八九〇年代から一九二〇年代にかけての米国は、「Progressive Era（革新主義）」と呼ばれる疾風怒濤の時代でもある。政治や経済を含めた社会の浄化であり、ターベルらの所属するマクルアーズ誌が政治・経済の腐敗を暴露し、進歩主義運動が目指す社会の大改革への先導役となった。

ロックフェラーの伝記『タイタン』を執筆したロン・チャーナウが「米ビジネスの歴史上、最大級の影響力のあった著作のひとつ」、「スタンダード石油モノの最高傑作」と評価するターベルの作品は、このような過程を通じて執筆されていくのである。

3　ターベルの格闘

◆ヘンリー・M・フラグラー

ビジネス上では「血も涙もない男」を髣髴させる〝地獄の番犬〟のロジャーズ。だが、サービス精神は人一倍旺盛だった。総帥ロックフェラーとの直接対決こそ実現しなかったが、ターベルは、ロジャーズの紹介でスタンダード石油の大幹部ヘンリー・M・フラグラーとの面談が実現した。

ロックフェラー引退後、事実上の社長として采配を振るっていたアーチボルトに次ぐ有力幹部だっただけに、ターベルは満足だったことだろう。ただし自伝によると、収穫はほとんどなかった。

歴代の米国の金持ちをランキングした『長者番付一〇〇人』でフラグラーは第四八位につけている。〝地獄の番犬〟の異名を持つウォール街の相場師としても名高い二二位のロジャーズより下位だが、それでも相当な金満家であるのは変わりない。フラグラーの人物像に対する同書の説明は以下である。

「ロックフェラーのスタンダード石油帝国の背後に控える頭脳フラグラーは、米国のリビエラといわれるフロリダ海岸の建物の構想を立ち上げたことで、たぶん最も良く知られているかもしれない。フロリダ州を富裕層の保養地として作り替え、最も派手な金持ちの市民のひとりとなった」。

フラグラーは、ロックフェラーがオハイオ州クリーブランドで石油ビジネスに乗り出したちょうどその頃に知り合い、そのまま入社した。総帥の信頼を勝ち得て、最も信頼できるアドバイザーとなった。

クリーブランド在住の頃は、自宅も近く、教会も同じ、毎朝会社へ一緒に歩いて通った。時間と空間を共にしていたのである。この経験をベースに、「友情の上にできたビジネスより、ビジネスの上にできた友情の方がよい」と常に語っていた。

当時フラグラーは、私生活でスキャンダルを抱えていた。離婚を複数回しており、次の女性と結婚するため巨額のカネを州知事に積んで、関連法の整備をさせるほどだった。こうした悪評はビジネスの障害となり、金融関係者やウォール街では、好ましくない人物と評されていた。敬虔なロックフェラーも、困ったことだと受け止めていたようだ。

ターベルがフラグラーとの面談を希望したのは、スタンダード石油の基礎を築いた南部開発の設立・運営に深く関わっていたためである。ロックフェラーは、実体の不明な、この〝ダミー会社〟を通じて、ペンシルベニア州の石油産業の独占に成功したのである。南部開発を解明すれば、帝国の秘密を解き明かせると考えていた。

では、南部開発は誰の構想なのか。面談に成功したもののターベルは、「この素晴らしいスキーム（計画）は、誰が立案したのか分かっていない」といまだ解明に至っていないことを自伝で明らかにしている。詳細は当時謎に包まれていた。だからこそ、会って細部を詰めたかったのだろう。

ターベルは、これはロックフェラーが立案したとの見方を崩していない。これに対し、ロックフェラーの自伝の著者のロン・チャーナウは、スタンダード石油の関係する原材料や製品を運送する鉄道会社が立案した、と見ている。名目は確かにそうだろう。いずれにしろ、ロックフェラーが深く関わっていたことは間違いない。

面談時の印象は良くもなかった。ロジャーズとは全く別のタイプで、ターベルの目の前で、総帥に対する不信感をあらわにしていた。

警備員を下がらせたと思ったら、声のトーンを一段荒げて「ロックフェラーは、今日も一ドルを私から引き出そうする。正直なやり方でやればですが」と食って掛かったほどだった。ターベルに対し、フラグラーはなぜ、石油業界で働くことになったのかの身の上話を淀みなく語りかけた。

父親は、年収四〇〇ドルの貧しい牧師、しかも大家族。クリーブランドに来て、ロックフェラーと知り合うまで、成功したためしがなかった、と力説。「私たちは、豊かになった」、「豊かになった」と何度も繰り返していた。南部開発へ話の進めないターベルは、イライラが高じ、話を遮った。

「フラグラーさん、あなたは、南部開発を誰が発案したのか、ご存知でしょう」、「石油地帯でロックフェラーさんが関係していたのは確かでしょう。石油地帯の彼らの辛さはいかほどだったことでしょう」と水を向けた。

これに対し、フラグラーは、「人生上の人の評価というのは、その人の本当の性格（character）とはいかに異なっていることでしょうか。歴史上の最も偉大な人物を例に取ると、主や救世主は、存命中に私達が知っている評価といかに異なっていたことでしょうか」と直接には答えなかった。ターベルはこれには心底驚いた。これ以上質問してもダメだとあきらめ、引き下がったのである。

◆バッファロー事件

ロジャーズとのインタビューが始まって一年近くが経過した。マクルアーズ誌では、スタンダード石油を糾弾する記事の連載が既に始まっていた。ターベルは、「連載のスタートと同時に、ロジャーズはインタビューを打ち切る」と思い込んでいた。リベート、ドローバック、詐欺、共同謀議、ありとあらゆる違法な手法を使って成長したスタンダード石油の犯罪的な姿を詳細に描いたからである。ロジャーズは、嬉しいはずもなかろう。

だが、そうではなかった。驚いたことに、呆れるほどに鈍感、逆に「少々執念深い」と辛口の言葉を掛けられたものの、友好的に迎えてくれる姿勢は、その後も続いたのである。

なぜだろう。ターベルは自問した。次第に分かってきたのが、ロジャーズが抱えていたニューヨーク州バッファローの独立系石油精製所で発生した爆発事故との関連性にあった。これを、ターベルがどんな記事にするのかに関心がある、と確信するようになった。これは、ターベル著の『スタンダード石油の歴史』の第八章第一二節の「バッファロー事件」（本書第7章第12節でも詳解）に詳しく綴られている。

ロジャーズやナンバー2のジョン・アーチボルトに加えて、ニューヨーク州ロチェスターにあるスタンダード系バキューム社の役員が共謀して、破壊活動に関わっているとされ、首謀者としてロジャーズも起訴されていた。

最初のインタビューでターベルは、この事件で、正確でバランスの取れた記事を書いてほしいと念を押され、ロジャーズは、その後も常にそれを繰り返していた。情が移ったのかターベルは、掲載前にロジャーズに記事を見せている。

ロジャーズは、「アーチボルトと私にとって不快な事件である。徹底的にそれに踏み込んで欲しい」、「仮に自分の父親の記憶が攻撃されたとしたら、不当さを立証するに値すると自分の子供たちに対して私はいっている。証言によって私に対する子供らの評価が上がりもするし下がりもする」と懇願していた。

第二回目のインタビューでロジャーズは、この関連での裁判所での自分の証言を取り寄せていた。持ち帰りはダメ押しされたが六〇ページほど読ませてくれた。ターベルは、「関与は間接的で、起訴される理由はありませんね」とコメントした。

もっとも、バキューム社の経営陣の起訴は当然と感じていた。裁判官もターベルと同様で、ロジャーズの起訴は却下された。

この時ターベルは、意図を直感した。「バキューム社が、スタンダード石油に工場を高値で買わせるためにやったことをロジャーズは自分に分からせたいのだ」と。

深く調べれば調べるほど、独立系業者側にもさまざまな好ましくない商慣行のあることが分かった。同時に、スタンダード石油の厳しい反対の下では、中小の業者には、成功する可能性はごくわずかしかないことも判明した。特許権の侵害についても同じだったのである。

◆スパイ行為のスクープ

独立系業者の証言に当たっているうちに、ターベルは、不可思議な事案に気付いた。輸送が妨害されているとの独立系業者の悲痛な叫びである。

石油を満載した独立系業者の貨車が線路からいつの間にか引き込み線へ外され、買い手は注文のキャンセルを余儀なくさせられるような妨害が輸送の現場で頻繁に起きていた。独立系の収入を断とうとするスタンダード石油の関与が当然疑われた。

鉄道の係員が独立系業者の輸送の内容を、スタンダード石油へ報告している一種の営業妨害行為も頻繁に聞いた。取材の中でそれが急増していることを知った。

ある独立系業者からは、「連中は、すべての石油の樽がどこに輸送されるのか知っている」、「半分のケースで目的地へ貨車が届かない」との苦情も耳にした。ターベルは当初、「いくら血も涙もないスタンダード石油とはいえ、そこまではやらないいし、やれないだろう」とそうした情報の信頼性を疑っていた。だが急転直下、同社の直接の関与を示す明白な証拠が寄せられた。隠し通してきたロックフェラー帝国の最大の汚点であった。

面談の中で、ターベルが問い詰めるとロジャーズは、「私達より、より大きい何かがまるでスタンダード石油の首根っこをつかんでいるように見える」と釈明していた。ターベルは、自伝の中で、「何か大きなものというのは少年の良心だった」と記している。

それは、不正を糾弾する内部の良識派職員の告発だった。二一世紀の現在の社会でも企業に相次ぐ内部の不正を問い質すいわゆる〝内部告発〟である。スタンダード石油の製油所事務所に勤務する一〇代の少年からもたらされた。この社員には、大量の記録を焼却する月末の決められた仕事があった。超極秘の機密資料の焼却を任されているとの自覚もなく、少年は、書類の中身にも気にとめず何か月も焼却を続けていた。

だがある夜、書類の文字に目がとまった。それは、昔からの友人であり、日曜学校の先生でもあり、会社のライバルの精製業者の名前であった。手を止めて確認してみると、焼却する書類の中に、知り合いの名前を見付けた。

嫌な気分になりながらも、貼りあわせてみた。すると少年の会社の事務所が、町の複数の鉄道から入手した精製業者の全輸送に関する情報であった。

驚いたことに、少年の事務所は、地域の鉄道の代表に対して、ライバルである精製業者の関わる「輸送を中止せよ」、「取引を押さえろ」と指令を出していた。その文書では、いずれの指令も遂行されたことが示されていた。

これはまさに、ライバル業者の輸送記録を秘密裏に入手したスタンダード石油が、この追い落としのため妨害工作に手を染めていた決定的な証拠であった。

少年はどう対応したのか。眠れない夜が続き、書類をすべて集め、秘密裡にマクルアーズ誌を愛読していた友人の石油精製業者へ手渡したのである。

そしてその業者が、スタンダード石油の産業スパイもどきの犯罪的かつ謀略的な詐欺行為を告発すべく、ターベルに持ち込んだのである。ターベルにとっては驚天動地の資料だった。調査や訴訟で提起された証言と符合していたからである。

このまま掲載すると影響が大き過ぎる。ターベルは、実際に掲載されている会社や人物名を架空の名前に修正し、掲載を決断した。取材源を守るための原資料の手直しは、現在もマスコミが多用する手法である。一〇〇年前のターベルの時代にもこれがあった。

直後のロジャーズとの面談の席でターベルは早速、これをぶつけた。ロジャーズの顔面は怒りで蒼白となった。こんなことは初めてのことだった。

ターベルは、「独立系業者の鉄道輸送を追跡していたのですか」、「追跡作業で鉄道の職員の助けを借りていたのでしょうか」、「すべて話してください」と畳み込んだ。

ロジャーズは、「ライバルの動向を法的に公正に調べるのはどこもやっていること。だが、追跡というは馬鹿げている」、「やりたくても、どういう方法でできるのか」と反論した。ロジャーズの反駁はそれ以上は続かなかった。

「ブツはどこで手に入れたのかね」と迫るロジャーズに対し、ターベルは、「それはいえません」、「長年批判のあったこうした産業スパイ行為の慣行に対して、『真実ではない』、『合法的な競争』との一般的な否定以上のものはロジャーズさんから何ら聞けなかったことに対する、私の努力を思い出して欲しい」、「この帳簿記録は真実です」といい返した。面談は、短時間で終了し、二年間続いていたロジャーズとの面談は、これで途切れた形になった。

だが最後ではなかった。それから四年が経過した。その間に連載は終了。経済恐慌が全米を襲い、金融機関が倒産するなどの厳しい経済環境が続いていていた一九〇七年一一月のある日、五番街の街角でターベルが佇んでいると、通りを走る車の中からこちらを向いて手を振る一人の熟年男性の姿が見えた。そこにはいつものように、友好的でこちらを見て微笑むロジャーズがいた。

事務所に戻り、フィリップスにその話をしたら、「なぜ会わないのか」、「スタンダード石油内で今何が起きつつあるのか分かるだろう」、「どんな話をするだろうか」と面談を勧められた。

確かにこの間、ロジャーズにはいろんなことがあった。担当する銅業界では、ライバルとの間で、血も涙もない苛烈な戦争があった。それ以外にも、東部でのガスをめぐる利権争いでウォール街が壊滅的な打撃を受ける戦いをロジャーズが仕掛け、悪評が立っていた。その経過については、ボストンの月刊誌が「凍り付く金融」の見出しで記事を連載し、名声や自尊心の大きく傷付いたロジャーズが、「掲載したら潰すぞ」と雑誌社を脅迫したとの噂も立った。

心労が重なったのかロジャーズは心臓発作に倒れた。連邦政府の反トラスト法によるスタンダード石油の訴追の公判も始まっていた。数週間後に復帰して、政府との訴訟に立ち向かうことになる。そして恐慌である。

「ロジャーズは、自分に会う気になるだろうか」。ターベルは、懐疑的になっていた。だが、かつてのように、一八八〇年代、九〇年代の思い出を率直に話してくれたら、どんな記事が書けるだろうか、とも考えた。

「試す価値はある」。連絡を入れてみた。すると、嬉しいことに返事が戻ってきたのである。「自宅に来るように」との知らせであった。訪れると暖かく迎え入れてくれた。やや太り、筋肉質ではなくなっていた。ロジャーズは、自分の心臓病のことを話題にした。大統領によるスタンダード石油への介入について〝ルーズベルト・ショック〟と呼び、痛烈に批判した。

石油地帯の初期の話をし始めるとロジャーズは、「書かれていない章がある。それは一八五九年から七二年」と強調。流れるように話は進んだ。だが、途中で関係会社の社長のメモが入り、退出を促がされた。四年前のように、曲がりくねった廊下を歩き、外へ出た。

「また、お目にかかりましょう。一週間か一〇日のうちにハリソンさんに電話ください。それで時間を決めましょう」。別れの挨拶は、いつもの通りだった。だが、その約束は果たされることはなかった。ターベルに会うのは危険過ぎるとの判断だったのだろうか。

ロジャーズにとって、それからの数か月はさらに厳しいものとなった。仕事はさらに複雑となり、無敵という市場での神話も揺らぎはじめた。それから一年半後の五月、ロジャーズは、急逝した。それは、米最高裁がスタンダード石油の解体判決を出す二年前のことであった。

不完全燃焼での別れだったロジャーズに対するターベルの評価は、どうだったのか。自伝の中でこう綴っている。「スタンダード石油の正統的な偉大さを私に実感させるため、そして、問題がいかに巨大で複雑か、驚くべき統率力で処理していたのか、ロジャーズが私の理解のためいかに多くのことをしてくれたのか分かっていなかった」と語っている。

大胆な想像力と実行力と組織の天才に対して大いなる敬意を示していたのにもかかわらず、スタンダード石油とロジャーズへ抱いていたターベルの不満は、違法な商慣行に対する驚くほどの責任感のなさだった。ターベルの軽蔑は、調べを続けるうちに大きくなった。

ターベルは同時に、こうも書いている。「私は、スタンダード石油の企業規模や富に反感を持ったことは決してないし、ましてや企業形態に反対しているわけではない。統合し、できるだけ大きな利益を上げることを歓迎する。ただし、合法的な手段に限ってである。残念ながら、同社は、一度たりともフェアーであったためしはない、それが彼らの偉大さを台なしにした。同社の輝かしい実績は、米国の倫理規範を低下させたばかりか経済的な健全性をも堕落させる一因となったと確信している」。

◆ロックフェラーの実像

ターベルは、巨大トラストの解剖に際して総帥ロックフェラーに焦点を当てて分析を進めた。これは、それまでの著作のロラン夫人、ナポレオン、リンカーンの各伝記の執筆経験が大きく影響している。読者の関心を分散させないためか、ターベルは、「一人の人間に焦点を絞ると劇的になる」と考えていた。

その場合、大切なのは取り上げる人物像で、それを描く必要がある。直接会って、その時のやり取りや得た情報をベースに執筆するのが鉄則である。最初の面談でロジャーズは、徹底した秘密主義のロックフェラーへのインタビューの可能性を言及したが、これは残念ながら実現しなかった。直接会うのは難しいと半ばあきらめかけていた矢先のことである。

腕利き助手のシダルから驚くべく情報が寄せられた。願ってもない総帥の取材のチャンスである。ロックフェラーは、夏を故郷のオハイオ州クリーブランドで過ごし、秋になるとニューヨークへ移動するのが慣例となっていた。

移動直前の一九〇三年一〇月一一日に、日曜学校での挨拶のため教会へ訪れることが判明した。シダルの特ダネである。

「行きましょう。教会の中に入れます。ロックフェラーの歩いている姿も見ることができます」。断る手はもちろんない。クリーブランドまで足を運んだ。

その日は早目に行った。教会の中に入ると、暗くて陰鬱な粗野な緑の壁紙の上に大きな金の装飾が描かれていた。安っぽいステンドグラスの窓にガス灯。「居心地は悪くないが、愚かしいほど醜い」とその印象を自伝に綴っている。

目立たないように一行は、隅に座った。間もなく、出入口に異彩を放つ一人の初老の男性の姿が現れた。表情には、凄まじいほどの年齢が彫り込まれていた。ターベルは、自分が出会った老人にうちで「最も歳を取った表情をしていた」と表現している。

その瞬間、シダルはターベルの脇腹を肘で強くつつき、「あの人です」とささやいた。ロックフェラーが帽子とコートを脱ぎ、教会関係者用の縁なし帽をかぶり、壁を背にして周りを見回しながらどっかりと座った。するとあたりに漂う威圧感が一段と強まった。

ターベルが注目したのは、前後に拡がる大きな頭である。高く拡がる禿げた額。両耳の後ろが大きく隆起して膨らんでいた。テカテカ輝いているのではなくて、濡れた印象。皮膚は、同じ年代では、誰よりも、みずみずしかった。細くて鋭い鼻は角のようでもあった。唇はみえず、口はまるで、すべての歯が固く閉じているようだった。

深く刻まれた皺は鼻から口の両側へのびていた。色のない小さな両目の下にヒダのついたこぶがあった。目は決して静かではなく、出席者の一人ひとりの顔を確認しているようでもあった。

ロックフェラーが立ち上がって話し始めると、周囲への威圧感は一段と強まり、反比例するかのように老いた年寄りの印象は一瞬にして消えた。「震えるような声に違いない」と思い込んでいたターベルの予想とは裏腹に、さほど歳取った印象でもなかった。透き通ったとても誠実感のある声だった。

講話は、正義の配当についてであった。ロックフェラーは、差し出した右腕の手をしっかり握り締め、「皆さんが何かを持ち出すのであれば」、「皆さんは、何かを入れなければなりません」。人指し指を外側に長く伸ばして、「何かを入れなければなりません」と何度も強調していた。

講話が終るとターベルらは、ロックフェラーの良く見える席を確保するため密かに移動した。日曜学校の終了ともにロックフェラーはすぐに教会の講堂へ来た。少しばかり前かがみに座り、可哀想なくらいに居心地が悪そうで、左右に頭をしきりに動かしていた。

日程が終わるとロックフェラーは、教会のやさしい先生に変身していた。信徒らが通り過ぎる通路まで降りてきて、立ち止まる信徒らと握手を交わし、「良い説教でした」、「先生の説教は良かった」、「とても良い説教でしたね」としきりに繰り返していた。

この瞬間、ターベルは、予想もしなかったような気持ちにとらわれた。ロックフェラーがとても気の毒になったのである。二時間でそれが急速に強まった。ターベルはこれほど恐れを抱く人物を見たことがなかった。顔や声、姿に刻み込まれている権力にもかかわらず、ロックフェラーは同類を恐れているのである。ターベルは自伝にそう綴っている。

◆弟フランク・ロックフェラー

大反響となったターベルの連載の終わる頃、マクルアーズ誌の発行部数は四〇万部に迫る勢いにまで拡大していた。

ナポレオンやリンカーンの評伝の手法を踏襲し、ターベルは新聞、書籍や裁判記録などの公開情報をベースに、関係者への取材で肉付けし、記事をまとめていた。

ロジャーズを筆頭に自推他推の情報提供者は引きも切らなかった。その数は連載を追うごとに増大、ターベルはこれに誠実に対応した。

そうした中で、驚くべきことにロックフェラー一族の中から情報提供者が突然、現れたのである。ターベルにとっては、思いがけないことでもあった。内部告発でもある情報提供者は、その多くは、動機があり、ある目的を持っている。脅迫、復讐、猜疑心……などさまざまである。

家系図を調べるとロックフェラーは、六人兄弟姉妹で、上から二番目。ウィリアムとフランクリン（フランク）の弟二人がいた。情報提供の打診があったのは、うち下の弟からであった。自伝の中でその時の驚きを、「最も不幸で最も不自然な憤りが、私が情報を集めるべき世界で文字通り最後の人ロックフェラーの弟のフランクから来た」と綴っている。

フランクは、「必要があれば公開したい資料を持っている」、「クリーブランドの事務所に秘密裏に来てくれたらすべて差し上げたい」ともいっていた。

ターベルは兄弟間で財産上の係争があることは知っていた。裁判で争われ、一族にとっては辛い出来事になっていた。基本的には、家族内の内輪もめでもあり、ターベルは、「スタンダード石油の経営とはほとんど関連がない」、「関わりたくはない」と感じていた。

だが、その資料を手に入れるチャンスが目の前に突如到来した。材料として持っていても悪くはない。どうするか考えた挙句、意を決して、フランクの住むクリーブランドへ赴いた。

シダルがここでも八面六臂の活躍してくれた。ターベルの変装を手助けし、身元のチェックを受けることもなく事務所へ首尾よく潜入することに成功した。会うとフランクは、異様に興奮し、兄への復讐心をたぎらせていた。開口一番、「兄は、自分のパートナーであるジェームズ・コリガンと共同で所有していたかなりの量の株式を奪い取った」と非難した。

ターベルによると、二人は、初期のスタンダード石油に興味があり、相当の量の株式を取得。その後、五大湖での運送業やクリーブランドで金属精錬のビジネスに共同で一八八〇年代に進出した。担保としてスタンダード石油の株式を差し出し、兄のジョンから融資を受けた。ところが、九三年の恐慌で債務の履行が不能になった。その結果、ジョンは二人の持っている株式を差し押さえた、というのである。

フランクと話をすることで、兄の視点がおぼろげながら見えてきた。気前の良くて寛大なビジネスマンでもある弟のフランクは、金儲けよりもゲームに興味があり、馬が好きでカンザス州の牧場で育てていた。派手好みで金使いも荒かった。

信心深い倹約家の兄からすれば、弟は敬意を払える対象でもなく、それどころか軽薄な方面に散財し、経営を任せるには危な過ぎる存在に見えたのだろう。ターベルはフランクに対する対応からロックフェラーの性格について「法的なあるいは、倫理上の権利について厳格である」と決め付けている。

ターベルがより踏み込んで調べると、さらに憂鬱になった。兄弟間のやり取りが、弟フランクの精神と心に、ヘターベルがこれまで経験したことのないような兄ジョンに対する醜過ぎるほどの敵意を残していたのである。ターベルは、犠牲者の精神や心に深い爪痕を残すロックフェラーの手法を弟のケースをモデルに〝スタンダード石油方式〟と名付けた。

第6章 米革新主義時代とターベル

ターベルが生きた時代は、産業革命を終えた後の米資本主義の揺籃期である。ビッグ・ビジネスが続々と誕生し、市場独占を目指す中でのスタンダード石油などトラスト（企業合同）の横暴があまりにも多過ぎた。札束で思うままに上院議員や知事などの政治家や役人を動かし、議会を操る倫理や責任を忘れた企業の無節操な姿や行政の腐敗が顕在化した。

米民主主義の危機である。高まる市民の不満は、燎原の火のように全米に拡大、これを正す社会運動にまで発展した。米革新主義（Progressivism）の胎動である。

こうした社会改革を目指すジャーナリストの代表としてターベルらは一躍、時代の〝寵児〟として注目された。革新主義運動の主導的な役割を果たしたのが守旧派とは一線を画した政治家らであり、その代表が二〇世紀初頭に大統領に就任したセオドア・ルーズベルトである。トラスト（企業合同）を監視する組織を政府部内に設立し、大企業規制を断行、トラスト退治と並行して政治の腐敗を一掃した。活動は、ルーズベルトの路線を踏襲したウィリアム・H・タフト大統領を経由して、国際連盟創設を提唱したウッドロー・ウィルソン大統領の「ニューフリーダム（新自由主義）」運動に繋がり、終焉を迎える。

1 〝金ぴか時代〟と革新主義

◆公正な扱い（Square Deal）

反トラスト法であるシャーマン法を筆頭に世界第一級の厳格さを誇る米独占禁止政策や、経営者に高い自覚を求める企業倫理や公正に対する市民社会の姿勢を考えると、なぜスタンダード石油が、この時代、悪辣の極致ともいえる倫理を欠く、不正な手段で企業経営にまい進したのか、いま一つ理解できない。ここでは、自由放任を謳歌していた米国社会が、企業の横暴に対して、ことのほか厳しい社会体制へ移行する一大転換期となった二〇世紀初頭の米革新主義時代（Progressive Era）について考察を試みる。進歩主義時代とよぶ向きもあるが、ここでは、革新主義、革新主義時代に統一した。

米国社会の激変をもたらした革新主義の原動力でもあり、推進力となったのが当時のジャーナリズム、そして調査報道の旗手ターベルらによる一連の報道であった。

トラストによって堅く結束したビッグ・ビジネスが、自由放任の美名に悪乗りし、公正、公平、倫理、道徳などを無視して、傍若無人に振る舞い、のさばる姿を告発する記事をターベルらは連載の形などで連発した。裁判記録、公聴会での証言集などをかき集め、足を棒にして関係者に取材するという地道な調査報道により政治、経済権力や社会の腐敗をえぐり出し、全貌を明らかにしたのである。

悪行に関わる主体を列挙し、何が問題で、なぜそうなったのかなどの全体像を明らかにした手法は、当時は異例で、それだけに強烈なインパクトがあった。連載記事は一般市民にとって、正に、驚天動地、驚きの連続であった。

一七世紀に大西洋を横断し、英国から自由の新天地を求め、苦難の航海の末にたどり着いたメイフラワー号が掲げた自由な社会とは真逆の世界へ米国社会が置かれていることを一般市民があらためて自覚したのである。

ターベルらが提示した一連の報道によって、守られるべきもの、正すべき対象は何なのか、米社会が向かうべき方向などが明確になった。腐敗や悪習にまみれ、混沌の極みにあった米国が、改革を唱える大統領のリーダーシップの下、二〇世紀という新しい時代へ突入した中で、社会改革を進めるうえでの推進力となった。

暗殺されたウィリアム・マッキンレー大統領の後任として就任した第二六代大統領セオドア・ルーズベルトは、「公正な扱い（Square Deal）」を公約に掲げて、トラスト、大企業を監視する企業局を創設、規制や新たな立法などを通じて政府の権限を劇的に拡大させた。野放しだったビッグ・ビジネスへのさまざまな規制が導入された。政治腐敗の温床となった企業献金にもメスを入れ全面禁止とした。これによって政治経済、社会の改革が飛躍的に進展。反トラスト法、独占禁止法違反によるトラストの訴追が始まった。

予想外のルーズベルトの行動にトラストは恐慌状態に陥り、傍若無人な行動への歯止めが掛かった。ありていにいえば、自由を最大限認める夜警国家型の小さな政府から社会の公正、平等を重んじる政府への一八〇度の転換である。

それまでの米社会は、いわゆる〝金ぴか時代〟といわれ、政治面では、議員の買収などいわゆる汚職、贈収賄がまかり通っていた。金権腐敗、強欲主義が支配し、違法ではあると分っているものの、多くが賄賂を受け取っており、それが極悪非道な行為とは思われていなかったのである。

経済面では、自由放任の美名の下、極端な個人主義が横行していた。公益や企業の社会的責任が顧みられることなく、目にあまる市場独占と権力の濫用が続いていた。独占の一形態であるプール制や、協定による生産量、販売量の制限で価格を安定化させるカルテルや談合を結び、あるいはそれをさらに発展させたトラストがあまた形成され、市場を独占していた。中小業者を追い出す一方で、新規参入を阻み、これによって価格の意図的なつり上げ図られていた。トラストは、わが世の春を謳歌し、市民は、その脅威におののいていた。

アメリカンドリームさながらに巨万の富を欲しいままにする大企業とこれに搾取される市民の間の貧富の差が拡大した。リベートを軸に、巨万の富を叩き出したスタンダード石油を軸に世界で初めて資産が一〇億ドルを超えたロックフェラーのような企業経営者が登場したのである。

世界の金満家をランキングした書籍として定評のある『長者番付一〇〇人』は、ロックフェラーの資産を、第一位の一四億ドル以上とはじき出している。ちなみにコンピュータ・ソフトのビル・ケイツが三六位、三九位には、投資の神様のウォーレン・バフェットが顔を出している。一九九六年に出版された書籍のため最近のIT長者の顔ぶれがないのがやや残念である。だが、それでもトラストがいかに信じられないほどの利益を叩き出し、それによって膨大な資産を形成できたのかが分かろう。

市場を支配し、値段を自由に操ることができれば、巨万の富を生み出す打ち出の小槌になるのである。

当時の米ジャーナリズムで権力や企業の不正行為を暴露する調査報道が盛んになったことについて、米ミズーリー大学のスティーブ・ワインバーグ名誉教授は、著書『トラストとの攻防』の中で、ターベルの次の世代に当たる米ジャーナリズムの大御所ウォルター・リップマンのこんな言葉を引用している。「ビジネス界の公人の生活に対し公共の基準の当てはめが始まった」、「報道が始まると、ビジネスマンが筆舌に尽くし難いほど当惑したのは、ビジネスへの干渉は、誰でもすべきと考えるようになったこと」、「もはや私企業ではない」。社会に対する影響力が増した結果、企業は、〝公的〟な存在と化したのである
新自由主義を打ち出し、革新主義の終わりを飾った第二八代のウッドロウ・ウィルソン大統領も、「企業がビジネス界でさして重要でない部分を占めていた時代があった、しかし、今や主要な部分を占めている、ほとんどが企業の召使なのである」とも語っている。リップマンと同じような視点である。

ターベルらの役割についてワインバーグ名誉教授は、「こうした社会変革の先頭に立った」、「過小評価されていた社会の新事実を暴くという深遠な意識を提供すると同時に腐敗の暴露を願って、ジャーナリスティックな使命を開始した」と紹介している。

野村達朗編著『アメリカ合衆国の歴史』によると、当時の米国で、司法、行政、立法の三権の中で「一番弱体だったのは、行政府の長である大統領」、「実権は乏しく、せいぜいパトロニッジ（官職）の分配役に留まっていた」、「国家権力は存在しなかった」との指摘もある。国家が強力な権力に欠け

る存在だったことは確かなようである。反トラスト法のシャーマン法などのように企業の独占行為を縛る法律も確かにあった。だが、事実上のザル法で、司直は、企業の横暴に驚くほど無力であった。当時の米国社会が目指す公正、公平とは一体何だったのか。目にあまる大企業の横暴を是正する道はないのか。危機感を抱いた市民が立ち上がり、心ある政治家らもそれに呼応した。そして怒涛のような改革の進展する革新主義の時代が訪れる。その先鞭を切ったのが、義憤に駆られたマクルアーズ誌のターベルらでもあった。

◆金権腐敗、拝金主義、強欲主義

二〇世紀入りを機にスタートした米革新主義時代の直前、つまり、ロックフェラーが市場制覇に成功した米国の初期資本主義の揺籃期は、文豪のマーク・トウェインなどが当時の世相を著した著作のタイトルの『*Gilded Age*』、つまり、〝金ぴか時代〟、あるいは、〝金メッキ時代〟とも表現される。米産業革命で経済成長が加速、工業生産高が飛躍的に伸長した。この波に乗って鉄鋼王アンドリュー・カーネギーや、優れた美術品の所蔵で有名なやはり鉄鋼のヘンリー・C・フリック、鉄道のコーネリアス・バンダービルト、金融財閥を形成したジョン・P・モルガンなどの金満家が一代で名を成した。

金ぴか時代は、その名が示す通り、金権腐敗が横行し、強欲主義、拝金主義、成金主義の世界と化した時代である。この頃に第一八代大統領に就任したユリシーズ・グラント（一八二二～八五年）は、南北戦争に勝利した北軍の将軍との輝かしい評価を持つと同時に、疑惑まみれの無能な腐敗した将軍として歴代米大統領のランキングで最下位付近に位置している。腐敗の対象は、政治家のトップである大統領まで及んでいたことが分かる。日本の田中角栄首相が一九七〇年代に受託収賄罪で逮捕され、有罪判決を受けたことや、弾劾された韓国の朴槿恵前大統領が二〇一七年に収賄容疑で逮捕され、有罪判決を受けたことなどを想起すると政治家がすべて潔白とはいえないことが分かるだろう。

マーク・トウェインらによる小説は、政治家の腐敗や資本家の台頭と拡大する庶民との格差を皮肉った内容である。弱肉強食の原始資本主義時代の到来で、資本家が急速に成長し、政治や経済の腐敗が極端に深刻化した一八六五年の南北戦争終結後から一八九三年の恐慌までの七〇年代、八〇年代を主に指している。九〇年は、政府がフロンティア（辺境）の消滅を宣言した米国にとってはひとつの画期でもある。

米国経済のこの期間の成長ぶりは未曽有である。長沼秀世・新川健三郎著『アメリカ現代史』によると、一九〇〇年の米国の国民総生産（ＧＮＰ）は、一八七億ドルで、七つの海を支配した大英帝国（一〇〇億ドル）のほぼ二倍に達していた。工業生産高では、米国は世界の四分の一弱（二三・六％）を占め、英国（一八・五％）を三割近く上回っていた。

もっとも人口は、米国が七六〇九万人で四一一六万人の英国の二倍近くあったからで、国民一人当たりを含めて規模で名実ともに世界一になるのは、第一次世界大戦後である。そういう意味では、この時代こそが、米国が世界最強の大国へ変貌を遂げるための離陸期、助走期とも位置付けられるのである。

一八九〇年年代に入ると深刻化する社会的な矛盾に反発する反乱の動きが顕在化した。ポピュリストと言われる農民が中心の人民党の登場である。メアリー・ベス・ノートン他著『アメリカの歴史④アメリカ社会と第一次世界大戦』は、ネブラスカ州オマハで九二年七月に開かれた党結成大会の綱領の序文を引用し、以下のような叫びを記している。

「この国は、道徳的、政治的そして物質的崩壊の縁に追い込まれてしまった。汚職が、投票所、州議会、連邦議会ばかりか裁判所……さえも支配している。数百万人の人民の労働の果実は、少数の人びとの莫大な財産を築くために遠慮会釈なく盗まれている」、「我々は政治的不正義のひとつの多産な子宮の中から、二つの大きな階級集団すなわち乞食と百万長者を生み出しているのだ」。

第一九代大統領のラザフォード・B・ヘイズ、二〇代大統領ジェームズ・A・ガーフィールドから第二五代のマッキンレーまで続くこの時代の大統領は、押しなべて「無力な大統領の時代」ともいわれている。深刻化するさまざまな問題を連邦政府が解決できない中で、大衆による民主化運動、つまり農民の反乱が盛り上がった。

機械化により生産性が向上する一方で、確実に値下がりする農産品価格、それに小作制、鉄道の横暴などが加わり、農民の不満は高まった。

軸となったのは、テキサス州などで形成された農民運動で、各地域で数一〇〇万人規模の農民同盟が結成された。同盟下の州知事、州議会議員なども誕生、これがポピュリスト（人民）党となり、大統領選にも候補を輩出するようになる。鉄道、銀行、公益事業の規制、累進課税などの社会改革の旗を掲げて、独自の活動を続けた。一八九六年の大統領選では、残念ながら共和党、民主党の力に及ばず敗北した。

九三年から四年続いた深刻な経済恐慌を通じて巨大企業による支配体制は、一段と強化された。社会矛盾は一段と強まり、体制批判の流れはさらに加速する。社会主義運動さえも出現した。

そうした中で登場したのが新しい時代を告げる革新主義運動であった。旧来の自由放任主義へのアンチテーゼでもあった。工業化の進展で新しい都市中間層がその役割を担う。巨大トラストの支配体制に対する規制などを通じた社会改革を目指していた。

◆トラスト・バスター（征伐者）

「公正なビジネスを確保するため過去六年間に成立した法律に対してことごとく、彼らは敵対している」、「（スタンダード石油の役員は）我が国最大の犯罪集団だ」。こんな辛口の発言を続け、トラスト征伐で大きな功績のあった第二六代セオドア・ルーズベルト大統領とはどんな人物だったのだろうか。

そのエネルギッシュな個性は、理不尽なまでに自由を謳歌するトラスト（企業合同）や大企業に蝕まれた米国社会を大きく変えた。その卓越したリーダーシップは、米国の歴代大統領の中でも改革派として高い評価を残している。

上流階級出身。一九〇二年の米西戦争では、愛国心が高じて、自ら義勇軍を組織して戦場に赴き、実際の戦闘に参加、一躍国民的なヒーローに躍り出た。大統領時代に勃発した日露戦争では、難しい列強の利害を上手く調整し、日露の間に立ってポーツマス講和条約の成立にこぎ着けた。この功績で、米国人として初めてノーベル賞平和賞を受賞している。

国内的には、トラストの蔓延で買収、脅迫、汚職などの不正が渦巻いていた社会の金権腐敗体質を根底から変えた米変革主義運動のリーダーとして民主主義を立て直し、人道主義が貫徹する透明性のある社会への移行に向けて辣腕をふるった。文学や美術にも造詣が深く、しかもサファリ好きでアフリカへ頻繁に旅行をしていた。

在任中の数々の実績を背景に一〇〇年以上も前の政治家であるにもかかわらず米国の歴代大統領の人気度ランキングの各種調査では、奴隷解放で有名なリンカーンや姻戚関係にある太平洋戦争開戦当時のフランクリン・ルーズベルト大統領らとともに、五位以内の上位に常に顔を出しているのは当然のことかもしれない。

オランダ出身の父方の先祖は、一七世紀にニューアムステルダム（現在のニューヨーク）へ開拓者として渡米し、一族はその後、マンハッタンに住みついた。

ルーズベルト自身は、資産家の商人の父の二男として一八五八年一月ニューヨークに生まれた。喘息の持病持ちで学校にはあまり通わず、教育は家庭教師などに頼っていた。七六年に名門のハーバード大学へ進学、学内誌の編集に関わる一方でボクシングにも熱中、卒業後は、コロンビア・ロー・スクールへ進学する。だが政治への興味が圧倒し、中途で退学。その後は八二年にニューヨーク州議会選で当選し、下院議員としての道を歩み始める。

政治家の傍ら、暇を見付けては本の執筆に精を出し、生涯に三〇冊以上の著作を出した文化人でもある。その後、ニューヨーク知事、米副大統領などを経て、一九〇一年九月に暗殺されたマッキンレー大統領の後継として米国史上最年少（四二歳一〇か月）で大統領に就任した。

副大統領に就任したのは、上流階級出身のルーズベルトが当時の米保守派から愛されて推薦されたというよりも、むしろ逆だった。当時の保守派はロックフェラーなどのトラストの経営者と近く、金権腐敗の是正を声高に主張するルーズベルトの考え方に違和感を抱くのが大勢だった。スタンドプレーや大衆の扇動が目立ち過ぎ、「何をしでかすか分からない危険人物」と見ていたわけである。アクの強さや一風変わったその政治姿勢が保守派から疎んじられ、名誉職的な位置付けの副大統領職に祭り上げられたというのが真相のようである。五九歳の油の乗ったマッキンリーがよもや亡くなることはないだろうと高をくくっていたのである。

　ところが、ニューヨーク州バファローで開かれた博覧会に出席し、支持者と握手を交わしている時に銃声が響き渡り、弾丸が腹部に命中、八日後に息を絶ったのである。犯人は、二八歳の無政府主義者だった。この一件以降、米大統領には、シークレットサービスが警護するようになった。

　ルーズベルトの名前を一躍有名にしたのは、当時の大統領から任命されて就任した海軍次官時代に勃発した米西戦争でキューバ攻略のため、辞職して自ら義勇軍「Rough Riders（暴れ馬を乗りこなすカウボーイの意味）」の連隊を指揮。サンティアゴ市を攻略、陥落させ、国民的なヒーローになったことであろう。愛国的で勇敢な行動は、全米から熱狂的な称賛を浴び、帰国後には、熱烈な歓迎を受けた。この勢いに乗って出馬した直後のニューヨーク州知事選では見事に当選した。

　ルーズベルトは、知事時代から、後に推進したトラストや企業の独占に対する厳しい姿勢を見せていた。そのひとつが、大統領の当選直後に当時の米財界を仰天させたモルガン、ロックフェラー、ハリマンなどの当時の財閥主導で創設した鉄道の持ち株会社ノーザンセキュリティーズをシャーマン反トラスト法違反で告訴したことである。裁判所は、最終的には解散を命じ、トラストの脅威をひしひしと感じていた米市民の喝さいを浴びた。

ルーズベルトは在任中の七年間に、ロックフェラーのスタンダード石油、アメリカンタバコなど四〇を超える企業を反トラスト法違反で告発。トラスト・バスター（征伐者）の異名を付けられた。

自伝には、大企業、トラストに対するルーズベルトの考え方が明示されているのでこれを紹介しよう。ルーズベルトの名を全米に知らしめた米西戦争での義勇軍の名前を書名に採用した自伝『*Rough Riders*（ラフ・ライダーズ）』の第一二章にそれが盛り込まれている。タイトルは、大企業、トラスト支配を根底から覆す、そのものズバリの「The big stick and the square deal（棍棒と公正な取引）」である。

ルーズベルトの外交方針の「big stick diplomacy（棍棒外交）」から来る「The big stick（棍棒）」とともに、トラストや大企業の横暴に歯止めを掛ける「the square deal（公正な取引）」を組み合わせている。

ルーズベルトの外交方針を端的にいい表す表現に「speak gently, and carry a big stick: you will go far（棍棒を持ち、穏かに話をすればうまくいく）」との言葉が知られている。

凶器を片手に相手に譲歩を迫る一種の砲艦外交で、棍棒による威嚇で思い通りの外交を実現するという考え方である。慎重派というよりは、積極果敢にエネルギッシュに行動するタイプの政治家である。

在任中に取り組んだ課題としてルーズベルトは、自伝の冒頭で、「大統領として処理しなければならない極めて重要な問題の一つは、大企業に対する国家としての対応であった」と明言。「大企業規制が存在しなかった結果、金融資本家、工業資本家が驚異的に成長。（大企業が）巨額の資産を形成したのは世界のどの国でも見られないし、こうした人物が権力を掌握したのも世界ではほかに見られない」とその考え方を披露している。

さらに、連邦政府の介入は、州政府の権限を侵害し、州政府の介入も連邦政府の権限を侵害すると批判するトラストに対し、「トラストの、その裏での一連の行動は、一般大衆の利益に対して常に敵対的な行動であった」と厳しく反論している。

その上で、トラストに対する効果的な規制は、最高裁の決定によって支持され、全米の鉄道を支配下に置くことを最終目的としたノーザンセキュリティーズ社についても「独禁法違反で訴追し、解散の決定でこの野望を打ち砕くことに成功した」と強調している。

さらにルーズベルトは、トラストを監視する企業局を政府部内に創設したことによって企業は、「法律を厳格に順守し、大企業であるか中小企業であるかに関係なくライバルを含めて他社の権利を誠実に尊重することになった」とその成果を力説している。

この章の最後でルーズベルトは、当時の司法長官のチャールズ・Ｊ・ボナパルトに宛てた手紙を掲載し、トラスト訴追に対する自分の考え方をあらためて披露している。

手紙の前半でルーズベルトは、トラストが政府の厳しい規制を攻撃するため巨額のカネで新聞や書籍などだけでなく上院議員、州知事、大物政治家や大学関係者を寄付などで買収してキャンペーン活動を続けていると指摘、鉄道の運賃差別を是正するヘップバーン法案についても、政権は、悪徳企業に打撃を与えるだけで、正直な鉄道を支援するものだと強調している。

ルーズベルトは後半部分で、私たちが戦わなければならないのは、操り人形ではなく、力が強くしかも狡猾な連中、背後に潜む悪魔のために働いている強力な集団である、と前置きし、「私たちは、第一に、その悪行を防止し、その次に、復讐心に燃えた恐ろしい急進主義を避けるために、法律を無視する富裕階級の規制に努力している」、「私達は、復讐や差別する気持ちは全く持たずに活動している。労働組合が悪いことをすれば、それに反対し、企業がやっても恐れることなく同様に対応する。私達は、賃金労働者と金持ちの権利のため、同じ大胆さで立ち上がる。私達は、悪行を止めさせるために努力している。これを終わらせるために、必要である限り、悪行に手を染めた者を罰したいのである。私達は、ビジネスマンあるいは賃金労働者にかかわらず、正直者すべての最後の支援者である」と宣言している。

そして、最後に、第一六代大統領アブラハム・リンカーンの有名な格言を引用し、締めくくっている。「私達は、アブラハム・リンカーンの精神で権利のために奮闘している。『希望を持ち、神に祈ろう』。この強力な天罰が早急に終わるように」、「誰に対しても悪意を持たず、すべて人に寛大な気持ちを持ち、神が私達に与えた正義を見るように、正しいものに対して確固たる気持ちを持ち、私達の現在取り組んでいる仕事を終えるように努力しよう」。正義の通用する米国の構築に向けてのルーズベルトの決意が感じられる言葉である。

◆ジャーナリズムが先導役

中屋健一著『アメリカ現代史』によると、「革新主義の運動は、ジャーナリズム活動に依存するところが異常なほど大きい」。

一九世紀後半の米国は、ジャーナリズムの時代でもある。ハンガリーからの移民のジョーゼフ・ピュリツァーが一八八三年にニューヨークを本拠とするニューヨーク・ワールド紙を発刊し、大衆文化を開拓する道を開く。ピュリツァーは、①庶民に献身、②あらゆる詐欺とごまかしを摘発、③公共への悪と権力の乱用に戦い、④民衆に奉仕し、民衆のために戦う――と紙面で宣言。当時急増していた移民や労働者を重視する報道姿勢を貫き、カラー刷りのどぎつい見出し、写真、イラストなどに簡単で短い記事を盛り込んだセンセーショナルな紙面を作成、移民を中心とする大衆の歓心を買った。

発行部数が一〇〇万部を突破する人気となる。勧善懲悪、社会正義の貫徹、スキャンダルの暴露が中心の記事を軸としたイエロー・ジャーナリズムと称される大衆向けの過激な報道の幕開けである。

米カリフォルニア州での成功を引っ提げて、ニューヨークに乗り込んだ、もうひとりの新聞王へ成り上がるウイリアム・ランドルフ・ハーストも、買収した新聞でピュリツァーの路線を追髄、スポーツや女性向けの記事を増やすことで部数はさらに拡大した。この頃の一世帯当たりの全米の購読紙数は、ピークを迎えた。新聞の黄金時代の到来といえる。

こうした動きは、大衆向けの雑誌にも及び、九〇年代から手頃な値段の大衆誌が登場、発行部数も急激に伸びた。それまでの、文芸や論説中心の高級紙に対し大衆誌は、都市中産階級を対象とした。

技術革新も発行部数の拡大を後押しした。輪転印刷機、自動植字機などによる機械化の進展で、安い値段でも販売できるようになったからである。パジャマ風のだぶだぶの黄色いナイトシャツを着た男の子が登場して人気を博したイエロー・ジャーナリズムも、カラフルな紙面をベースにしていた。

こうした大衆誌には、米社会を蝕む政治腐敗、汚職、違法・不正行為、不祥事などを暴露する記事が続々と登場する。これによって、米社会の腐敗や欠陥などが明確になった。それまでとは異なる、すべて実名入りの記事だったから義憤に駆られた市民の政治・経済・社会改革の必要性をたぎらせた。これが革新主義の先導役となったのである。

中心になったのが、ターベル、ベーカー、リンカーンらマクルアーズ誌の改革派を中心とする調査報道が専門のジャーナリスト達であった。彼らが、革新主義を掲げて運動を先導したわけでは必ずしもない。結果的に、運動の起爆剤となり、それが全米に拡大した。

もっとも、この主導的役割を果たしたと目されるターベルは、調査報道の記者というよりも歴史家であることを自認しており、後にルーズベルトが調査報道を手掛ける記者らを、堆肥などをかき集める熊の手を意味する下卑たニュアンスもある「マックレイカー」と名指しで呼んだが、これに分類されることを極度に嫌っていた。

2　ターベルとセオドア・ルーズベルト

ルーズベルトが、スタンダード石油のターベルの連載を愛読していたことは良く知られている。連載三回目が掲載された一九〇三年一月にルーズベルトは、連載を支持する手紙を送っている。この時送付したのと同一の書簡ではないが、ネット上で検索すると、ルーズベルトがターベルに送付した複数の手紙の閲覧が可能である。二人の関係の良好さを物語っている。

キャサリン・ブレディー著『アイダ・ターベル』によると、ルーズベルトは、メディア、特に、マクルアーズ誌の記者らの歓心を買うために腐心していたようである。ターベルの同僚のベーカーには、事前に自分の演説の草稿を見せたりしていた。ステファンズにも相談を持ち掛け、ルーズベルトの顧問のような立場にあると感じさせていたようである。ターベルを含めたそれぞれを昼食などに個人的に誘っていた。

ドリス・グッドウィン著の『素晴らしい説教壇――セオドア・ルーズベルト、ウィリアム・ハワード・タフトとジャーナリズムの黄金時代』では、ルーズベルトが当時頻発したスト破りなどの労働紛争でベーカーに頻繁に相談を持ちかけるなど、マクルアーズ誌の記者らを当てにしていたことが詳しく紹介されている。

グッドウインが同書の副題に「ジャーナリズムの黄金時代」という表現を付けたのは、ジャーナリズム主導により、世直しという最大級の社会改革が実現したということを指しているのであろう。

個人的な魅力や広報戦略の際立ったうまさ、派手さなど、ルーズベルトの人気の要因は数え上げればきりがないが、時代を先取りした革新主義的な政策に負うところも大きかった。彼らの報道がその人気を支えていたとの認識もあったのだろう。メディアの支援を得ることは、ルーズベルトにとっては大きな優先事項であった。ただし、ルーズベルトが全面支援したのかというと必ずしもそうではなかった。

「私たちは、ルポルタージュに関心があるだけで、革命などは考えていない」と主張したターベルに対し、ルーズベルトは、「だけど、貴女やベーカーは、現実的ではない」と反論したことが知られている。これはホワイトハウス内での出来事だったようだ。

ルーズベルトの大企業規制と歩調を合わせて革新主義運動は、さらなる高揚を見せ、その流れは、タフト大統領へ引き継がれた。事実、大企業の横暴に対する鉄槌は、タフト大統領の時代には、さらに強まり、例えば、トラストに対する訴追は、任期中にルーズベルトの二倍強の九〇件に上った。この頃になると、大企業とトラストは同義語と化した。ハーストのニューヨーク・ジャーナル紙は、大衆の反感が募っていたトラストを糾弾する記事を紙面に多数掲載した。

ルーズベルトは、アップトン・シンクレアが自著『ジャングル』で指摘した食肉工場の非衛生な環境を改めるために食肉検査法を成立させたほか、〝先見の明〟というべきか、全米の環境保護を推進するため天然資源保存政策を推進した。

3　調査報道と革新主義運動

こうした調査報道は、革新主義時代に突然始まったわけではない。金ぴか時代には、賄賂、贈賄、汚職などに代表される企業と政府、政治家との腐敗は横行していたし、それを告発する報道は、一八七〇年代から単発的に繰り返されてきた。

例えば、兄ヘンリーと弟チャールズのアダムス兄弟は、エリー鉄道買収をめぐる不正疑惑を告発した『*Chapters of Erie*（エリー鉄道事件）』を七一年に著し、ニューヨーク・タイムズ紙は、ニューヨークを本拠とするアイルランド系移民の政治団体「タマニー協会」の乱脈不正経理を暴露した。

乗船したタイタニック号とともに海の藻屑に消えた英ジャーナリストのウィリアム・T・ステッドは、『*If Christ came to Chicago*（キリストがシカゴに来たら）』を九四年に執筆し、腐敗した地方政治や地下経済の様子を明らかにした。

同じ年に、ターベルの『スタンダード石油の歴史』のベースとなったロックフェラーや鉄道トラストの犯罪的な経営手法を痛烈に批判したロイド著『国家に反逆する富』が出版された。既に触れたピュリツァーがニューヨーク・ワールド紙で社会悪の暴露、社会正義の実現を最優先に置き、告発記事を掲載したことなどもこの延長線上にあろう。

一九〇〇年代に入ると、それが本格化し、未曽有の規模で盛り上がった。〇二年末からスタートしたターベルのマクルアーズ誌での連載や、ステファンズによる地方自治の腐敗を巡る同報道、〇五年末月には、ベーカーの労働問題を問う記事が始まった。

これが引き金になり、エブリボディー誌、コスモポリタン誌、コリアー誌、ジ・インディペンデント誌なども調査報道による暴露記事を扱うことになる。ジャーナリズムは、調査報道一色となった。社会の不正・腐敗を探り出し、警鐘を鳴らす。社会悪を調べ上げ、読者に提供した。不正や腐敗の事実を市民に伝えれば、市民は立ち上がり、改革が進展すると信じていたのである。

ジュディス＆ウィリアム・シェリン編の『*Muckraking!: the journalism that changed America*（マックレイキング！――米国を変えたジャーナリズム）』には、当時の記事が解説入りで掲載されている。エブリボディー誌だと、〇八年六月のチャールズ・エドワード・ラッセルによる「修業中の強盗」、コスモポリタン誌には、〇六年九月に掲載されたエドウィン・マークハムによる児童労働の実態を描いた記事や、同三月号のデビッド・グラハムによる「上院議員はどうやって買収されたのか」などが続いた。

内紛によりマクルアーズ誌から〇六年に離脱したターベルらが立ち上げたアメリカン誌だと、過酷な製鉄工場の労働者の実態を描いたジョン・A・フィッチの一一年三月の「四〇歳」の記事、コリアー誌では、〇八年三月のウィリアム・ハードによる議会議長の実態を描いた「ジョーおじさん」、ジ・インディペンデント誌は、人種問題を扱った〇八年九月のウィリアム・イングリッシュ・ウォリングの「北部の人種戦争」などが知られている。

先に触れたシンクレアは、これ以外にも『石炭王』（〇七年）、『拝金芸術』（一一年）など多数の作品を残している。米資本主義の不正を暴き、社会主義を説いた。ルーズベルト大統領の逆鱗に触れたディビッド・G・フィリップス著『上院の裏切り』（〇六年）のほか、トーマス・W・ローソンの保険業界の不正、前出のベーカーの南部の黒人差別や経営側のスト破りの実態、ジョージ・キブ・ターナーの売春組織の実態などの暴露記事も有名である。

こうした社会の矛盾を報道する調査報道により、社会のさまざまな不正が暴かれた。鉄道、電気、ガスなどの公共事業は、政治家を買収し、有利な条件での公共財産の払い下げや独占的な営業権などの特権を獲得していたことが判明。地方議会では、カネにものをいわせた大企業と少数のボスらによる政党内の政治支配が分かった。裁判所、警察などにもこうした腐敗は及んでいることが明らかになり、改革を求める声が全米にさらに拡がった。革新主義運動の発進である。

以上から分かるように、ジャーナリズムが起爆剤となり、地方政治発の連邦政治の改革をはじめとする各種運動へと発展したのである。改革の柱は、当初は地方政治の改革、政治腐敗の追放と大企業規制であった。

政治家だと、ウィスコンシン州では、ボス政治の打倒と大企業の横暴を抑えるための規制を主張していたロバート・M・ラフォレットが一九〇〇年に州知事に当選、鉄道料金の規制やボス政治を崩壊させるための選挙制度の改革を断行した。アイオワ州でも、鉄道会社と結託した政治家を破ってアルバート・カミンズが〇一年にやはり知事に当選し、鉄道の規制に着手した。

革新派はその後も伸長し、ニューヨーク州、ニューハンプシャー州の東部のほかオレゴン州、カリフォルニア州などの知事も革新派から選ばれた。

こうした動きも手伝って、一三年には全米のほとんどの州が何らかの形で公共企業規制委員会を設置して大企業規制に着手した。

革新主義運動は、確固たる政治基盤を背景に登場したものではなく、草の根がベースの多種、多様な勢力が結集した広範な市民運動ということができよう。だからこそ、マクルアーズ誌をはじめとする調査報道の専門の記者が執筆する記事に市民が反応し、行動を開始したのである。

その主体は、都市の中間階級、法律家、牧師、ジャーナリスト、個人経営の事業家だった。トラストなど大企業や労組の台頭によって、自由、個人主義、平等の機会など伝統的な米国の価値体系が脅かされていることに不安を憶えて運動に立ち上がった側面がある。ジャーナリズムが改革運動の推進力となり、改革の目標を具体的に提示する役割を担った。

残念というべきか。調査報道が中心の雑誌の活動は、一二年ごろに突然立ち往生する。暴露記事を苦々しく思った企業や銀行が大衆誌への広告や融資をストップしたことが大きい。兵糧攻めに一斉にあい、十分な経営基盤の欠けていた自転車操業の弱小出版社は一瞬にして打ちのめされ、倒産の憂き目にあった。それ以外にも読者がこうした暴露報道に飽きがきたことなどが指摘されている。

第7章 『スタンダード石油の歴史』の解剖

本章では、本書の最大のテーマである連載終了後に単行本となったターベルの『スタンダード石油の歴史』の分析に入る。米最高裁がロックフェラー帝国の解体判決を下す原動力となった一八の記事で構成されている。

この中でターベルは、最大最強のトラストをなぜ構築できたのか、富の源泉は何なのかなどを見事に暴いた。最高裁判決で違法と断罪された犯罪的かつ倫理にもとる手法を駆使した巨大トラストの一大スキャンダルを全米の市民の前に初めて明らかにしたのである。

これがきっかけとなり、反トラストの世論が一段と過熱。心ある政治家らは、規制の必要性を痛感、米革新主義運動がさらに燃え盛る契機となったのである。

煮え湯を飲まされた石油地帯の独立系の中小業者らは、報道に喝さいを送った。ターベルは当時、花形となっていた調査報道の第一人者として一躍脚光を浴び、革新主義運動のスターに祭り上げられた。

単行本化された上下二冊、重ねれば五センチメートルを超える著書は、現在でも入手が可能だ。この種の文献としては注釈が驚くほど多い。筆者の入手した一九〇四年の初版本の再版は、上巻が四〇六ページで、うち付記が後半の一四一ページ。前半には、数ページごとにイラスト、写真が織り込まれている。ビジュアル化によって臨場感と迫力を強め、読者の理解を容易にしようとしたのだろう。

注釈の大半は、スタンダード石油幹部の議会証言の記録、同社内文書、ロックフェラーのビジネスモデルといわれる南部開発会社の関連文書などが盛り込まれている。下巻も同様だ。同書が、ロックフェラーやスタンダード石油の研究で今なお必読書となっているのは、正確さ、約半分を占める無類の資料の豊富さなどもあるのだろう。

前身がスタンダード石油で、現在スーパーメジャー（国際石油資本）の一つのエクソンモービル社の凄さを扱った最近のベストセラー、スティーブ・コール著の『石油の帝国』にも冒頭からターベルの名前が登場する。著者である、元ワシントンポスト記者で米コロンビア大学ジャーナリズム大学院学部長のコールは、同書の中で、同社について「独立的、あるいは反抗的な姿勢を貫いてきた」、「八〇年後の今もエクソン幹部たちがしばしばワシントンとの関わりを避け、腹の底に敵意を抱えている理由は、この（解体の）痛みが今も克服されていない」などと語っている。

今なお、秘密主義、反社会的なロックフェラーのＤＮＡが社内に充満しているということであろうか。だとしたら、恐ろしくかつ、驚くべき社風が一世紀後の今なお残っているということではないか。業の恐ろしさを痛感する。

連載は、一九〇二年一一月号のマクルアーズ誌でスタート、約二年で終了した。筆者の手許にある再販本の表紙には、石油の聖地タイタスビルの風景を撮影したと思われる当時の写真が掲載されている。急傾斜する山肌に沿って石油採掘のためのやぐらが林立する、まさに石油産業の揺籃期の原風景である。ここで採掘された原油が精製され、全米で消費あるいは輸出に回されたわけである。

石油産業の勃興期のこの時代には、飛行機はもちろん、車やオートバイも発明されておらず、多くは照明用あるいはストーブなどの燃料用に利用されていた。

シリーズは全一八章で構成されている。ここでは、ターベルの記述を軸に、章ごとに筆者の解説を折り込み、全体の中での意義付けなど含めてまとめた。要約ではないことをご了解いただきたい。

『スタンダード石油の歴史』の真髄は、独占をほぼ実現したロックフェラーの悪辣な経営手法を暴露したことに尽きる。経営の実態はほとんど知られておらず、その中身は、まさに、一九一一年の米最高裁判決で解体を宣告された違法行為のオンパレード。

ライバル業者を破滅に追い込むため輸送の要の鉄道の運賃やリベートがロックフェラーに有利に設定され、対抗する切り札となったパイプライン敷設にも武装要員を派遣して妨害。利益に血道をあげるロックフェラーの価格政策なども鋭く切り込んでいる。

それぞれの章を簡単にまとめてみよう。第一章は、一九世紀中庸に北米で誕生した石油産業の原風景を描写している。ロックフェラーが登場するのは第二章から。精製部門の独占で高収益を上げられると読み、鉄道と共謀して差別運賃を軸に北米で独占を拡大。この過程で勃発したのが一八七二年の石油戦争。

第三章では、この血みどろの戦いを再現、鉄道との共謀による恐るべきリベート戦術を取り上げた。

リベートはロックフェラーの富の源泉でもあり、第五、六、七、一一章でも具体的な事例を挙げて徹底的に切り込んでいる。石油戦争の敗北を教訓に対話路線へ転換、捲土重来を期したロックフェラーを第四章で扱っている。真意を察知した独立系業者と再激突するも、ずる賢い戦術に敗退する姿を描く。

第八章は、スタンダード石油が当時抱えていた連邦・州政府などとの係争の考察。第九章は、ロックフェラーのパイプラインに対する戦術転換で、短期間に掌握に成功、市場の完全制覇は目前となる。パイプラインを巡る争いについては第一五章でも扱う。

価格政策はどうだったのか。第一〇章では、全米を震撼させた市場制覇のカギとなるそれを分析した。盾突く業者には安値攻勢を仕掛け、壊滅へ追い込む。ねじ伏せた後は従来以上に引き上げ、損失を埋め合わせた。悪辣な産業スパイ工作なども暴露。第一六章も同様である。

ライバルの工場破壊などにもかかわった節がある。第一二章ではニューヨーク州の工場の爆発事故を取り上げた。議会・政界工作にも怠りはなく、第一三章では不利な法案の成立を阻止するための大物上院議員の抱き込みなどを紹介している。

スタンダード石油は、解体判決を実は二回受けていた。初回は規制の緩いニュージャージー州へ本社を移転し、逃げ切っていた。第一四章ではこれを掘り下げている。

経済・経営学的な観点からのスタンダード石油の意義をどうだったのか。ターベルは、第一七章で①近代的な経営の導入、②卓越した経営戦略——などを挙げている。結論の第一八章では、ごまかし、詭弁などに代表される倫理観に欠ける経営手法を手厳しく批判している。

連載は確か一九回だったといぶかる向きも多かろう。シリーズは実は、一八回でいったん終了した。

一九回目の「John D. Rockefeller: A Character Study（ジョン・D・ロックフェラー：性格の研究）」は、一八回分が単行本にまとめられた後の、一九〇五年七月にマクルアーズ誌に掲載された。本書は、この性格分析を第8章に収録した。二重人格と決めつけ、手厳しく酷評した最終回の記事に、ロックフェラーも大いにショックを受けたとされている。

なお、ターベルは、単行本の目次の前に、〇四年に撮影した三つ揃えを着た背広姿のロックフェラーの写真を据えた。頭髪はほとんどなく、やや右に向いた椅子に座り、カメラのレンズを凝視している。

1　ある産業の誕生

◆美しいバラ

「米国の美しいバラは、そのまわりにあるつぼみを初期の段階で犠牲にすることによってのみ、素晴らしい香りを生み出すことができる」。こんな文章が、歴史的作品となったターベルの『スタンダード石油の歴史』第一章の始まる冒頭に掲載されている。スタンダード石油がテーマとなる文献では必ずといってよいほど登場するのがこれである。

ひとり息子のジョン・ロックフェラー二世が、アイビーリーグのひとつとして知られる米東部の名門、ブラウン大学の学生に対して語り掛けた演説の中に含まれている。なぜ、総帥ロックフェラーの後継者となった長男の言葉を掲載したのだろうか。

これは、素晴らしい香りのバラを生み出すために、その他大勢のたくさんのバラが間引かれ、犠牲になっているとの指摘である。意味しているのは、完成度の高いバラ、これは、超優良企業スタンダード石油のことで、それを生み出すためには、その他多くのバラ、つまり中小の多くの業者が犠牲になった暗喩と受け止められているのである。

二世は、巨大トラスト、スタンダード石油の歴史を振り返り、究極に近い市場独占に成功した裏には、数多くの中小業者が淘汰されたことをいいたかったのだろう。引用したターベルにも、そうした意図があったことは間違いない。

同じページには、これと並んで、米独立戦争当時の思想家として知られるラルフ・W・エマーソンの著作『自己信頼』から「一つの組織は、一人の人間の延長した影である」も引用されている。スタンダード石油という組織は、ロックフェラーの延長した影、つまり分身であるということをいいたかったのだろう。ターベルは、序文の中で、同社をなぜ取り上げ、分析の対象としたのかを丁寧に説明している。

所属するマクルアーズ誌のある日の編集会議で、全米で猛威を振うトラスト（企業合同）を取り上げることが決定した。「数ある中から対象をどれにするか」の議論の中で同社に絞られた。理由は、現存する中で、扱う商品をほぼ完ぺきに支配、トラストを最も完全に発展させたのが同社だったことを挙げている。巨大な利益をテコに鉄道、輸送、ガス、銅、鉄、銀行などさまざまな部門を傘下へ置き、巨大石油トラストを既に構築していた。

◆膨大な資料

興味深いのは、ターベルが、同社の活動や商法の分析のための資料が豊富だったことを言及していることである。調査報道を手掛けるのであれば、確かに、資料が多ければ多いほど良い。客観的な立場の当局の資料であればなおよい。合点のいく指摘である。

膨大な資料を時間をかけて読み込み、分析・解剖する。そうすれば全体像が次第に明らかになる。成長過程が信頼に値する文書によって追跡できる数少ない企業であったことなども理由だったことを挙げている。

信頼に値する文書は、ここでは、連邦政府、州政府、地方自治体など当局の公開資料を意味している。一九一一年に反トラスト法（独占禁止法）違反で米連邦裁判所から解体宣告を受けた同社の商法は、それに遡る約四〇年前の創設当初から社会的な批判を浴びていた。不透明な鉄道会社からのリベートや他社との共謀により自由な取引を制限した疑いなどで、連邦政府や州政府からたびたび調査を受けていた。

同委員会には、ロックフェラーや同社幹部の膨大な証言記録などが残っていた。関連する新聞、雑誌などの記事はそれ以上だった。証拠隠滅の形跡が見られ、探し出すのに苦労したが、ターベルは、これらを丹念に腑分けし、犯罪的な商法に迫ったのである。

調査魔で知られるターベルは、こうした公的文書は、探せば必ず見付かると確信していた。興味深いことに、当時のジャーナリストは、読破に時間を要するこの種の政府や自治体による公文書を基礎に記事を書く習慣がなかったようだ。

だが、ターベルは、新境地を開くべく、公官庁の公開情報をベースに、告発型の記事を執筆する新しい手法を自らの調査報道に取り入れた。ターベルがそれまでのリンカーン伝やナポレオン伝でその手法を駆使したことは既に指摘した。情報収集の過程で、独占の弊害を追跡した先駆者ヘンリー・ダマレスト・ロイドやスタンダード石油の大幹部ヘンリー・ロジャーズの協力も得られた。実名こそ挙げていないがターベルは、同書でスタンダード石油からの協力が得られた由を簡単に触れている。

◆石油地帯史

「The Birth of an Industry（ある産業の誕生）」とのタイトルから分かるように、第一章では、世界で初めて石油の採掘に成功したタイタスビルなどの、いわゆる石油地帯の発展史のほか、誕生した石油産業がペンシルベニア州、オハイオ州、ニューヨーク州へと拡大し、一大産業として成長していく過程を扱っている、いわば石油産業の揺籃期の歴史編である。読者には、分かりやすいように、世界最初の石油採掘に成功したドレークの写真のほか、第一号の井戸が入った掘っ立て小屋、ロックオイルの広告証書、石油地帯の街角を撮影した写真が掲載されている。

林立する油井やぐらの下で育ったターベルにとって、こうした産業の誕生を語ることは、自分自身の生い立ちをそのまま語ることでもあった。

著書には章ごとに、中身を説明する小見出しが冒頭に据えられている。読者の理解を容易にするために付けたと推察される。

小見出しは、①石油は当初は珍奇な商品、その後は医薬品、②真の価値の発見、③大量生産となったわけ、④石油の大きな流れ、⑤解決されるべき多くの問題、⑥保管と輸送、⑦石油精製とマーケティング、⑧事業する地域の急速な拡大、⑨多くの資金と労働者、⑩多発する高くつく失敗、⑪すべての難局と対峙し克服、⑫各人の努力に対する新しく驚くべき機会の通常の展開――。これに目を通せば、その章の中身はある程度分かる。

この章では、全体の概括として、ロックフェラーが市場制覇に乗り出す以前の、燃料とは違う形で利用されてきた石油製品の利用法、鉄道やパイプラインなどによる輸送法、精製法、掘削法や発見に伴う地域の石油バブルの崩壊を含めた発展史などがコンパクトにまとめられている。

書き出しは、「ペンシルベニア州北西部の石油地帯は五〇マイル（八〇キロメートル）に満たない荒地で、主たる住民は木こりだったのである」で始まる。大勢の男たちが全米から殺到したのは、「Colonel（大佐）」と呼ばれる四〇歳のエドゥイン・L・ドレークが一八五九年八月に石油を掘り当てたのがきっかけだった。

ドレークが軍人で肩書が大佐だったというわけではなかった。投資額が膨大な石油採掘はイチかバチかの、リスクの大きな危ないビジネスである。うまくいけば恩恵も大きい。だが、失敗すれば、無一文になりかねない。ドレークも晩年は不遇だった。

出資者らが荒れ野で一人、石油採掘にチャレンジするドレークの地元での評判を良くするためあえてこの肩書で呼んでいた。地位が高ければ信用されるし、身近に感じられる。地下の石油を採掘する施設は、タイタスビル以外でなかったのかといえば必ずしもそうではなかった。東欧では既に小規模な施設があったようだ。もっとも本格的なものとはいえなかった。

ドレーク以前は、川面に浮かぶ地下から湧き出した石油（ロック・オイル）が知られていた。これは、植物性油や動物性脂肪と区別し、ビン詰めされ医薬品として販売されていた。当初はセネカ油、その後は、米国製医療用油などと称され、東洋や欧州に輸出されていた。

ドレークが採掘に成功した瞬間から様相が一変する。これを聞きつけた全米の山師たちが一攫千金を夢見てタイタスビルへ押し寄せ、ゴールドラッシュならぬオイルラッシュが始まった。ターベルの父親もこの一人であった。

当時、原油が採掘できたのは世界で米国に限定されていた。埋蔵量はもちろん採掘量で、現在、最大規模を誇るアラビア半島でさえからも石油は発見もされてはいなかった。当然のように、灯油などの石油製品は欧州などへ輸出された。

輸出は七一年に早くも一億五二〇〇万ガロン（一ガロン＝三・七八五リットル）までに膨れ上がり、米国の対外輸出品目の第四位に躍り出た。世界一はしばらく続き、ロシアで石油が採掘されるまで、文字通り米国は石油産業の世界の中心地であった。

泉に湧き、岩塩の採掘などで地下の埋蔵が時たま発見される石油が暖房用灯油や照明用のランプの燃料に有用なことは専門家の研究で分かっていた。だが、まとまった量が見付からない。ドレークは有用性の知られている石油の大量発見を目指していた。成功によって第二、第三の試掘が始まり、当初、日量二五バレル程度だった産出量は一年もすると同二〇〇〇バレル程度まで拡大。その後は倍々ゲームで伸びた。

◆輸送手段

当初木製だった輸送用タンクはしばらくして頑丈な鉄製へと変わった。輸送手段は、タイタスビル近くを流れるアレゲニー川につながる水路や敷設された鉄道だった。油井からの集積地への運搬は、主に馬車に頼った。家畜は付近の農家から提供されたが、これも鉄道の拠点を結ぶパイプラインの敷設によって間もなく駆逐された。

主力は大量運搬の可能な鉄道であった。鉄道はロックフェラーが巨大トラスト帝国を構築するための欠くべからざる富の源泉でもあった。これを抱き込み、強要したリベートや悪質極まる第二のリベート、ドローバックをテコに、ライバルの中小業者を蹴散らし、あるいは傘下に引き入れ独占体制の構築に成功したのである。

ロックフェラーの才覚が発揮された高効率性を誇る経営も相まってスタンダード石油は、石油市場のうちの精製部門の九〇％を掌握するまでの、信じがたい超高収益企業に生まれ変わっていく。

石油産業のアキレス腱は、当時は、アップストリーム（川上）部門、いわゆる石油採掘部門の脆弱性、不安定性に尽きていた。これを嫌ってロックフェラーは、アップストリーム部門への深入りを避けた。これは、原油が地上から消えるという枯渇が喫緊のテーマとなっている現在の石油産業の状況とはやや異なる。

確認された埋蔵量を石油採掘量で割ったのが可採年数である。最近は五〇年程度といわれるが、これは新たな埋蔵量が見付からず、採掘量が現在のままであれば、半世紀後に石油は地上から消える、枯渇するという意味なのである。

実際は、石油会社が、血みどろになって新規の井戸を探すために、五〇年後に地上から消えてなくなることはほとんど考えられない。だが、石油会社にとって枯渇は、今なお大きな永遠のテーマである。国際石油資本（メジャー）を含めた石油業界で今なお収まらない合従連衡の動きは、地下に眠る原油の確保も目的のひとつである。

当時の価格の乱高下は常軌を逸していた。一八五九年に一バレル（約一五九リットル）当たり二〇ドルだった原油が六一年には、その約四〇分の一の平均五二セントまで低下。これが六三年には、一六倍の八ドル一五セントへ上昇した。四年後の六七年には今度は、その四分の一近くの二ドル四〇セントへ下降した。「埋蔵が海外で発見されたら産業はどう変わるのか」。そんなリポートで原油は、暴落した。

なぜこうも激しいのか。石油に対する短期的な需要はそう大きく変化しないのに対し、採掘に成功し、生産量が急増すれば供給過剰となるのは自然の成り行きである。その結果、暴落する。掘り当てても生産量が予想外に少なければ、供給不足となり、逆に値上がりする。

石油の発見と並行してペンシルベニア鉄道、エリー鉄道など大手三社は、七〇年代に石油地帯に拡がる路線を既に敷設していた。石油輸送のためである。付近のアレゲニー川や水路を利用した輸送もあった。輸送をめぐる競争は激しく、当然のごとく権謀術数が繰り広げられた。

◆魔の手

スケールメリットというべきか、規模に勝る鉄道が輸送量の確保に成功した。その裏には秘密のリベートの提供があった。鉄道三社にとってリーディング企業のスタンダード石油との取引は、最優先された。量が確保されるばかりか、経路も単純、貨車の組み替えも必要なく、輸送は高い効率性が保障された。これに関与できるメリットは大きかった。

先の先の先まで見通すといわれる、才気あふれるロックフェラーは、最終的には、大量輸送という餌をチラつかせ、鉄道三社を手玉に取ることに成功する。蟻地獄にはまった三社に対し搾り取れるだけのリベートを強要した。公定運賃は正直者の中小業者にのみ適用されていたのである。リベートを受け取らなかったのだから割高となったのはいうまでもない。

当時の石油産業の中心地タイタスビルは、売買業者が組織化され、市場も創設された。人口も一万人程度まで膨れ上がっていた。ドレーク以前は、森と林を除くと何もなかった山間地に病院、警察、学校、消防など各種サービスが整備され、娯楽のためのオペラハウスさえも完成し、新聞社も二つできた。

こうした原油の生産過剰、鉄道による中小業者に対する差別運賃など難題は山積していた。ターベルよると、住民たちはこうした複雑な問題を何とか解決し、世界一住みやすい町にしていたのである。住民たちが幸福の絶頂期にあったまさにその時、石油地帯の将来を危うくする巨大な魔の手が突然下りてきた。その攻撃の素早さと陰湿さはフェアープレーの意識に満ちていた住民たちを奈落の底に突き落とした。地域住民らの怒りは頂点に達し、業者の決起を引き越したのである。

この「魔の手」こそが、ロックフェラーではないかと読者は憶測することになる。初回を読み終えた読者らは次号で、ターベルがロックフェラーの悪事をことごとく暴露するとの期待を持つことになる。「次号は是が非でも読まなければならない」。読者のはやる気持ちは、高まりこそすれ、低くなることはなかった。

2　スタンダード石油の興隆

◆クリーブランド

天敵ロックフェラーの悪質極まる商法に対するターベルの分析は第二章のここから始まる。業態を拡大させ、盤石なトラスト帝国の構築の原動力となったリベートを軸にライバル企業を蹴散らし、廃業あるいは傘下入りなどに追い込むロックフェラーのビジネスモデル南部開発会社（South Improvement Company）が登場する。

小見出しは、①ジョン・D・ロックフェラーの石油ビジネスとの最初のつながり、②クリーブランドでの初期の生活、③最初のパートナー（相棒）、④一八七〇年六月のスタンダード石油の組織、⑤ロックフェラーの有能な仲間たち、⑥石油ビジネスにおける鉄道の差別料金の最初の証拠、⑦リベートは、概して大規模貨物に対して提供されたことが判明、⑧秘密連合の最初の計画、⑨南部開発会社、⑩リベートやドローバック提供のための鉄道との密約、⑪ロックフェラーとその一味がクリーブランドの石油精製業者らに対し売却か、傘下入りかを強要、⑫計画の噂が石油地帯へ――。

ロックフェラーが拠点とした米オハイオ州クリーブランドの紹介から、この章は始まる。六〇年代から二〇～三〇社の石油精製会社が既に設立され、タイタスビルなどの石油地帯と肩を並べるほど石油精製業に力を注いでいた。

工業立地の条件として原料入手の容易さなどが挙げられる。原料の運搬にコストを要することから、鉄鉱石の採掘される鉱山付近に鉄鋼業が生まれることが知られている。日本では、砂鉄が発見され、これを契機に近代鉄鋼業がスタートした釜石市などが典型的な例だろう。

石油精製業も原油の容易な入手が焦点となる。クリーブランドでは、当時、原油は採掘されていなかった。しかも、原油の採掘される石油地帯から北西に三〇〇キロメートルほどの遠隔地に位置していた。東京・名古屋間程度の距離である。なぜ、石油精製業が勃興したのか。

クリーブランドは実は、工業立地という点からは別の意味で最適の地域であった。石油地帯から原油の輸送のための鉄道や水路などが整備されていた。しかも、精製した石油製品を各消費地へ輸送するための鉄道はもちろんエリー湖を利用した船舶による格安の輸送が活用できた。造船業を営む大都市だから労働力は豊富だし、工業用水としてはエリー湖の水がたっぷり利用できた。

輸送は一般的に、船舶の方が鉄道より安価である。大消費地のニューヨークまで鉄道の路線が複数敷かれたメリットは大きい。ロックフェラーの視点からすれば競争する複数の業者に大量輸送をチラつかせ、競わせることで運賃を存分に叩くことができた。これこそが石油精製センターとしてのクリーブランドの優位性であった。

製油所は六六年末には既に五〇を超えていた。そうした中に石油ビジネス入りを決断した三九年七月八日生まれの若きロックフェラーがいた。

◆気鋭の経営者

ターベルは当時の資料などを引用し、貧しい境遇に生まれ、苦労して育ったロックフェラーの幼年時代を紹介している。人物像は、本書第4章などで既に詳しく紹介した。このため重複する部分は割愛し、簡単に触れるにとどめる。

ロックフェラーは、自伝『*Random Reminiscences of Men and Event*（人や出来事についてあれこれ回想）』で、「一三、一四歳の頃は、朝から晩まで、一日一〇時間働いた」、「貯金を覚え、ニューヨークでは違法な年七%の利子を取ることを学んだ」、「カネの奴隷にならずに、カネを奴隷にできたのは良かった」などと語っている。

運が向き始めたのは、自活を余儀なくされた一八五五年九月。幸運にも簿記担当の事務員のポストを見付けた。才能を発揮し、順調に昇給する。五八年には、一二歳年上の英国人と商社ビジネスを開始。南北戦争の勃発も相まって軍向けが好調で、利益を上げることができた。

だが、石油精製業がより将来性のあるビジネスとにらんで進出を決断する。ビジネスは当初から順調で、生涯の盟友となる交渉力抜群のヘンリー・フラグラーも戦列に加わった。ニューヨークに販売拠点も設ける。七〇年、それまでの会社を統合し、資本金一〇〇万ドルのスタンダード石油を立ち上げた。

この頃には、巨額の利益を上げる気鋭の若手経営者として注目を浴びるようになっていた。ただし、その秘密主義はつとに知られ、記者会見にも応じることもなく、マスコミの取材を徹底的に避けていた。

ターベルはこの頃のロックフェラーについて、「陰鬱で、用心深く、秘密主義。物事の中で起こりうるすべての機会とすべての危険の可能性について見通していた」、「チェスのプレイヤーのように自分の優越性を危うくするかもしれない組み合わせも研究していた」と描写している。

同業者を驚かせたのは、業態を急速に拡大させる類まれなる商才だった。その秘密は何なのか。効率的に石油精製するにしても限界がある。原料を買い叩いても同様である。

ベールに包まれた帝国のカラクリが、輸送にあることを初めて暴露したのがターベルのこの連載だった。それがここから始まる。「ここまでやるのか」と企業経営者を驚かせるほどの手荒で倫理にもとる犯罪的な手法であった。巨大独占を形成し、巨額の利益をほしいままにする悪辣な商法に全米は仰天したのである。

◆悪徳商法

当時のロックフェラーは、日曜学校の教師を務める宗教家としての敬虔な私生活が知られていた。その彼が、不道徳極まる商法に手を染めていた落差があまりに大き過ぎた。調査報道によって暴かれたこの事実は、驚きをもって迎えられた。当世随一の富豪の青年実業家の一大スキャンダルである。

ターベルが突き止めたのは、秘密主義を土台としたカルテルをベースに、犯罪的ともいえる破格のリベートを公共サービスである鉄道会社から独占的に受けていた点である。割引運賃を実質的に強要していたのである。蛇に睨まれた蛙のように鉄道は、反乱も起こさず空雑巾をさらに絞り、リベートを提供した。ライバルの中小業者は、この差別運賃について一切知らなかったし、かやの外に置かれていた。

中小の業者は、フェアー（公正）でないとして、この受け取りを拒否する正常な倫理観を持っていた。ロックフェラーは表面的には同調していたが、「自分が受け取らなくても、誰かが受け取る」との論理で、リベートを裏でたっぷりせしめていた。

ターベルは、同業者への取材で、これをあますところなく暴露した。最強のトラスト、スタンダード石油のビジネスモデルの基本は、違法色濃厚なカルテルであり、共同謀議と取引妨害、リベート、ドローバック（割戻金）、スキャンダルの隠ぺい、秘密主義だったのである。

ターベルは、章の中で、こんなやり取りを紹介している。ロックフェラーへのリベート提供を知った業者が鉄道会社に赴き、「他の業者へ安い運賃を適用しているようだが、それでは、（他の業者との）競争に勝てない」と苦情を申し入れた。鉄道は、悪びれずにその事実を認め、その業者に対しリベートの提供を約束した。驚くべきことに、輸送量のうちのバレル当たり四〇セントの運賃うち四割弱に当たる一五セントを供与したのである。

ただし、適用されたのはクリーブランドへ輸送された原油分のみで、ニューヨークなど東海岸へ輸送される製品については除外された。

なぜ、クリーブランドへの輸送される原油のみにリベートが適用されたのか。これは水路などの競合する輸送手段があるかどうかと関係している。

これが果たして是認されるのかと驚くような、リベートの一種である略奪的なドローバックも受け取っていた。これについて、ロックフェラーの伝記『タイタン』を執筆した著者のロン・チャーナウは、こう表現している。例えば、ペンシルベニア州西部からクリーブランドへの石油輸送で、スタンダード石油は、石油一バレル当たり四〇セントのリベートを受け取るだけでなく、ライバルが同じくクリーブランドへ向けて発送する荷物についても同四〇セントのドローバックを受け取っていた。リベートの一種で最大級に悪質なドローバックは、「産業界に比類のない残忍な競争を招いた手法」との論評を加えている。

ライバル社が輸送した製品に対する根拠も判然としないドローバックを受け取っていたことについては、「受け取らない業者の方が悪いのだから、その分をオレに寄越せ」という論理だったのだろうか。

ターベルは他の中小業者の発言を引用し、トコトン腐ったこうした商法について取り上げている。懸命な読者ならお分かりだろうが、こうした公共交通機関からのリベートはもちろんとして、それ以上に悪質なドローバックも正当化されるはずはない。不透明な裏取引によるものだからなおさらである。それも手厚く、巨額に上っていた。

この結果、ライバルの中小業者に対して、ロックフェラーは競争で圧倒的に有利な立場に立った。薄い利幅の中で勝負する石油精製業者にとってこれは致命的であった。同じコストで精製しても、競争で勝負する前から完璧に敗北していた。

ロックフェラーは、ライバルを叩きのめすために価格競争も仕掛けた。採算を度外視して値下げし、長期戦に持ち込まれたライバルは音を上げた。廃業するか誘いに応じて傘下入りを決断するのみである。

スタンダード石油が最盛期に全米の石油市場の九〇%を支配できた背景には、こうした悪事を尽くした数々の戦術があった。この犯罪的な手法が全米の反感を買い、最終的には、反トラスト法（独占禁止法）違反で、一九一九年に米最高裁によりバラバラに解体される判決を受けることになるのである。

連邦政府や州政府では、こうした悪徳商法が問題になり、後年、ロックフェラーをはじめとするスタンダード石油の経営陣は詰問を受けた。だが委員会の証言では、のらりくらりと答えるだけで、詳細をなかなか明かそうとはしなかった。

膨大な公文書の中からターベルは、リベートやドローバックに関連する証言を突き止めた。議会での宣誓供述書を引用し、内容などを明らかにしている。

当時、ペンシルベニア州のクリーブランド、ピッツバーグ、石油地帯の三大石油精製地は、どこがセンターとして盤石な地位を確立し、生き残るかの競争に血眼になっていた。同時に、石油関係製品の輸送に依存する鉄道三社にとってもそれは、最大の関心事であった。経営の屋台骨に影響が出かねない大きな問題であったからである。

鉄道間の競争はいきおい苛烈化し、リベートの供与に向こう見ずになりがちだった。ロックフェラーの要求も年々大胆になっていた。大量の貨物を発注するスタンダード石油に対する鉄道からのリベートはさらに膨らんでいった。

レイクショア鉄道の副社長のデブロー将軍によると、クリーブランドで最大の輸送量を誇るスタンダード石油は、同鉄道から特別のリベートを受け取っていた。この間、ロックフェラーが気にしていたのは利益の低下である。精製業が儲かるビジネスだと見て新規参入が殺到したためである。順調に伸びる石油製品に関税が課けられ、輸出の鈍化が懸念される情勢となっていた。

◆南部開発構想

こうした苦境を打開するための一八七一年秋の鳩首会談の末に登場したのが、悪名高い南部開発会社であった。地域の石油精製会社を秘密裏に統合し、会社を創設。鉄道会社から特別のリベートやドローバックを裏で受け取り、業態を拡大させて、市場制覇を目指した。この中心となるのが南部開発なのである。参加しない業者は、コスト面で太刀打ちできずに最終的に南部開発だけが生き残る、という計算である。一本化で競争をなくせば、確かに、過剰生産は解消される。生産を絞れば、高値を維持できる。独占の妙味である。これはいわば、ロックフェラーが全米の石油産業の完全独占に向けた戦術であった。

ターベルによると、構想について、ロックフェラーや幹部のヘンリー・フラグラーらは懐疑的だった。スタートしたのは、鉄道会社の幹部らが賛成したためである。

七二年一月、フィラデルフィアで会合が開かれ、南部開発の一一〇〇株が配分され、ロックフェラー、フラグラーなどへ一八〇株が、社長に就任する弁護士でレイクショア鉄道の役員であるピーター・ワトソンに一〇〇株などが割り当てられた。

傘下入りしたらどうなるのか。協定によると、鉄道はまず、独立系の業者に対する運賃値上げを断行する。だが、南部開発傘下の業者に対しては、リベートに加えて、ドローバックを提供する。このため実質的な運賃は以前よりかなり割安となる。

リベートの受領で優位に立てるばかりか、ドローバックも受け取れるから、競争では圧倒的な有利な立場に立てる。このほか、傘下入りを拒むライバル業者の石油製品の輸送情報が鉄道から提供される仕組みになっていた。

本来、厳しく守るべきである顧客の輸送情報を、鉄道がライバルに横流しするのは、ビジネスのルールに違反しているのは明らかである。鉄道からすれば、そうした禁じ手を使ってもロックフェラーの歓心を買いたかったということである。ロックフェラーもその情報をライバルのビジネスの妨害と自社の利益拡大のために最大限に利用した。

現在の感覚からは、こうした法外なリベートの受領やライバル社の情報提供は、独禁政策に反するばかりか産業スパイ行為の一種であり、到底許されるものではない。共同謀議として当時でも、厳しく断罪されるであろう。当時であっても民事訴訟を提起すれば、当然勝訴し、賠償金も巨額に上ったであろう。

だが、そうした不正行為の全貌が判明したのは、独立系業者がロックフェラーの軍門に下り、ライバルが石油地帯から消えて相当経過したあとで、「あとの祭り」であった。〝何でもあり〟の初期資本主義の時代、こうした狡猾で、違法ばかりか倫理や道徳にもとる協定が裏で結ばれていたのである。

構想の中身についてターベルは、当時のニューヨーク・トリビューン紙の掲載した記事を引用している。①すべての取引を秘密にする、②予備的なやり取りは厳格に非公開、③値段を公開しない、④了承なしには公表しない——など秘密厳守の条項を事細かく定めた。

協定には、石油地帯を走るレイクショア鉄道、アトランティック＆グレートウエスタン鉄道、ペンシルベニア鉄道、エリー鉄道、ニューヨークのセントラル鉄道のすべてが署名した。まさに、企業同士の談合、カルテルである。

七二年一月、南部開発は手続きが完了し、スタンダード石油は資本金を二〇〇万ドルに引き上げた。これを受けて、ロックフェラーは、当時二六社あったクリーブランドが本拠の石油精製会社を一社ごと訪問し、戦列に加わるよう勧めた。

記事の中でターベルは、業者に対するロックフェラーの説得工作を再現している。

「石油ビジネスを完全支配する構想が動き出します」、「枠外の人にはチャンスがありません」、「貴方の施設を鑑定に出せば、上乗せして、株式か現金を提供しましょう」、「株式の方がお勧めです」。丁寧ながらも威圧的な言葉で相手を説き伏せようとした。

拒む業者に対しては、最終的に、「抵抗しても無駄だ」、「受け入れなければ、つぶしてやるぞ」、「最後は四～五社になる」などと、これも強圧的な脅迫に終始した。アメとムチの硬軟織り交ぜた説得術である。

この結果、クリーブランドが拠点の二六精油所のうち二一が売却を決断した。これによってロックフェラーは全米の石油精製能力の五分の一の掌握にまず成功した。わずか三か月間の短期間のうちだから、その交渉力は見事である。

興味深いことに、工作は秘密裏に決行され、地元メディアにさえも察知されなかった。もっとも、悪事は千里を走る。悪い噂は、石油地帯へ瞬時に伝わってきた。最初は信じようとしなかったオイルマンたちも、計画が本当だということが次第に分かってきた。

構想が進展する中で、鉄道と南部開発の間で運賃に関する秘密協定が既に締結されていたことが判明した。新たな運賃が同二月二六日に、何の前触れもなく実施に移された。独立系業者に対する石油製品の運賃が突然、二倍近くに値上げされた。

「これでは商売ができるはずもない」。中小業者たちの怒りは、瞬時に燃え盛った。用意周到な共同謀議で実施された鉄道の値上げ。「これによってどのような大混乱が発生したのか」と読者の興味をそそらせる形で、この章は終了している。

この章では、ターベルは、調査報道により、ロックフェラーが短期間に築いた帝国の土台とする商法の恥部をあますところなく掲載した。用意周到かつ徹底的な隠ぺい工作を図ったのは、この手法に対する罪の意識がロックフェラーにあったためなのだろうか。

ターベルは公官庁に残っていた関連の膨大な資料や証言集を読み解き、初期のスタンダード石油の業界の征服に向けた工作の全貌の解明に成功した。ここに記されている南部開発のリベートやドローバックを軸としたビジネスモデルこそがロックフェラー帝国の富の源泉でもあった。

記事に臨場感を持たせるためにこの章では、正装姿の七二年のロックフェラーやその片腕のフラグラー、チャールズ・ロックハート、鉄道経営者のコモドアー・C・バンダービルトなど記事に登場する九人の顔写真や、エリー湖南部の石油地帯の表示される地図のほか、クリーブランドのディレクトリー（住所氏名録）にロックフェラーが初めて登場したその写しも掲載している。九人は、いずれも頬などに髭を蓄えているのが印象的である。

3　一八七二年の石油戦争

◆組合の結成

第三章でターベルは、七二年二月に石油地帯で勃発したロックフェラーと独立系業者の血みどろの激烈な闘いを描いている。惨敗したもののロックフェラーは、最終的にクリーブランドの製油所の多数を傘下に収めた。「肉を切らせて骨を断つ」ということか。これを機に全米制覇が始まる。

誰もが仰天するロックフェラーの経営手法はこれまでの章で、既に何度も触れている前代未聞のドローバックであろう。製品の海外輸出などに関連して払戻税などとも訳される。

この章の場合は、リベートの一種で追加的な払い戻しである。ライバルの運んだ貨物に対するリベートの一種のドローバックを鉄道会社から巻き上げ、自分の懐に秘密裏に収めていたのである。カルテル、共同謀議、スパイ行為、詐欺……などの考えられるありとあらゆる悪辣極まる手法を駆使したのがロックフェラーである。

こうしたトラストの王者のビジネスの暗部を当時、人気随一の月刊誌マクルアーズが暴露し、人気をさらった。在ニューヨークの新聞王ピュリツァーやハーストなども労働者側に立つ新聞として社会悪の糾弾に当時、熱意を燃やしていた。

そうした決意があったかどうかは別にして、ターベルも調査報道でいわゆる〝Crusading journalism（キャンペーン・ジャーナリズム）〟を展開した。徹底的な隠ぺい工作、秘密主義で盤石な帝国を築いたロックフェラーにとっては、驚天動地の記事であっただろう。では反発したのか。暖簾に腕押し。反論することもなく無視し続けた。

市場の制覇を目指しロックフェラーらは南部開発構想をちらつかせ、脅しすかしでライバルに接近。「もはや勝ち目はない」と諦めさせ、売却か傘下入りの決断を迫った。この手法で、着々と業態の拡大を進めたのである。

読者の理解のため冒頭の小見出しをまず紹介しよう。

①南部開発会社に対する石油地帯の決起、②石油生産者組合を結成、③南部開発への加入者と関与した鉄道に対する供給遮断、④一八七二年の議会の調査と報告書の公表、⑤南部開発に対する一般的な非難と公の協議、⑥鉄道の担当者が石油生産組合の委員と協議、⑦ワトソンとロックフェラーは、会議出席を拒絶される、⑧鉄道は南部開発との契約を取り消し、石油生産者組合と契約を締結、⑨南部開発への封鎖が解除、⑩石油戦争が公式に終了、⑪ロックフェラーは、なおもリベートを受領、⑫壮大な計画は現存――。

戦いの構図は、ロックフェラーの影武者である南部開発、実質的には鉄道とロックフェラーの連合軍と石油地帯の独立系業者との対決である。

幼少期からこの地域で育ったターベルにとって、原油貯蔵用の木製の樽を業者向けに製造していた父も参加した男たちの戦いは、他人ごとでは決してなかった。当時一五歳の多感な少女は、父の友人たちが自らの仕事を守るため反ロックフェラーで団結し、行動を起こす姿を見つめていた。最終的には、連合軍の攻撃に敗退し、憤死した父を思いやる気持ちが記事の中ににじんでいるのは、ある程度は避けられないだろう。

連合軍と対抗するため独立系業者は、大同団結し、石油生産者組合を間髪入れずに組織する。組合は南部開発へ参加した業者への原油の供給をストップしたほか、生産量を自主的に減らして締め上げにかかる。これが奏功してターベルの父ら独立系業者らが勝利した。だが、それはつかの間の喜びに過ぎなかった。

◆アナコンダ

「鉄道が運賃を値上げするとの噂は、同二月中旬以降から石油地帯に流れ始めていた」との文章で、この章はスタートする。値上げは、利幅の薄い石油精製ビジネスを成り立たせなくなるばかりか、独立系業者が主体の石油地帯に壊滅的な打撃を与える恐れがあった。噂にはおまけがついていた。一部の業者には値上げが適用されないというのである。

新しい運賃は同二六日の地元紙の朝刊に掲載された。例外となるのが南部開発へ参加した業者という。危機感を抱いた独立系の中小の仲介人、採掘業者、石油精製業者ら三〇〇〇人は、早速、タイタスビルのオペラハウスで集会を開いた。「共謀者を倒せ」、「妥協はしない」、「降参しないぞ」。そんなのぼりが会場を埋め尽くしていた。

三日後には、近郊のオイルシティーで大規模な集会が開かれた。ターベルは、その熱気は「戦争のようでもあった」と記している。集会では、①石油生産者組合を結成、②業者支援のため日曜を含め六〇日間新しい井戸は採掘しない、③南部開発へ参加する業者には原油を販売しない――などを決議した。

反ロックフェラー陣営の活動は徹底していた。州議会へ代表団を派遣し、南部開発の設立認可書の破棄を要請するとともに連邦議会に対して同社が取引を妨害しているとして調査を要求。このほか、全米の裁判所の裁判官、上院議員、連邦と州の議員、鉄道の業者や大企業の幹部に書簡を送付し、大々的な攻勢に出た。悲願の無料パイプラインの敷設要請を議会に陳情。州都のハリスバーグへの一〇〇〇人のデモ行進も企画した。

業者たちは、南部開発を「巨大なアナコンダ（大蛇）」、「怪獣」などと呼んで気勢を上げ、ロックフェラーの策動をつぶす工作に、仕事そっちのけで没頭したのである。

構想の全貌が判明すると皆が仰天した。石油地帯からの運賃がマージン（利ざや）を超える二倍以上の引き上げとなっていたからである。そして、この値上げ分の大部分を鉄道会社が手にするわけではなく、南部開発が手に入れる段取りになっていた。

南部開発は、自社で石油を輸送する際にライバル業者に比べて一バレル当たり平均で、まるまる一ドルは安く輸送できるようになっていたばかりか、ドローバックとして、ライバルが輸送した石油についても同一ドルを受け取るようになっていた。一バレル当たり一ドル＋アルファのうま味があったのである。

連邦議会の調査委員会に出席した関係者は、運賃差別による収入は年間六〇〇万ドルに上る可能性があるとの試算を公表した。鉄道は、現行より一五〇〇万ドルの収入増を見込んでいた。差引の四五〇〇万ドルが連合軍に回る計算になる。これによって独立系の業者の卸売価格は一ガロン当たり少なくとも四セント値上がりする。

連邦議会の調査委員長は、「南部開発の成功は、傘下入りを拒むすべての石油精製企業の破壊を意味する」、「すべての生産者を一つの権力の下に置くことになる」、「誰も触れられない独占を形成することになる」と断言した。

独立系業者は屈服する考えは毛頭なかった。今こそ、リベート問題に決着を付ける時だと考えていた。鉄道による独占、運賃差別、リベート、ドローバックを厳しく断罪する組合はさらに、州際間の取引についての規制も要求した。窮地に陥った独立系業者をなだめるため鉄道は急転直下、新運賃の実施を見送った。

◆鳩首会談

組合と鉄道の会合が同三月二五日に、エリー鉄道の事務所で開催された。鉄道の幹部が集結するこの会合に、南部開発のワトソン社長に加えて、実質的な首謀者とみなされていたスタンダード石油の総帥ロックフェラーが参加を希望した。

この参加は、反対派を土壇場で説得し、強行突破しようとするロックフェラーの最後のあがきとみなされた。このため出席は、組合側に強硬に反対され、実現しなかった。

会合は、最終的に鉄道が南部開発と締結した協定の廃止と独立系業者の要望を盛り込んだ新しい契約を結ぶことで合意、契約書へも署名した。

内容は、①全輸送は生産者、精製業者など全業者が完全に公平に扱われる、②種類が何であれ、運賃の違いや差別をもたらすようなリベート、ドローバック、いかなる性格の取引も容認されない、③組合のトップの了解なしに値上げも値下げもしない――などを盛り込んだ。

鉄道会社は、同二八日に南部開発と結んでいた契約を無効にした。独立系業者はワシントンへ出向き、連邦議会の調査委員会に出席、グランド大統領と会談した。

大統領は、「独占の進行に気付いており、政府が介入し、独占から人民を守らなければならないと長い間確信してきた」と語り、関心を示していたことを明らかにした。

同五月に公表された委員会の最終報告では南部開発構想について、米国の経験したうちで最も巨大で衝撃的な共同謀議であったとする結論が示された。

これによって全米の石油市場の独占を目指す化け物、南部開発構想は崩壊し、独立系業者に勝利がもたらされたのである。だが、平安が訪れたわけでは決してなかった。

ロックフェラーは、お膝元のクリーブランドで南部開発の手法を応用して、わずか三か月の間に二六の製油所のうち二〇以上を既に手中に収めていた。

今回、独立系業者の緊密な結束力が連合軍のたくらみを首尾良く粉砕、その結果、公平さを重んじた鉄道はリベート、ドローバックなどの廃止を宣言した。だが、七年後、それが嘘だったことが判明する。スタンダード石油の大幹部のフラグラーがオハイオ州の委員会で、七二年四月から同一一月まで鉄道から秘密裏でリベートを受け取っていたと証言したからである。読者はここであらためてロックフェラーが業者間の信義をはじめとした公正や公平、正義、倫理などの理念が全く通じないビジネスマンであることを思い知るのである。

この章では、独立系業者との闘いで奮闘した一八七二年の若きジョン・D・アーチボルトとヘンリー・H・ロジャーズのほか、独立系業者から目の敵にされた南部開発の幹部七人や関与した六鉄道の名前が書き込まれた要注意人物の一覧表のチラシが〝ブラックリスト〟の名で掲載されている。

4　汚れた同盟

◆戦術転換

初戦で敗退したロックフェラーは、尻尾を巻いて退却したのか。この章では、捲土重来を期して再度、石油地帯の業者に戦いを挑んだ不屈の経営者像に触れることができる。冒頭に綴られた小見出しをまず紹介しよう。これでロックフェラーが並みの経営者とはかけ離れた、かなりの戦略家であることが理解できる。

①ロックフェラー一派は秘密ではなく公表の形で連合体を提案、②ピッツバーグ計画、③計画の主たる強みはリベートで石油地帯からは許容されず、③ロックフェラーは落胆せず、④三か月後に全米精製業者協会の会長に就任、⑤米石油精製業の五分の四の利益がロックフェラーへ、⑥石油地帯が決起、⑦生産者組合が、原油の値下がりに歯止めを掛けるため三〇日間の閉鎖と採掘停止を命令、⑧石油生産を統制するため石油生産者連合を組織、⑨ロックフェラーは敵対者より勝り、石油精製業者と生産者の連合を強要、⑩生産者連合と生産者協会は消滅、⑪全米石油精製協会は解散、⑫ロックフェラーは着実に勢力拡大――。

主導は鉄道、振り付けがロックフェラーによる市場制覇構想が水面下で再び推進された。石油地帯の業者はその内容を知る由もなかった。二度目の強硬な反対運動が展開される過程でその全貌が次第に明らかになり、怒りはさらに拡大した。

最初の敗北を教訓としたのか、ロックフェラーの次に繰り出した一手は、相手の不安感を少しでも和らげ、理解を得るため公開を旨とした。それによってライバルを抱き込み、市場の制覇を目指す戦術に転換したのである。

タイトルを、「Unholy alliance（汚れた同盟）」としたのは、本来、競争すべき間柄の石油地帯の中小の業者が、狡猾なロックフェラーの高等戦術に乗せられ、同盟を結ぶという思いがけない展開になったことを指している。平たくいえば、筋を通すべき独立系業者が利益に目がくらみ、ロックフェラーの甘いささやきに騙され、消費者不在の不公正なカルテルの締結に合意したということである。

価格の安定と収益の確保でロックフェラーが目指したのは市場の独占である。一〇〇％牛耳れば、値段は思いのままに決められる。損をすることもない。買手市場だから原料の購入でも叩かれることは一切ない。むしろ自分が優位に立てる。それは、リベートばかりかドローバックでさえも鉄道から吐き出させたロックフェラーの超一流の交渉力があればこそ。それを骨の髄から思い知るのである。

ロックフェラーは、今回もほとんど実態のない南部開発を軸に一気に攻勢に出たのである。クリーブランドでの買収に成功したロックフェラーが前回、石油地帯で涙を飲んだのはなぜか。その主因は、運賃表が事前に新聞に掲載されて表沙汰になり、公正さからかけ離れた悪辣なリベート戦術が事前に明るみに出たことに尽きる。分の悪さを悟った鉄道は自発的に契約を破棄し、退却した。

ロックフェラーも撤退したのか。そうではなかった。転んでもただで起きなかったのである。いや、むしろ、目指す市場の制覇に向けて、捲土重来、果敢なチャレンジを再開したのである。

◆底知れぬ野望

今回登場するのは、市場独占を諦め切れないロックフェラーが、石油地帯に対してあらためて持ちかけた計画である。「舞い戻ってきた」と判断した独立系業者は、反ロックフェラーで再び結束を固めた。これを見据えて、強行突破は取らずに、相手に合わせた柔軟な動きとなった。

得意のカルテル戦術を突き付ける。業者たちは目の前にいきなり美味しいニンジンをぶら下げられた。筋を通すのか、それとも実利を優先するのか。これによってターベルの言う〝汚れた同盟〟が生まれる直前までに至るのである。

前提としてなぜ、ロックフェラーが石油地帯にこだわったのか。ターベルはこう説明している。当時、石油採掘地は、ほとんどが米国。世界の石油産業の中心地も米国であった。灯油など精製油は欧州、アジアなどへ輸出されていた。

石油精製の中心地は、原油の採掘される石油地帯、クリーブランド、ピッツバーグ、フィラデルフィア、大消費地の控えるニューヨークなどであった。クリーブランドを制覇したロックフェラーは、第二の石油精製地である石油地帯を照準に据えた。目指す市場独占で、石油地帯は避けて通れない地区なのである。

ターベルは書き出しを、ロックフェラーと南部開発の幹部が、タイタスビルに突然姿を現したシーンからスタートさせている。

それは、一八七二年の石油戦争でのロックフェラーへのリベートを軸とした鉄道会社の差別運賃の撤回後、二か月程度経過した五月で、軒を連ねる採掘業者、石油製品を扱う業者を、廊下トンビならぬ、事務所から事務所へ、通りの隅から隅までを回る戸別訪問を開始した。それは数日間続いた。

「皆さんは私たちの意図を誤解しています」、「これは、ビジネス救済のためであって、破壊ではありません。だからここに来たのです」、「石油業界に秩序なき競争があるのはご存知でしょう。連携すればどうなるのか考えてみましょう」、「実験してみましょう、それだけです。機能しなかったら、その時は、元のやり方に戻ればいいだけです」。

愛想を振り巻き、説得に当たった。不屈の精神である。もっとも、ターベルが後年、タイタスビルを訪れ当時の様子を業者に取材したところでは、説得に当たったのはその他大勢で、ロックフェラーは顔を出すには出したが、ほとんどしゃべらなかった。顔に手をやり、揺れるロッキングチャアーに体をうずめていた。

幹部らは、「直ちに計画に参加し、値段の是正のため早急に連携、他の業者の参入を阻まなければ、ダメになってしまう」と熱心に語り掛けた。

当時、米石油精製業の五分の一を支配していたロックフェラーは、残りを傘下に収め、市場を支配する盤石な体制を構築するとの底知れぬ野望を持っていた。

独立系業者への説明会を開催し、ピッツバーグ計画と命名した新しいスキームを五月中旬に公表した。説得工作が終了した三か月後の七二年八月、計画は動き出した。計画は暫定的だとして、優れたアイデアがあれば、受け入れるとも言明していた。

ロックフェラーは自分が会長の全米精製業者協会を設立した。これは、拒否していたリベート制度の復活を意味すると察知した独立系業者らは、対抗するため石油採掘業者連合を間髪入れずに設立した。昨年と同じく、両者の激突である。独立系業者の間では直ちに六か月間の新規採掘の中止の指令が発表された。石油地帯の多くの業者は、これに署名した。

協定破りを摘発するための自警団も創設された。強制力を持たせるための三〇日間の油井閉鎖が提案されるなど矢継ぎ早にロックフェラー追い落としのための方策が打ち出された。

◆陽動作戦

「奴隷には、決してなってはならない」。石油地帯の原油を支配する独立系の採掘業者連合と精製部門の独占を目指すロックフェラー陣営とのにらみ合いがしばらく続いた。

採掘した原油を独占する業者は、原油を一バレル当たり四・七五ドルの高値で購入するよう迫った。原油が手に入らなければ石油精製業者は干上がる。結束が固いと見たのか、購入に応じる姿勢を見せた。歩み寄りによる〝汚れた同盟〟の形成の胎動である。

ターベルによると、業者による新組織の成立は、市場独占を夢見る総帥には脅威と映った。この策動を、何としても未然に鎮静化させなければ、二度目の敗北となる。

意気軒昂な業者の思惑とは裏腹に、高値は続かなかった。採掘業者の協定破りが続出し、再び生産過剰となっていた。石油地帯はその後も生産が続いており、採掘停止により生産量を需要に近付ける業者の努力はほとんど効果がなかった。精製業者へ売れずに余り貯蔵されたタンクは原油であふれ返っていたのである。

機を見るに敏なロックフェラーが小躍りしたのはいうまでもない。採掘業者に原油購入を提案した。これは圧倒的多数で承認された。興味深いことに、締結された協定の中には、精製業者は鉄道から一切、リベートを受け取らないとの条項が盛り込まれていた。

だが、ターベルによると、これはいつもの騙し戦術で実際には、裏でリベートを受け取っていた。お人好しの採掘業者らはまんまと騙されていたのである。

提携は当初は、精製業者側が一バレル当たり三・二五ドルの高値で二〇万バレル購入する要望を出すなど順調に進んでいた。だが、数か月経過すると、生産過剰を理由に買いたたきが始まった。提携は急転直下、空中分解。採掘業者は共倒れとなり、原油も値崩れした。ロックフェラー側の完全勝利である。格安の原油を入手できたこの年のスタンダード石油の利益は、凄まじく三七％の高額配当を実現した。

ロックフェラーは市場制覇に向けて、着々と駒を進めた。製品の円滑な輸送を実現するために鉄道用のタンク車を揃え、驚くべきことに独立系業者の輸送に揺さぶりを掛けることが可能なニューヨークのターミナル施設の支配権も取得した。この施設の支配権獲得はその後に相次いだ独立系業者の輸送を妨害する決定的な契機となるのである。

初戦に敗退したロックフェラーは、初めは、負けたと見せかけて土壇場で採掘業者を屈服させた。結束の危うい業者たちの脆弱性を知り尽くしていたからである。以降、業者らは、じりじりと後退を余儀なくされる。この章には同盟に関わった八人の人物の顔写真が掲載されている。

5 トラストの基礎を構築

◆倫理なき経営

勝利を収めたロックフェラーの市場制覇へ向けた暗躍はなおも続く。第五章の小見出しは以下の通りである。①協定が署名された三月二五日の直後にリベート復活の証拠、②公共交通機関の義務に反して大量の荷主が少量の荷主より有利に扱われる原則が完全に確立、③東部への輸送で三鉄道の割合を固定する協定を作成、④石油地帯が地理上の優位性を失う、⑤ラッター書簡、⑥ロックフェラーは今や石油精製を個人的に支配する夢の実現を秘密裏に計画、⑦中央協会の組織、⑧ヘンリー・H・ロジャーズが計画を妨害、⑨ロックフェラーは、石油精製業者の連携を密かに成功裏に提案、⑩リベートが武器、⑪統合は説得か力で、⑫動きに対処するため連携して努力し、より多く協議する――。

ターベルはこの章で、市場支配に向けたロックフェラーの再始動をあらためて取り上げた。従来通りの倫理観などに一切こだわらない血も涙もない経営手法である。

「資本主義の揺籃期だから仕方がない」との見解もあろう。だが、善良な中小の業者は、当時でさえも山ほど存在しており、裏をかかれて地団太を踏み、石油地帯から去った、とターベルは、強調している。

一八七二年に採掘業者と精製業者らが結んだ生産量規制などの協定は、現在では違法のカルテルである。ロックフェラーが一敗地にまみれた同三月の鉄道三社とのリベートを一切認めないなどを盛り込んだ協定の成立によって石油地帯の業者は、リベートはもちろんドローバックなどもの裏取引は、すべてなくなったと誰もが信じ込んだ。

だが、ロックフェラー、鉄道とも、協定を完全に無視した。鉄道は率先してリベートを提供し、ロックフェラーは罪悪感もなく受け取っていた。これは、スタンダード石油の幹部ヘンリー・フラグラーが後年行った議会証言で明らかになっている。証言によると、同四月一日から一一月一五日まで一バレル当たり二五セントのリベートを受け取っていた。

鉄道のトップであるバンダービルトらは、同三月の石油採掘業者との間で、「すべての輸送業者、採掘業者、精製業者は、完全に平等で、リベートやドローバック、その他のいかなる種類のものも作成あるいは容認されるべきではなく、運賃のわずかな差やいかなる種類の差別もあってはならない」との協定に署名した。その裏で、ロックフェラーに同二五セントを供与する協定を結んでいたのである。

なぜ、こうした二枚舌を使ったのか。それは、「既に巨大企業に膨張していたスタンダード石油の巨大な貨物の輸送を扱えることが、何よりもうま味だった」とターベルは指摘している。その裏には、企業倫理の欠如、「秘密にしていれば誰も分からないさ」との高をくくった巨大企業特有の厚顔無恥の傲慢な態度が当然あるだろう。

スタンダード石油の扱う量は、一日六〇台の貨物、四〇〇〇バレルを超えていた。数バレル、数一〇バレルの中小とはわけが違う。であれば、石油専用列車を毎日走らせることができる。クリーブランドからニューヨークまでの貨車輸送がこれまでの三〇日間から一〇日に短縮可能となる。貨車に対する投資は、この協定で、同じ量の貨物を複数の顧客がバラバラに依頼した時と比較して、約三分の一に減らすことができる。

ターベルは、リベートを差し出さなかったらセントラル鉄道は、間違いなくスタンダード石油の貨物の運送からは外されたであろうし、断れば、エリー鉄道やエリー湖を経由した船舶によって運ばれたであろうことは間違いない、といい切っている。

利にさといロックフェラーは、エリー湖を使った船舶による運送手段への代替をチラつかせた。手玉に取られた鉄道三社は、進んでリベートとドローバックを提供した。鉄道は、スタンダード石油の荷主になりたいがために、より多くのリベートとドローバックを提供する蟻地獄に吸い込まれていく。まさに自滅の構図である。とばっちりを受けたのが、ターベルの父や弟を含む独立系の業者であった。この蟻地獄に自ら率先して飛び込んだのがエリー鉄道でもあった。

バンダービルトのセントラル鉄道に比べて弱小のエリー鉄道は、スタンダード石油の貨物の半分を輸送する協定を七四年四月に締結した。決め手となった運賃の規定を、「競合する西方の石油精製業者がニューヨークへ貨物を運ぶ際に、ライバルの鉄道が提供するより高くない運賃」と定めていた。最安の料金を提示するという破格の扱いである。

さらには、ニューヨーク近郊に保有する石油のターミナル施設を無料で貸し付けることも提案した。ターミナルを自由に使えることでロックフェラーは、予想以上のメリットを得られた。ライバル社の貨物の全情報をスパイできたのである。これが独立系業者の輸送を妨害し、干上がらせるまたとない機会をもたらした。

ライバル社の動向がすべて手に入れば、競争する際にゲームを有利に進めることができる。これ以上のものはない。トランプのポーカー・ゲームで、相手のカードを見ながら勝負するのと同じである。負けることなど一切考えられない。

機密情報の活用で、ライバルのビジネス、特に、輸送を邪魔する妨害行為にまで手を染めることになった。その犯罪性と反社会性を示すこれほどの例は、かつてあっただろうか。鉄道と組んで中小業者を市場から追い出し、あるいは叩き潰し、市場独占へと向かった。

同九月、三鉄道は、大消費地であるニューヨークなどへの輸送の割合についてカルテルを締結した。新運賃体系は、どの地区から運んでも同一という現在のビジネスの常識からは、到底考えられないとんでもない内容であった。スタンダード石油および傘下の業者に対し、クリーブランドからニューヨークなどへ運ぶ際に不利にならないよう鉄道は、最大限の利便を図った。羹に触るように、スタンダード石油の利益を最優先するルールを差し出していた。まさに、王様扱いである。

ロックフェラーが考えたともいわれる、ニューヨーク・セントラル鉄道のジェームズ・ラッターが同九月に出した書簡（Rutter circular）に盛り込まれた新運賃協定についても触れている。石油精製油の東部への輸送で一バレル当たり五〇セントの値上げを盛り込んでいた。だが、ロックフェラーに配慮して、クリーブランドやピッツバーグからの輸送だけはすべて値上げが除外されていた。

書簡は、すべての業者を平等に扱うと規定していた。内実は、石油地帯の業者を狙い撃ちした差別的な運賃だった。これによって石油採掘地に近いという石油地帯の業者の地理的優位性は完全に消し飛んだのである。

◆決定的な権力

ロックフェラーは新段階への突入を宣言する。一八七四年一〇月、石油精製を手掛けるチャールズ・プラッツ・アンド・カンパニー社を買収した。これによって悲願のニューヨーク進出を果たした。ただし、買収は極秘であった。

一九世紀末人口が二〇〇万人を突破したニューヨークは、米国の三大石油精製地のひとつとなっていた。拠点の確保はロックフェラーの次なる野望の実現に向けた第一歩でもあった。そのための増資も断行した。

七五年三月には、石油精製業者による別の組織の中央協会（Central Association）を立ち上げ、ロックフェラーが会長に就いた。加入を希望する会社は、期間を区切って自社の設備を協会へ貸与する。協会のトップであるロックフェラーは、協会をひとつの会社として購買量、生産量、鉄道運賃やパイプラインの使用料金を決定した。これはまさに、七二年の石油戦争で登場した南部開発の生まれ変わりである。ターベルは、「石油地帯だけが協会の本当の意味を知っていた」と指摘している。

ターベルは当時、チャールズ・プラッツ社に籍を置き、後にスタンダード石油の重鎮となるヘンリー・ロジャーズがニューヨーク・トリビューン紙の記者に対して語った解説を引用している。やや長くなるが掲載しよう。

「米国には、ピッツバーグ、クリーブランド、油田地帯など五か所の石油精製地があった。ピッツバーグでは、値段の安い原油が入手できるなど各地にメリットがあった。ニューヨークが最高のマーケットであった。石油は需要に対して供給量が三〜四倍も多く、製油所がフル稼働すれば、在庫が山のように積み上がる。ビジネスは普通ではなく、ムラがあった。マーケットが活発な時は忙しく、皆繁栄を享受していた。二年前に石油精製業者が組合を組織しようとした。利益は共有できず、協定は守られなかった。今の動きは、その再来なのである。多くはこの動きを歓迎している。投資した資本を守りたいのである。減産で合意できれば、マーケットは皆にまあまあの利潤をもたらしながら調整できよう。油の値段は現在一ガロン一五セントだが、二〇セントになるだろう」。

ロジャーズは、当時の米石油産業の構造とその脆弱性を的確に指摘している。石油産業がはらむその弱さを素早くから見抜いたロックフェラーは、値段の乱高下でリスクの高い、いわゆる原油を採掘するアップストリーム（川上）部門には進出せず、市場がコントロールしやすい中流部門以下のダウンストリーム（川下）部門の掌握に努めた。この部門の支配者になることで高い利益を上げられると考えていたのである。

実際はどうだったのか。石油地帯の業者は、値段が安くなれば需要が増えると主張し、こうした見方を頑として受け付けなかった。もっとも、「利益が少なくなることは甘受しなければならない」と自覚していたようである。

ターベルは、長年この世界で生きてきた石油精製業者の発言を引用し、「最も重要な点は、中央協会の役員会が、原油および精製油の輸送などに関与し、鉄道会社との取り決めで、独占的な力を持つことになった点にある」と指摘している。つまり、リベートをベースとした特別の割引料金を勝ち取るためにロックフェラーが会長を務める役員会がすべての取引に口を挟むことを可能にしたのである。自由を重んじる独立系の業者は、当然参加を拒否した。いずれにしろ、協会を結成したロックフェラーの狙いは、原油の値下げと精製油の値上げによる利益の増大であった。うち、最大のポイントは、大消費地である東海岸への輸送で自らに最も有利な差別的な鉄道運賃を設定させることであった。生産量の九割を押さえる協会は、石油産業の輸送で新しい姿をもたらした。運賃の交渉で、そのトップのロックフェラーに決定的な権力を付与した。その圧力を感じたのがペンシルベニア鉄道で、一〇％のリベートを要求された。

鉄道らは、七四年に取り決めた鉄道運賃を協議するための会合を開催した。その場で、エリー鉄道は、ライバル二社が一〇％のリベートを提供していたことや、スタンダード石油が約束していた貨物の割り当てが契約通りの五〇％ではなかったことを知って愕然とした。騙されていたことが分かったのである。ロックフェラーは、鉄道の特別料金の設定によって驚くべき力を保有しつつあった。

独立系として自由に仕事ができるという選択を上位に置き、悪い習慣だとしてリベートを受け取らない中小業者をロックフェラーは理解できなかった。ライバルを潰すためしつこいほどの安値販売を仕掛け、ことごとく勝利した。

貨物ターミナルを確保し、鉄道から情報を提供させることができたことで、強圧的な手段も採用した。ライバル会社の原料である原油や輸送のための貨車を入手できないように妨害した。原料がなければ設備は動かせない。製品を消費者へ届けることができなければ収入はない。ターベルは、「独立系業者は、首根っこをロックフェラーに握られているとの心理的な圧迫感をさらに深く感じることになった」と指摘している。

◆J・D・アーチボルト

「一八七五〜七九年のオイルクリークでの石油精製史は異様である」。ターベルはこう書いている。当初、二七の設備が良好な状態で稼働していた。七三年に需要が拡大、特に輸出は七二年にほぼ倍増した。七四年は前半は不況だった。ラッター書簡によって輸送費が値上がりし、独立系業者の活動は厳しくなった。製品輸送のための貨車も入手できず、中小業者の市場は、ライバルへ渡っていた。七五年、ロックフェラーの命を受けて、タイタスビルにヤリ手の若きJ・D・アーチボルトが登場した。独立系業者の吸収を狙って精力的かつ積極果敢に活動を開始した。誰もがスタンダード石油の影武者と睨んだが、証拠はなかった。

タイタスビルのほとんどの独立系業者が七八年までの三年間で売却あるいは、廃業か系列入りの決断を迫られた。不承不承、傘下入りする会社もあった。ターベルは、そうしたいきさつを書いている。この四年間で石油地帯のスタンダート石油系以外の会社は、すべて消えてしまった。この間の出来事は、この地区に住む人間に忘れることのできない深くて醜い傷跡を心に残したのである、とターベルは、書き記している。

原油の輸送で運河を利用していたピッツバーグでも同じような事案が発生していた。独立系のパイプライン業者がピッツバーグまで原油を運ぼうとした。そのためには、ペンシルベニア鉄道の線路の下にパイプを敷設しなければならない。この敷設の許諾を求めたところ鉄道は拒否。両者の間の小競り合いが勃発した。最終的に、独立系は鉄道に屈服せざるを得なかった。

原材料の入手などで中小業者は妨害され、結局は、スタンダード石油の軍門に下ることを余儀なくされた。その結果、二足三文の値段で工場を買い叩かれ、売却する業者も現れた。市場制覇を目指すロックフェラーの隠密行動は、いよいよ苛烈化していく。この章では、四人の登場人物のほか、当時の様子を伝えるため石油地帯の運河に浮かぶ大量の石油樽を撮影した写真が掲載され臨場感を高めている。

6　基盤の強化

市場支配のためロックフェラーが、原油および石油製品の輸送網を完全掌握するまでの奮闘をまとめているのがこの章である。大衆に広く車が浸透する以前のこの時代、かさの張り重量のある石油の輸送手段は鉄道やパイプラインに限られていた。

輸送網を握れば、ライバル業者の製品の販売や生産に圧力を掛けることができる。それは、工場で製品製造に必要な原材料の輸送を制限できるし、消費者へ製品を届ける末端の販売店への輸送も妨害できるからだ。それによって市場に供給される製品の生産量を絞れば、値上がりし、安定的な収益を確保できる。そう考え、全力を挙げていたのである。

実際ロックフェラーは、鉄道を傘下同然に置き、これを自由に操り、ライバル勢の動きを妨害した。四面楚歌に立たされた独立系業者は、傘下入り、あるいは市場からの撤退を迫られ、市場独占を拡大させることに成功したのである。

ターベルがこの章で暴露したのは、スタンダード石油の傘下に置くため手ひどい仕打ちを受けた石油精製業者の未亡人を筆頭とする哀れな被害者らの姿である。これによって無慈悲で残酷なロックフェラーの人物像が形成された。未亡人は後の調査で、バッカス夫人と特定された。ここでは、バッカス夫人の名前で取り上げる。

もっとも、ターベルの取り上げた未亡人に対する仕打ちについては、ロン・チャーナウが自著『タイタン』などで、「ターベルの間違い」、「通常の商取引で、ロックフェラーに落ち度はない」などと主張している。ターベルに痛いところを突かれたのか、ロックフェラーは自伝の中で、「The Backus Purchase（バッカス社の買収）」のタイトルを設け、夫人との書簡などを掲載し、全九七ページの自伝うち、八ページを割いて反論している。

◆ 鉄道のリベート

レジュメを見てみよう。①最初の州際通商法案、②スタンダード石油の奮闘で法案は握り潰し、③独立系業者は、パイプラインの建設提案で救済を模索、④最初の東海岸へのパイプライン計画、⑤スタンダード石油、鉄道の反対や経営の失敗で計画はとん挫、⑤エンパイア輸送会社の発展と石油精製ビジネスとのつながり、⑥スタンダード石油、エリー鉄道、セントラル鉄道とエンパイア輸送会社およびその後ろ盾のペンシルベニア鉄道との戦い、⑦ペンシルベニア鉄道は、最終的に、厳しく高くついた戦いの末に断念、⑧エンパイア鉄道は、スタンダード石油へ売却、⑨石油地帯のすべてのパイプライン・システムは今やロックフェラーの手に、⑩四鉄道会社間の新しいプール制、⑪ロックフェラーは、他人の輸送に課すドローバック制をスタート、⑫ライバル社吸収の作業を直ちに開始――。ターベルは冒頭に、前章に登場したスタンダード石油の隠れ蓑、中央協会の役割について、「ライバル社を統制下に置くか、業界から追い出すかの役割を果たしている」と説明している。

州際通商法案とは、州をまたがって輸送する鉄道料金に秩序を持たせるための規制を目的としている。鉄道から秘密裏にリベートを受け取るロックフェラーにとっては、自らの富の源泉を奪う許しがたい法案である。スタンダード石油はあらゆる努力を傾注し、この法案阻止に走った。

石油の大量輸送はこの時代、鉄道に頼っていた。大陸間横断鉄道に代表される全米の鉄道網を整備する際に、鉄道は、土地の提供や補助などさまざまな特典を連邦政府や州政府からを受けていた。ところが、公共機関の名とは裏腹に、鉄道は裏で大口利用者に巨額のリベートを提供し、事実上の運賃差別をするなど不透明な部分があまりにも多過ぎた。こうした横車を通す企業に厳しい規制を掛けるべき政府は弱体で、自由放任に名を借りた横暴が許される無法地帯と化していた。

このうま味をたっぷり吸ったのがロックフェラーであった。差別された業者らは、各地でその理不尽さに憤っていた。過当競争の鉄道の弱みを知り尽くしたロックフェラーは、鉄道を揺さぶり、運賃差別を強要し、巨額のリベートを受け取っていた。これをテコに競争で優位に立ち、独立系の弱小業者を締め上げ、独占を推し進めた。

「リベートがなければ、フェアーな競争が行われ、ロックフェラーが比類のない野望を実現できたかどうかは疑わしい」というのがターベルの持論でもあった。

ロックフェラーがトップに就いた石油精製業者をメンバーとする中央協会について、会員たちの疑心暗鬼は募っていた。目的やスタンダード石油との関連さえも不明だった。協会と鉄道三社との関係についての秘密協定はもちろん、巨額なリベートについてメンバーは、一切知らされていなかった。

スタンダード石油に対する議会の調査は、石油地帯の独立系業者とロックフェラーが対峙していた〝一八七二年の石油戦争〟の当時も続いていた。同時に、州際通商法を創設する機運が盛り上がっていた。スタンダード石油の節操のない行動に規制が掛かるかに見えた。独立系業者もそれを大いに期待していたのである。

連邦議会上院のウィンダム委員会は、七四年に報告書をまとめている。その中で、委員会は、「すべての運賃やドローバックなどは、その地点で公表されるべきであり、適切な告知なしには課されない」とした。だが、それが実現したのは、三〇年後のことだったのである。

委員会はさらに、報告書の中で、「信頼を保持し、効果的な鉄道間の競争を確保する唯一の方法は、国あるいは州による所有などによってである」と、問題の本質を既に的確に指摘していた。だが、州政府は、動くことは一切なかった。ロックフェラーは、部下らに対し証言に応じてはならないなどの指令を下し、法案成立の阻止のために徹底的に抗戦。それが奏功し、棚上げとなった。政界工作も抜かりなくやったことが推定される。

運賃規制に対する石油精製業者の関心は、ゼロというわけではなかった。だが、リベートの絡む鉄道を利用せずに、パイプラン建設へ関心がむしろ向いていた。それは、原油の採れる石油地帯からスタンダード石油の本拠で石油精製業の盛んなクリーブランドまでの原油輸送で、同陣営を差別的に厚遇する扱いが既に始まっていたこともあった。パイプラインでの輸送ができれば、鉄道の差別運賃などは無縁となる。構想への期待は俄然膨らんだ。

◆パイプライン騒動

その第一弾がコロンビア導管パイプラインであった。ペンシルベニア州のバトラー地域で採掘された原油をピッツバーグへパイプランで輸送し、それを東方のボルチモアへ延長させる計画である。ロックフェラー陣営の参加はもちろん拒んだ。

これに立ち塞がったのが鉄道である。妨害する行動に出た。実現すれば、輸送はパイプラインがメインとなり、鉄道が甚大な影響を受ける可能性が大きかったからである。地元自治体の許可は得られたが、ペンシルベニア鉄道は、線路の横断を認めず、行く手を阻んだ。武装要員を出動させ、パイプラインを破壊した。

この結果、当初の構想は実現せず、計画はタイタスビルの三人の業者に引き継がれた。三人は鉄道の妨害を乗り切るため、いったん石油タンクに貯め、それを馬車で運び、再度パイプラインへ流すという面倒な方式を採った。これでは効率性が落ちるのは否めない。最終的には、州議会は法案を否決し、計画の望みは絶たれた。万事休すである。

山を越えてボルチモアまで輸送する構想も登場した。実現すれば、スタンダード石油陣営との決別である。危機感を抱くロックフェラー陣営は、地元マスコミを巻き込んで徹底的に妨害した。

ロックフェラーの意向に沿って農家向けの地元新聞は、「油がパイプから漏れて土地が汚染され、飲料水のほか、家畜や提供する乳製品に影響が出る」として絶対反対の論陣を展開した。

構想を進めるペンシルベニア鉄道系のペンシルベニア・トランスポーテーションの経営にも矛先が及んだ。粉飾決算の噂が流れた。実際に調査が入ると、乱脈経営が明らかとなり、急転直下、計画はとん挫。ターベルは、これもロックフェラーの陰謀と睨んでいる。

ロックフェラーに反旗を掲げる鉄道も現れた。当時全米で最高の利益を上げていたペンシルベニア鉄道の傘下のエンパイア鉄道である。ターベルは、両者の中で発生した血を血で洗う冷酷な戦いを詳細に描写している。

ポッツ大佐が社長の六五年創設のエンパイア鉄道は、ターベルによると、八〇〇キロメートルのパイプラインや一〇〇〇の石油輸送の貨車、配送所を保有するなど全米で最も優れた石油輸送会社であった。

一帯の石油精製会社がスタンダード石油の傘下に次々と入る姿を見て大佐は、「最終的には、自分の会社を利用する製油所がなくなるのではないか」との危機感を抱いた。実際大佐は、「石油事業には、生産、輸送、販売部門があり、このひとつでも絶対的に支配する団体が現れれば、他の分野も明らかに支配できる」と語っていた。

このため、輸送業とは別の石油精製への進出を七六年春に決意した。ロックフェラーはこの策動に気づき、「エンパイアは輸送会社だったはず」、「フェアーではない」と激高。両者は、〝全面戦争〟へ突入した。市場制覇に向けた天王山と見たロックフェラーは、全精力を挙げて、二社連合を叩きのめす殲滅作戦に出る。ターベルは、激突の様子を大佐の議会証言を引用し、再現している。

ライバルのエリー鉄道とセントラル鉄道の支援を受けたロックフェラーは、「手を引かない限り容赦しない」と系列のペンシルベニア鉄道への石油の輸送委託を突然打ち切った。

ロックフェラー支援のため二鉄道は、顧客のリベートを拡大、実質的な運賃引き下げを断行した。対抗上、ペンシルベニア鉄道もリベートの増額を余儀なくされ、莫大な損害を被る。

価格競争も仕掛けてきた。エンパイア陣営が油を販売すると、スタンダード石油は、それ以下の値段を提示し、販売を妨害した。エンパイア社が、原油の購入に動くと、スタンダード石油は、それ以上の高値を付けて横取りし、徹底的に干す戦術に出た。料金競争は激化する一方。フィラデルフィアへ運ばれる原油の量は、三分の一まで激減していた。

来る日も来る日もこうした戦いは続いた。徹底抗戦のためスタンダード石油は、戦時予算を組んでいたのである。垂れ流す赤字に耐えきれずペンシルベニア鉄道は、夏になると屈服を選んだ。ロックフェラーは、この瞬間、ペンシルベニア鉄道を傘下同然に置くことに成功したのである。

これを受けてスタンダード石油は、製油所とパイプラインとの包括買収を大佐に提案、三四〇万ドルで合意した。エンパイア社のパイプラインおよび車両を手中に収めた結果、ロックフェラーは、すべての鉄道会社に対し支配的な立場に立つことになったばかりか、全米最大の石油輸送会社に躍り出ることになったのである。

これは、当時の大量輸送の要である鉄道を意のままに操る地位にのし上がったことを意味した。これにより、地域の輸送網の完全な支配体制の構築に成功、独立系の業者でさえも、ロックフェラーの同意なしには一バレルさえ輸送できなくなったのである。

ターベルは同時に、輸送網の制覇の完了した一〇月中旬の四か月後のドローバック制度のスタートも暴いた。これがさらなる巨額の利益を保障する契機となるのである。

ロックフェラーによる輸送網の支配体制が構築された結果、独立系の精製業者にとってゆゆしき事態が訪れた。原油を確保できないという懸念が浮上した。

ターベルはそこでハント未亡人などの石油精製業を手掛ける経営者を登場させた。その気はなかったが、それまで計上していた利益の半分程度で、工場を貸し付け、スタンダード石油へ経営を任せざるを得なかったケースなどを挙げている。

◆バッカス夫人

包囲網を敷き、四面楚歌に追い込むという冷酷な手法で市場拡大を進めるロックフェラー戦術の路線のひとつとして冒頭に述べたように、バッカス夫人経営の潤滑油工場を買収したケースを挙げている。夫から引き継いだ未亡人の会社を二束三文で買い叩き、傘下入りを実現させた事案である。

このケースは、ロックフェラーのお膝元クリーブランドであった七八年の事案である。ターベルの著書では、B夫人と名前は伏せられていた。ターベルは、夫人の宣誓供述書を引用して、取引の経緯を説明した。

一八六〇年から石油ビジネスをスタートした夫は、七四年に死亡。夫人は、三人の子供を抱えて製油所を経営、年収二万五〇〇〇ドルを得ていた。七八年一一月にスタンダード石油と交渉、夫人は二〇万ドルを請求したが、支払われたのは、その半分以下の七万九〇〇〇ドルだったというのである。

夫人は「ロックフェラー氏は、目に涙を浮かべて、この取引では夫人の側に立つと確約してくれた」、「悪いようには扱われることはないともいってくれた」、「だが、ロックフェラー氏の約束は何ら果たされていない」などと証言していた。ロックフェラーの夫人宛ての手紙が併せて掲載されており、その不誠実さをなじっている。

主張に対し、ロックフェラーは事例を挙げて反論した。だがターベルは、夫人の会社の三～四万ドルに上る年間収入に対し、支払われたのは、約二倍の七万九〇〇〇ドル。不当に安かったとの判断を示している。いずれにせよ、市場制覇に向けた相変わらずの詐欺的商法がここでも発揮されたといわんばかりの描写である。読者は、ロックフェラーへの血も涙もない商法にあらためて反感をたぎらせることになった。なおこの章では、登場人物の理解のためロックフェラーとの死闘を演じたジョセフ・D・ポッツなど四人の写真を掲載している。

7　一八七八年の危機

◆採掘業者との二度目の戦い

石油地帯の採掘業者との攻防が、第七章でまたしても展開される。盾突いたエンパイア鉄道、ペンシルベニア鉄道連合を完璧に成敗し、これによってすべての巨大鉄道を意のままに操る権力者に上り詰めたロックフェラー。絶大なパワーをテコにさらなる進撃を開始した。

残るのは、唯一、意のままにならない石油採掘業者である。足元にかしずかせ、自由に操るためにロックフェラーは、どのような残酷かつ理不尽で、倫理にもとる鞭を振り下ろしたのか。血も涙もない焦土作戦に出た一八七八年前後の動きをターベルは、扱っている。

採掘業者が虫けらのように蹴散らされて、奈落の底へ転落する過酷で惨めなストーリーのタイトルをターベルは「The Crisis of 1878（一八七八年の危機）」と名付けた。

精製部門を掌握し値段をコントロールすることはできても、製品製造のためには原料の原油を入手しなければビジネスにならない。これが思うにまかせない。高い収益を目指すのであれば、原油の値段を思う存分に買い叩き、最高の収益を上げる体制を整備する必要がある。もっともそれが長期的に続くはずはなかった。

アップストリーム部門への深入りを当初、避けていたロックフェラーは、その後は、同部門への進出を加速させることになる。

前半は、ロックフェラーの支配を嫌う採掘業者とのパイプラインの敷設をめぐる戦いであり、後半は、これまで何度か触れたことのあるロックフェラーのビジネスモデルの原型、南部開発の詳細な分析である。

小見出しを見てみよう。①石油の興隆、②輸出の封鎖、③生産者らは、利益の分け前を得られず、④石油生産者組合を密かに組織、提案された独立系パイプラインの支持を約束、⑤ワシントン（連邦政府）で別の州際通商法案が否決、⑥即時出荷、⑦独立系は、貨車の入手でトラブル、⑧暴動の前兆、⑨州知事に嘆願、⑩ユナイティド・パイプライン、ペンシルベニア鉄道などに対する訴訟、⑪他の州での調査、⑫ヘップバーン委員会とオハイオ州の調査、⑬スタンダード石油が南部開発の延長であるという証拠、⑭生産者は、結局、スタンダード石油を提訴、⑮ロックフェラーと八人の仲間が共同謀議――。

タ－ベルは冒頭で、「一八七八年の明ける頃までには、ロックフェラーは、石油精製の分野で、いかなる深刻なトラブルを恐れる必要がもはやなくなっていた」と市場独占をほぼ完遂したとの認識を示している。

ペンシルベニア鉄道系のエンパイア社の策動を完璧に封じ込めたことで鉄道が石油精製に進出する心配は、既になくなっていたという事情もあるのだろう。パイプライン敷設も難しく、スタンダード系以外の精製業者は、この時点で廃業か、ロックフェラーの傘下入りかを判断するのは時間の問題となっていた。ただし、石油採掘業者は別だった。それがロックフェラーの目の前の目障りな〝たんこぶ〟として残っていた。

七六年夏、在庫不足で原油価格が高騰した。それまで一バレル当たり一ドル台だったのが三ドル台へ。製品価格も値上がりした。あまりの高騰に輸出業者は取引に慎重姿勢を示した。

高値維持のためにスタンダード石油は、設備を休止し、生産を絞るとの噂も流れ、マスコミは、高騰について、〝石油の陰謀〟などと書き立てた。これに対しロックフェラーは、石油の高値は、一般大衆の支持に値し、「輸出業者は、値段を受け入れるべきだ」といい放った。輸出業者は最終的には折れ、提示される価格での購入を余儀なくされた。

業者たちは、反ロックフェラーで結集した。だが、反旗を翻したペンシルベニア鉄道連合がロックフェラーに完敗したことの独立業者に与えた影響は大きかった。立ち上がっても勝ち目はほとんどないと悟ったのである。しかも、独立系が依存していた頼みの綱のエンパイア社のパイプラインは、スタンダード石油へ既に売却されていた。

採掘した原油の販売はどうなるのか。冷酷な詐欺師に再び翻弄されるのか。石油地帯のショックは大きく、それは七二年の石油戦争の再来でもあった。

業者たちは、鳩首協議を重ねた。かつてのように生産者組合が組織された。七七年一一月に第一回の石油議会が招集された。一七二人の代議員が出席した。二〇〇〇人以上が顔を出し四日間開催され、情報は外に漏れることはなかった。一二月に第二回の秘密会が開かれた。

この結果、東海岸への輸送手段を全力で確保する決議をした。ロックフェラー系鉄道に頼ることなどは論外だった。

浮上したのは、パイプラインの敷設構想である。うち一社は、エリー湖畔のバッファローまでの石油パイプラインの建設を計画した。そこへ運べば、あとは五大湖を使って東部海岸まで輸送できる。アパラチア山脈を越えてボルチモアまで輸送する案もあった。

作業が始まると、ロックフェラーは、当然のように妨害工作に出た。通過する農村地帯で、従来のようにパイプから漏れた油で周辺の農地が汚染されるほか、家畜の生育などにも影響を及ぼし、とんでもないことになるとの情報を意図的に流した。さらにパイプラインが予定される土地を買収し、敷設を邪魔した。

パイプラインに活路を見出す独立系業者を救うための州法が準備された。下院では可決されたが、上院では阻まれた。委員会は、組合に対する報告書で、その理由について、ロックフェラーが札束で政治家を動かしたことをにおわせている。救済のため自由パイプライン法の創設などで連邦政府も動いたが、最終的には実現しなかった。

◆即時出荷

七七年一二月、石油採掘業者は厄介なルールを突き付けられた。「即時出荷」である。スタンダード系のパイプライン業者が、貯蔵用タンクの不足を理由に貯蔵のための輸送を拒否する卑劣な戦術に出た。これによって生産者は、採掘した原油を値段にかかわらず、その場での売却を即刻迫られた。買い叩かれるのは明らかである。業者にとってこれ以上の悪夢はない。

購入側は、スタンダード系のユナイティド・パイプライン社だったから容赦の一切ないことが想像できた。一〇〇人以上の採掘業者が、同社前に列を作り、数時間待たされた末の交渉となった。多くは即決ではなく、返事は一週間前後を要した。ともあれ、連中は、即時出荷のルールを理由に、難癖をつけて買い叩き続けたのである。

これは基本的には、ペンシルベニア州ブラッドフォード地区での過剰生産に対応するために採られた措置であった。赤字を避けるには、油井の閉鎖や採掘の中止しかない。生産者はこの手段を取らず、原油価格は当然急激に値下がりした。

追い打ちを掛けるようにロックフェラーは七八年春、さらなる策略を打ち出した。鉄道で輸送し、活路を模索する業者に対して、「貸し出す貨車がない」との理由で配備を拒む作戦に出たのである。貯蔵タンクは無理、貨車もなし、パイプラインはもちろん使えない。独占を狙うロックフェラーからすれば、これで独立系の採掘業者を殲滅できる。値段はさらに値下がりした。行き場を失った原油がブラッドフォード地区の大地の上を流れ出した。暴動が起きる寸前にまでに至った。

だが、これは意外な方向へ発展する。独立系業者がペンシルベニア州都のハリスバーグに出向き抗議の声を上げた。「ユナイティド・パイプライン社が公共機関としての義務を果たせ」、「鉄道は、リベートや貨物の配車の差別を止めるべき」。州知事に対して立法などの是正措置を早急に実施するよう求めたのである。

訴えを受けた州知事は、激怒し、現場へ出向くなどして調査を開始。訴追や立法措置を講じる意向を表明した。タイタスビルでの公聴会では、「空きがあるにもかかわらず鉄道が業者に対して貨車の配車を拒否した」などの声が寄せられた。その結果、公共輸送サービスとしての義務を明らかに逸脱していると独立系業者の訴えは認められた。

だが、この事案を担当した州の内務長官は、処理の過程で、こともあろうに、「業者の請求は実証されておらず、何か行動を起こさなければならないほどではない」との結論を出したのである。石油地帯の業者は激怒し、縛り首になった〝ゴマすり〟長官の巨大な人形が通りに一日中つるされた。当然のように人形に罵声が向けられた。ポケットには、〝ロックフェラー振り出しペンシルベニア鉄道裏書き〟の二万ドルの小切手がつるされていた。業者たちは、長官が報告書に署名した値段と主張した。

翌年の七九年には、鉄道に対する議会の調査がスタート。呼び出しに従わず、出席しないあるいは証言を拒否する企業家もいたが次第にそれもなくなった。同三月には、スタンダード石油のロジャーズ、アーチボルトなどが呼び出され、鉄道との関係が聴取された。「ペンシルベニア鉄道は、スタンダード石油の手先となった」などの発言もあった。

石油関連以外でもさまざまな動きがあった。ニューヨーク市の商工会議所が州議会に対しニューヨークの鉄道に対する調査を要請、これは、同七九年から始まった。委員会には、スタンダード石油のアーチボルト、チャールズ・ロックハートなどの名だたる幹部が出席、石油採掘業者なども証言した。

これとは別に、鉄道運賃を調査するヘップバーン委員会も開かれ、セントラル鉄道のバンダービルトやエリー鉄道の幹部、スタンダード石油のロジャーズ、アーチボルトなどの幹部が呼び出され、尋問を受けた。オハイオ州の訴訟では、フラグラーが出席し、リベートについて証言した。

以上のようにさまざまな調査が進行して数多くの証言が集められ、「スタンダード石油は、単に、南部開発の復活に過ぎない」との結論にたどり着いた。その結果、連邦議会の委員会は、「南部開発は共同謀議である」との判断を示し、同時に生産者も、スタンダード石油も共同謀議であると結論付けた。これは生産者らが最初から期待していたもので、裁判所でスタンダード石油の幹部の罪の判断や刑務所送りができると信じていた。

秘密主義に徹していたロックフェラーは、石油精製会社の買収後も決してそれを明らかにせず、以前と同じ名前の会社名で操業を続けさせていた。これは独立系の業者を欺くためで、社員に対し関係会社との関連について秘密厳守を要求していた。巨大企業の買収でも同様だったようである。

委員会証言でも同じであった。スタンダード石油の幹部らは、会社が罪に問われないようにと配慮し、証言することはほとんどなかったのである。もっとも、スタンダード石油系会社の最終目的が世界の全石油精製ビジネスを掌握することだけは得られた。そしてその手段は、輸送料金の特別扱いに特に重きを置く南部開発と同じだった。

◆ドローバックの分析

ターベルは後半で、ロックフェラー商法の最大の象徴であるドローバックを再び取り上げ、分析している。冷酷極まる倫理観なき、悪質なリベートである。当初三回の特集だったのが、人気沸騰で最終的には一九回にまで延長した結果、当初取り上げた話題を二度も三度も取り上げる必要がでてきたためと推察される。

定義をあらためて紹介すると、ドローバックとは、輸送した独立系の業者から運賃の支払いを受けた鉄道が、そのうちのいくらかをロックフェラーに対し提供する割増分を指す。ライバル社は、支払われた割増分が自分の運賃から出ていることなど一切知らない秘密のリベートである。ターベルは、このドローバックを南部開発と同じ手法でロックフェラーが受け取っていたことを明らかにしている。

これは、独立系業者の運賃の一部のロックフェラーへの還流である。このような理不尽な商慣行を、圧倒的な力で鉄道に影響力を及ぼしたロックフェラーが形成することに成功した。いわば、名目が不明の摑み金である。

石油関連の業者にとって、輸送は、総コストのうちのかなりの部分を占めていた。その一定割合を運賃として巨大トラストの鉄道へ提供していた。いい方を換えれば、ロックフェラーは、石油精製業を経営する傍ら、鉄道路線などを持たず、経営に一切関与することなく巨大鉄道から巨額の利益を奪い取っていたことになる。利益に血道を上げる史上まれに見るロックフェラーならではの空前絶後の手数料ビジネス、支払いの強要であった。

では、ロックフェラーは、どの程度のドローバックを受け取っていたのだろうか。ターベルによると、当時の契約では、ライバル業者の石油地帯からニューヨークまでの約五〇〇キロの輸送で一バレル当たり一・〇六ドルを受け取っていた。この頃の両地域間の輸送量は通常三ドル程度なので三分の一をテラ銭として受領していたことになる。

ドローバックは、ロックフェラーが自分たちの輸送物に対して秘密裏に受領したリベートなので、これを知った石油地帯の中小業者の怒髪は天を突いた。

特筆すべきは、独立系業者H・C・オーレンの実名を挙げて、輸送した約三万バレルについて、セントラル鉄道が一バレルあたり二〇セントのドローバックを支払っていたことを突き止めていたことだ。単純計算で、約六〇〇〇ドルをスタンダード石油に支払っていたのである。オーレンはリベートさえも受け取っていない。他人の輸送した運賃から金品をせしめるという驚くべき商法は、石油地帯の怒りをあらためてたぎらせた。

こうした事実を考慮してターベルは、スタンダード石油および南部開発について以下のようにまとめている。①スタンダード石油は、南部開発のような秘密組織、②両者は、同じグループによって構成される、③目的は、石油精製の利益の完全な支配、④両者の結束力を自らの輸送に対するリベートと他の業者の輸送に対するドローバックの確保に活用、⑤運賃を引き下げ、すべての競争相手の退場を鉄道に強要するための契約を用意、⑥生産者への利益配分を許さず、精製油の値段の引き上げを目指した――。

一八七九年四月、ペンシルベニア州クラリオン郡の大陪審は、ロックフェラー、弟のウィリアム・ロックフェラー、フラグラーなどのスタンダード石油の役員を起訴した。①原油や石油精製の売買ビジネスの独占とそのための妨害、利益の確保などのため共同謀議、②鉄道から説明のつかないリベートや手数料を詐取、③不正な手段や手法で原油や精製油の市場価格を支配、④自らのための市場独占の画策――などがその内容である。

ターベルは、「〝石油ビジネスの良さ〟が、明らかに危機的になりつつあった」と最後を結んでいる。この章の最後に、パイプライン敷設のための業者と鉄道との攻防を説明するため、貨車に積まれた巨大な木製の貯蔵タンク、ボイラータンクの貨車、石油貯蔵用の山の斜面に置かれた木製タンク、初期のパイプラインが敷設されている鉄道ターミナルの写真を掲載している。

8　一八八〇年の妥協

行政側のロックフェラー陣営へ提起した訴追に関連した攻防が、この章の中心テーマである。ロックフェラーのあまりの無軌道ぶりにペンシルベニア州政府は、強い姿勢で臨んだ。これに対し、賄賂攻勢で何とか凌ごうとした。築き上げた無敵の帝国が、行政の介入によって制約を課されることになったら元も子もない。幹部らは一斉に火消しに当たる。

では、行政が硬骨漢ばかりでロックフェラー帝国が深刻な危機に陥ったのか。そうではなかった。作家マーク・トウェインが、その共書『金ぴか時代』で描いたように、当時は金権腐敗の時代。トラスト・大企業の札束攻勢にズッポリ浸かっていたのである。ふがいない行政の対応。石油生産者の怒りは頂点に達する。

小見出しを並べてみよう。①ロックフェラー一派に対する生産者の訴訟は自身の防衛に利用される、②輸送会社らに対する訴訟は延期、③ロックフェラー一派に対する共謀の裁判は先延ばし、④スタンダード石油とペンシルベニア州が生産者に対する商慣行を止めることで合意した見返りにすべての訴訟は撤回、⑤歩み寄りで第二次石油生産者組合は解散、⑥生産者らは、自分たちの指導者を支持しないとして批判、⑦スタンダード石油は、生産者に対して異議を唱える命令を再度強要、⑧石油地帯でさらなる反乱、⑨組織的な反対を鎮めたロックフェラーは、個人の不満を鎮めるために向かう――。

◆訴訟

一八七九年春にペンシルベニア州クラリオン郡の大陪審で、ロックフェラー一派に対する共謀に関する訴訟が提起された。この件についてターベルは、ロックフェラーにとって「悪意や恨み以外の何物でもないと思ったことだろう」と章の冒頭で、言及している。

石油生産者らは、鉄道のリベートを調査していたヘップバーン委員会に対し、「独占を構築するために意図的な優遇を受けていた」と指摘。①鉄道を説得し、違法な好意的恩恵を唯一受容、②これまでにない不公正な慣行を確立、強要、③驚くべき価値のリベートを受領していたばかりか他の業者が輸送分について手数料を支払うよう鉄道を説得、④業界の発展を妨害した罪（責任）がある——などと主張した。他者の輸送分に対する手数料の要求とは、まさにドローバックのことである。

関係する証拠については既に分析されており、その時、共謀に関する訴訟が提起された。ペンシルベニア州が四鉄道やスタンダード石油系のパイプラインの会社に対する訴訟を提起するまでに数か月かかった。共謀に関するペンシルベニア鉄道、ユナイティド・パイプラインに対する証言もあった。

裁判がスタートすると、これを遅らせる工作が始まった。これが奏功し、ユナイティド・パイプライン、レイクショア鉄道、南ミシガン鉄道などの四つのケースの証言が終わるまで裁判の手続きが中止されることになった。複数の裁判があれば、裁判は同時に進めないという、ロックフェラー陣営にとって都合の良いルールがあった。

これは、生産者組合にとって大打撃となった。時間が経過するにつれて州政府は、スタンダード石油系企業の共謀の立証について逃げ腰になっていたのである。

生産者組合は、共和党のヘンリー・H・ホイト州知事に対し、知事選前に鉄道などの公共交通機関のあり方についての考えを、質問状を送付して質していた。知事は、「政策は、正しく公平であるべき」、「公正、平等、差別のない公共機関としての奉仕の義務を鉄道などに求める」、「要請されれば、必要かつ適切な行動を認める」と回答していた。

だが知事は、裁判を延期しようとしたばかりか、ロックフェラーやフラグラーなど起訴された七人の身柄引き渡しを何度も躊躇した。これを促すために生産者組合の会長は、書簡などを送付したが、州の司法長官は病気で対応不能という返事があっただけで、〝焼石に水〟。効果はなかった。裁判は八月になってやっと始まろうとしていた。そうした工作の中で、ロックフェラーは生産者との和解の方向に動き始めた。

「一緒に議論しよう」。これがいつもの掛け声だった。威圧するというよりも説得、戦うというよりも静かに意見交換した。訴訟の開始後から和平を求めていたのである。

これに対し独立系の業者は、「契約は守られたことがない」、「アヘンのようなもの」と警戒する声が飛び出した。これまで何度となく煮え湯を飲まされてきた業者にとっては当然であろう。石油生産者は、会合への公式な出席は拒否した。

にもかかわらず、一一月末、ニューヨークで石油生産者、同精製業者、スタンダード石油との間で秘密の協議が持たれた。ロックフェラーの目的は、三者間の不平不満を解決し、差し迫った訴訟の撤回を確実にすることである。開催の知らせは、石油地帯へ直ちに伝わり、生産者組合の当局者は、関連を即座に否定した。これについてスタンダード石油は、平静を装っていた。実は裏で、個別の組合員に接触していたのである。

七九年三月までには、歩み寄るべきとの声が、オイルシティーでは特に強くなっていた。共謀関連の訴追は、ロックフェラーとの和解の努力を無にするものとの判断があったのがその理由の一つである。これに対して生産者側は相変わらず強硬で、ロックフェラーは秋ごろになると、生産者組合の顧問に対して和解を提案した。

組合の委員長のキャンベルは提案に好意的だった。この結果、一〇月末に予定されていたロックフェラー関連の共謀に関する裁判は一二月に延期された。直ちに何か提案するのかと思いきや、ロックフェラーは何ら対応せず、約一か月半お預けのままだった。

◆歩み寄り

両者の面談が実現したのが一一月末のニューヨークだった。この時組合側は、引き延ばし工作を批判し、もはや提案を受け入れることはできないとし、裁判の続行を言明した。

スタンダード石油は、州の最高裁で扱うべきだと請願し、またしても引き延ばし工作に出た。組合は、これでは、正義は確保されないと反発、秘密組織が暗躍しているのではないかと、裁判官らを非難した。スタンダード石油の共謀を扱う案件は、結局、翌年の初めまで引き延ばされた。

そうした中で、ユナイティド・パイプライン社が即時出荷について突然、同一二月、地区での廃止を宣言した。これを受けてニューヨークの五番街のホテルで両者の法律顧問による会合が八〇年一月に開かれ、この結果、共謀に関する裁判は、またしても延期となった。両者の会合は、その後も続き、生産者組合は、ついに一八八〇年二月タイタスビルで総会を開催するまでに至る。

この中で、会長のキャンベルは、約二年に渡り取り組んだスタンダード石油絡みの訴訟から手を引く代わりに、スタンダード石油とペンシルベニア鉄道の当局者が、生産者の不満な商慣行を止める契約に署名したと説明した。キャンベルが公表した契約書には、ロックフェラーと関係者一六人が署名し、その名前や会社の方針が書類に添付されていた。

中身は以下である。①今後、鉄道による石油の輸送でのリベート、ドローバック、秘密運賃制度の完全な廃止に反対するものではない、②運賃の秘密決定への反対を撤回——鉄道が、今後、いかなるリベート、ドローバックも受領しないと約束――など、③ユナイティド・パイプラインズ社が経営で目指していた方針をすべて中止――荷主によって差別せず、運賃が合理的、三〇日前の告知を除いては、値上げはない、④質の差を除いて、地域によって原油の値段に差を付けないなど――など。

ロックフェラーは、この契約書作成に関連して、訴訟費用の穴埋めとして石油生産者組合に四万ドルを支払うことで合意した。石油地帯のオイルマンらは結局、ロックフェラーの持久戦術に寄り切られたわけである。

ターベルは合意について、「四万ドルと秘密のリベートと精力的に進めてきたパイプラインの設置を止めることでロックフェラーは何を得ることになったのか。共謀の裁判を受けなくてすむことになったのである」と、超辛口の評価を下している。

訴訟取り下げに関連して、ペンシルベニア鉄道と契約が交わされた。内容は、①全荷主の石油に対して課す全輸送の運賃を公表する、②石油荷主に対する貨車の割り当て配送についていかなる差別もされるべきでない、③大量輸送の荷主に許容されるいかなるリベートも合理的だった――など。

これが報告された総会では、屈辱と恨みが蔓延していた。精力的な二年間の闘いの末に獲得したのは、「リベートは悪、妥協してはならない」というような交渉の際に誰もが主張している、良く知られた基本原則だった。

中身は不満ではあった。だが、オイルマンたちが訴追のためにキャンベル会長を積極的に支援したというわけでもなく、取り下げることに対する反対もなかった。会長の誠意や精力的な活動は高く評価され、リポートは承認された。リベート制度への非難も忘れなかった。総会は、裁判所、州政府などを批判して閉会した。この結果、生産者組合とロックフェラーの闘いは終焉を迎えたのである。石油地帯の人々はこの知らせを、怒りを持って重苦しく迎えた。オイルマンらは、州政府の木端役人や汚職体質の企業のせいでこうなったと苦々しく語った。だがターベルは、「全員が本分を尽くせば、妥協などなかったであろう」と批判している。

七八年一一月の組合の第一回会議では、二〇〇〇人近くの代表が出席していたのに対し、最後の八〇年二月はわずか四〇人程度。真剣度や結束力はこの程度のものだったのである。

最後に確認したいのは、タイトルがなぜ、「一八八〇年の妥協」だったのかである。これは、共謀行為に対する訴訟との対抗策を振りかざして崖っ縁まで追い詰めたものの、狡猾で小賢しいロックフェラーの引き延ばし工作の前に、オイルマンらの資金力が尽きてあえなく瓦解。その結果、妥協・和解を迫られたという意味が含まれている、と考えられる。

団結力と資金力の弱い独立系業者の脆弱性を知り尽くしたロックフェラーの悪知恵に手も足も出なかったというわけである。背景には、州政府の無責任体質、札束攻勢で政治家や役人と手玉に取る悪辣な商法も見逃せない。なおこの章では、登場するロジャー・シャーマンなど四人の顔写真を掲載している。

9　東海岸へのパイプラインでの戦い

上下二冊の『スタンダード石油の歴史』は、この部分から下巻に収納されている。筆者が、原文のタイトル「The Fight for the Seaboard Pipe-line」の「Seaboard」を「東海岸」と訳したのは、ペンシルベニア州の石油地帯で採掘、あるいは精製された原油が、パイプラインによって運搬される先が、大消費地であるニューヨークなどの東海岸を意味したからである。

原油や精製油は、これまで鉄道によって東海岸へ輸送されていた。だが、ロックフェラーにより鉄道が牛耳られた今、独立業者は、自らの手で輸送手段を確立する以外に生きるすべはなかったのである。即時出荷だと存分に買い叩かれる。それは阻止しなければならない。ターベルは、そうした独立系業者らがロックフェラーの妨害工作で煩悶する姿を描いている。

小見出しは以下の通りである。①独立系業者により推進された東海岸へのパイプライン計画、②タイドウォーター・パイプ社の設立、③石油が山を越え初めてポンプで輸送、④鉄道からの自由を約束してくれるため独立系業者は、タイドウォーター社との連携を用意、⑤スタンダード石油は新しい問題に直面、⑥長距離の石油輸送としての鉄道の終焉、⑦ナショナル・トランジット社の創設、⑧タイドウォーター社の戦いが開始、⑧信用の棄損計画と買収、⑨ロックフェラーはタイドウォーター社の三分の一の株を購入、⑩スタンダード石油とタイドウォーター社が連合、⑪ナショナル・トランジット社が今やすべてのパイプラインを支配、⑫石油輸送のビジネスを分割するためペンシルベニア鉄道と合意――。

◆タイドウォーター社と妨害工作

一八七八年一一月、資本金六二万五〇〇〇ドルで、非ロックフェラー系の生産者によるタイドウォーター・パイプ社が設立された。この会社を軸に、大消費地の東海岸へ油を運ぶ生産者によるパイプランは、猛烈な勢いで建設された。口径六インチ（約一五センチメートル）のパイプをリクスフォードからウィリアムズポートへの一〇九マイル（約一七四キロメートル）を敷設。そこからレディング鉄道によってニューヨークとフィラデルフィアへ輸送される。これまで石油輸送を扱っていなかった同鉄道にとって、この契約ができることは嬉しい話であった。

最初の仕事は、パイプラインを敷く路線の権利の獲得であった。秘密かつ迅速にやらなければならない。独占への挑戦と見たスタンダード石油は当然妨害工作に着手した。当時、パイプラインを自由に敷設する法律はなかった。

敷設されるとさっそく稼働した。だが、それまで三〇マイル（四八キロメートル）以上輸送されたことはなかった。今回は、その三倍以上の一〇九マイルである。さらに標高二六〇〇フィート（約七九二メートル）の山を越えて輸送される。

関係者がかたずをのんで見守る中、五月に操業を開始した。流れる速さは人が歩く程度。漏れがないかどうかを見張る番もいた。動き出すと、新時代のビジネスのスタートを告げるようでもあった。大消費地ニューヨークまでの敷設も時間の問題である。

だがこれは、ロックフェラー帝国の切り崩しを目指すタイドウォーター社と、独占体制を死守するスタンダード石油との全面対決のゴングが鳴る瞬間でもあった。各種試算では、パイプライン輸送が圧倒的に有利であった。石油の鉄道輸送時代の終焉を暗示していた。

電光石火、ロックフェラーは、まさにナポレオンのような決断を下した。ブラッドフォードからニュージャージー州ベイヨンヌ市までパイプの敷設の権利を確保。さらには、スタンダード石油の本拠のフィラデルフィア、クリーブランド、ピッツバーグなどへも拡大した。完成すれば、原油の輸送を鉄道に頼る必要はなくなる。

独立系業者は、タイドウォーターに依存した。この結果、独立系からの精製油の供給が急拡大した。供給過剰は、精製油の値段の下落を意味する。ロックフェラーには看取できない。どう対応したのか。妨害工作の筆頭が、タイドウォーター社の運ぶ原油を利用する石油精製所をゼロにすることであった。即刻取り組んだ。石油精製会社を買収、あるいはリースの形で取得した。これはほとんどが成功した。

タイドウォーター社の運営は順調で、規模拡大のため二〇〇万ドルの資金調達を決断し、金融機関に要請した。調査の結果、社債購入で合意した。その情報が外に漏れたのか、直後にこの妨害のため、大株主が金融機関を訪れてタイドウォーター社は「経営が危機的」、「協力は危険」との情報を耳打ちした。最終的には社債は発行されたが、良好とはいえない財務内容が知れわたり、資金調達が当初予想したほどの成功は収められなかった。

この結果、信用は一転、失墜し、経営不振が続く。その後、さまざまな執拗なスタンダード石油の妨害があった。最終的に、タイドウォーター社は根負けし、スタンダード石油の軍門に下った。

八三年一〇月、契約に署名し、東海岸への運ぶ輸送量について、タイドウォーター社は一一・五%、スタンダード石油は残りを担当することになった。この結果、精製油の生産は制限され、価格の安定につながった。石油地帯では、「タイドウォーターは、ロックフェラー陣営に寝返った」と批判された。

オイルビジネスの利益は再び確保され、ロックフェラーは、東海岸へ向かうパイプラインを軸に帝国の再構築に着手する。ビジネスのうちの鉄道に依存する部門を見直さなければならない。パイプラインがオイルビジネスでの重要な要素となった時点で、スタンダード石油は、採掘された原油の貯蔵や輸送する拠点まですべてのシステムを既に所有していた。それは、系列のユナイテッド・パイプラインの名義で保有されており、その規模は、範囲や提供するサービスの幅の面からも、とてつもなく大きかった。

両社が同盟した結果、八三年末でペンシルベニア州では、月に一五〇〇万バレルを収集、数一〇〇〇の石油地帯の井戸を結ぶパイプの距離は、実に三〇〇〇マイル（四八〇〇キロメートル）まで拡大していた。パイプラン創設で輸送コストは激減した。

◆独占が九〇%完成

一八八四年四月、ロックフェラーはこのパイプラインビジネスをナショナル・トランジット社へ一本化させた。この結果、「世界の市場で売買されるすべての石油をすべて精製する契約に入る準備ができた」と七八年に予告したロックフェラーは、今や生産者の採掘分だけでなく、世界の市場が要求するすべての原油を収集、貯蔵、輸送する準備が整ったと宣言した。

新段階に入って鉄道との関係も変わった。競争相手に変わったのである。パイプラインの使用料は、ニューヨークまでが四五セント、フィラデルフィアが四〇セント。実際のコストは、一〇セント以下と見られた。

いずれにせよロックフェラーは、パイプラインの支配にも成功した。これによって値崩れにつながる危険性、つまり競争を排除した。不安定要素を取り除きこれを完璧にするための新たな協定が八四年八月に結ばれた。ロックフェラーのナショナル・トランジット社がペンシルベニア鉄道に対し、東海岸への輸送する量の二六%に相当する料金を支払うことになった。これまで受け取る側だったロックフェラーは、今度はリベートを出す側に回った。

ペンシルベニア鉄道の協力によって競争を排除することに成功。トラスト、スタンダード石油の輸送部門は、効率性や市場独占の面でも、これまでなかったようなほぼ完ぺきな組織へと変貌を遂げた。独立系のパイプライン業者が生まれる余地は金輪際なくなった。これによってスダンダード石油の製品は、市場の九〇%を支配した。市場の完全独占へあと一歩である。

精製業者から石油の注文があれば配送はした。だが、その料金はスタンダード系の四倍以上であった。独立系業者は、市場では厄介者であり、駆逐されなければならないものとなったのである。

記事の理解のため、記事に関係する八人の経営者の写真のほか、タイドウォーター社のパイプラインがどのような高低差を辿って輸送されるのかが分かるイラストによる見取り図を掲載している。

10 抹殺のための値下げ

調査魔ターベルの緻密な取材力で、無慈悲で冷酷な価格政策を見事なまでに浮き彫りにしたのが第一〇章である。全米を震撼させた驚くべき市場独占に向けたロックフェラーの策動が、白日の下にさらされる。詳細な記述で原書のページ数は三二ページに上る。他の章よりやや厚めだ。ターベルの力の入った章のひとつでもあり、質の高い調査報道を体感できる。

「市場の完全制覇が高収益の源泉」が信条のロックフェラーは、ライバルの市場からの追い出しや殲滅に向けて、アメとムチの硬軟折り混ぜた手法を使い分けた。盾付く業者は、血祭りに上げ、それが嫌なら、スタンダード石油へ傘下入りするか、あるいは売却しかない。

この章では、張り巡らせたスパイ網を縦横無尽に駆使して、包囲網を敷き、ライバルを自滅させる手法を取り上げる。それでも従わない相手には、価格戦争を仕掛けて壊滅へ追い込む。腕力でねじ伏せて、ライバルの消えた後は、値段を従来以上の水準以上まで引き上げて損を取り戻す高価格政策を採用する抜け目のなさも紹介している。

レジュメは以下の通りである。①石油の輸送と精製部門を組織したロックフェラーは、今度は油の販売促進活動（マーケティング）組織を計画、②驚くべき、効率的かつ経済的な制度を導入、③奇妙な諸慣行を導入、④鉄道の代理店からライバル社のビジネス情報を入手、⑤ライバル社の社員らを協力者として時折確保、⑥多くの場合、鉄道や船舶が輸送の全記録をスタンダード石油へ提供、⑦同社は、この情報をライバル社との戦いに利用、⑧安値販売でライバルを駆逐、⑨全米各地から寄せられた証拠、⑩同社による独立系業者の偽装工作がスタート、⑪こうした諸慣行についての同社の説明は満足できるものではない、⑫一時的値下がりは、一般の利益に何らならない、⑬競争がなくなると値段は異常に高騰――。

ロックフェラーが販売していたのは、当時は主に照明用の油だった。このため雑貨屋が販売先で、これらを専属の代理店に代えることであった。スタンダード石油の地方の事務所では、調査員を代理店に派遣し、販売状況だけでなく、石油の樽の栓は閉じてあるか、パイプからの漏れはないか、石油タンクの周辺は乾燥し、草はきれいにカットされているか、調査員は何時に調査に入り、お昼は何時にすませたかなどのこまごまとした点を報告させた。こうすれば、地方代理店の評判を上げることができるし、本部も代理店の経営状況を知ることが可能である。「灯油ビジネスは私たちのものである」とのロックフェラーのモットー（標語）があった。

◆スパイ工作

これまでも触れたが、独立系業者らは、輸送した詳細な製品の情報が鉄道などからスタンダード石油へ漏れていると長年主張していた。冷酷で知られる同社でも、「そこまで悪辣な策略は取ることはないだろう」とターベルは当初、本気にしなかった。

だが、それを示す証言や内部告発が次々と寄せられた。ライバルの最高機密の企業情報を盗む悪辣な裏工作である。ロックフェラーの前代未聞の産業スパイ事件を全米に伝えたのは、ターベルが初めてであった。

そのひとつが、本拠のクリーブランドの石油精製業者のジョン・ティーグルの一八八八年の議会の委員会証言である。

ティーグルは、八三年のある日、同社の帳簿係から打ち明け話を聞いた。その帳簿係によると、スタンダード石油で働く親戚から「小遣いが欲しくないか」と声を掛けられた。「一体何だろう」と聞いてみると「会社情報を教えて欲しい」というのである。帳簿係は、話に乗ったふりをした。その結果、精製コスト、ガソリン、ナフサの総量など各種の機密情報と引き換えに小遣いを出すことが判明。情報は、ロックフェラーのお膝元のクリーブランドの郵便局の私書箱に届くことも突き止めた。ロックフェラーの汚い諜報作戦の全貌を知った業者らは、同社の担当者を告訴、この全容を複数の新聞に知らせた。

議会の工業委員会では、複数の独立系業者らは同じように、ビジネスが常時スパイされていたと証言している。タイタスビルの業者らもすべての取引が監視されていたと言明。証言によると、スタンダード石油は、輸送会社から直接報告を受け取っていた。これに関連して、ロックフェラーの長年の天敵であるブラッドフォード地区のルイス・エメリー二世は、経営手法は南部開発の契約に基づいていると指摘している。

これ以外にもさまざまな妨害行為が報告された。カナダの業者らもスタンダード石油が輸送量、輸送先、製品の種類などについて同様なスパイ行為をしていると証言。これとは別に、街の鉄道会社の職員が、スタンダード石油から貨物の全輸送情報を教えるよう要請され、これを断ったことなどの証言もあった。

精製業者に対して独立系業者のすべての輸送を秘密裏に教えるよう接触があり、某業者がこっそり教えていることが後日判明したこともあった。ターベルは、同社によるこうした不正なスパイ活動が北米全域で行われていたことを初めて暴露したのである。

さらにターベルは、鉄道や船会社が輸送した石油の全情報を定期的にスタンダード石油に対して報告していることを示す本物の大量の証拠書類を一九〇三年に入手したことを明らかにし、取り上げている。

これは、本書第5章の中で触れているので、読者の方々は記憶されている向きも多いことだろう。スタンダード石油の大幹部ヘンリー・ロジャーズとの面談でターベルが取り上げ、顔面蒼白になってロジャーズが怒り始め、面談は短時間で終わった極め付きの内容である。

書類には明らかに、意図的に署名がされていなかった。ターベルは、送り主の名前から誰がサインしたかを特定できたとしている。この内部告発によってターベルは、スタンダード陣営の機密書類の入手にも成功。鉄道、船舶などからライバル業者の石油製品の輸送情報の全量を受け取っていたことを明らかにしている。記事には資料として、修正した書類のコピーを並べている。入手した資料をそのまま掲載すれば提供先が判明し、内部告発者が特定される恐れがあるためである。

スタンダード石油は、収拾した情報を一体どうしたのか。ロックフェラーが並みの経営者でないところがここに表れている。ターベルによると、目的ごとに整理し、独占とトラストの一段の強化のために活用した。データベースの作成である。

独立系業者の輸送した製品の詳細なリストは、定期的に本社に届く。貨車のイニシャルから番号ごとに行先などもすべて整理された。販売業者ごとにカード化し、カタログを作成、コメントも付け加えていた。記録は、独立系精製業者や仲買人ごとに毎年のビジネスの実態がまとめられていた。

とりわけ詳しいのが、地域のすべての独立系業者の動向。これは、同社の探偵も調査に当たっていた。製品をどこにどれだけ送付しているのか。全米の石油販売店が何をどれだけ売っているのかも分かっていた。これによって、高値維持を目指すロックフェラーが最も嫌う競争のある地区があぶり出された。

ターベルは、これは競争で不正行為が行われるよりさらに深刻な影響がある、と指摘。輸送データのロックフェラーへ提供することは、郵便局員がライバルの私的な手紙をロックフェラーに見せることを適法とすることになる、と手厳しく断罪している。

ロックフェラーからすれば、全米の石油市場の征服のために戦術の一つであり、まさに中国・春秋時代の兵法書『孫子』の名言、「彼を知り、己を知れば百戦して危うからず」の実践であろう。加えて、賄賂攻勢もかけていた。金ぴか時代の当時の米国では、贈収賄行為が訴追されるほどの罪ではなかったようである。独立系業者が無力さを痛感したのは当然であろう。

◆略奪的な競争

スタンダード石油は、ライバルの貨物の横取りも画策していた。ターベルは、前出のジョン・ティーグルなど複数の業者を登場させ、紹介している。ティーグルは、九八年の証言の中で、会社の経営が厳しかったのは、スタンダード石油の社員がディラーに接近、安い価格を提示して売買を横取りされていたためと説明。その証拠となる手紙の文面をターベルは掲載している。

和戦両様の作戦を展開するロックフェラーは、ライバル業者に対する販売の撤回がなければ、略奪的な競争を仕掛けた。コストを度外視し、相手が疲れ果てるまで続けた。一筋縄でいかない強力なライバルであれば、それは、〝石油戦争〟まで発展した。

ターベルは、ライバル追い出しのためにスタンダード石油が仕掛けたケンタッキー州での〝価格戦争〟についても言及している。相手をねじ伏せるためにそれまで二・六ドルだったのを一・五ドルへ四〇％以上も値下げした。単位は言及されていない。まさに、この章のタイトルである「(相手を)殺すための値下げである」。相手をねじ伏せると、今度はその損を取り戻すために、値段を高く設定して売り、損した分を取り戻し、それ以上に儲けるという手法も常套手段だった。

ティーグルのケースのように、ロックフェラーがライバルの精製会社の輸送量などの機密情報を収集するために社員をカネで買収、情報を横流ししていることが発覚して解雇されるのは少なくなかった。「常軌を逸脱した」とターベルが評する、ロックフェラーの最大の好敵手である独立系のルイス・エメリー石油のケースを紹介している。それは、黒人の社員の話だった。

声を掛けたのはスタンダード石油系の会社で、「解雇されたらこちらで雇う」との甘い言葉で持ちかけた。この社員は、価格のリストのほかエメリー社のすべての情報を横流しし、それがスタンダード石油に届いた。その黒人に対する謝礼は、九〇ドルに上った。

七か月後にこの不正行為が発覚し、解雇された。では発覚後に、この口約束は守られたのか。そうではなかった。こうした裏切り者をかばい、採用することなどは一切なかったのである。ターベルは、「ロックフェラーは、組織の中で誠実であることの大切さを分かっていたからだ」と指摘している。

続いてターベルは、石油製品の値段を取り上げて、競争のもたらす「驚くべき」意味をあらためて解説している。カリフォルニア州では、競争のない地区だと、一ガロン当たり二六・五セント。これに対して競争のある地区は、一七・五セントで同九セントと、三割強も安い。競争のある地区でも利益はあるはずだから、ロックフェラーはさらに九セントの追加的な儲けがあるということになる。値段を巡る戦いのあったコロラド州デンバーでは、競争のない地区では同二五セント、ある地区は同七セントで、三分の一以下の値段である。この戦いが終了した後は、デンバーでの値段は、二五セントに戻った。同じ頃、ニューヨークでの同じ輸出用石油は、同六・一セントだった。「競争をなくすことでロックフェラーがいかに儲けていることが分かるだろう」とターベルは指摘している。

スタンダード石油は、こうした競争を地上からなくすため、社内に秘密の組織を設けていた。競争のある地区で、相手が疲れ果てるまでの〝略奪的な競争〟を仕掛けて脅した。それでもダメなら〝石油戦争〟まで発展させ、相手を路頭に迷わせた。戦争終了後は、値段をもとの水準、あるいはそれ以上に上げた。以上については、アーチボルトが九八年の工業委員会で認めている。

値下げの冷酷さとしつこさは、独立系業者を絶望に追いやった。「スタンダード石油であれば何でもやる」。石油地帯では、こんな誇張された見方が拡がり、ロックフェラーとその取り巻きに対する憎悪は頂点に達した。大衆の不信感、軽蔑、敵愾心などを増幅させた。同社に対する評決で裁判官や陪審員の腐敗も明らかになったことも、ターベルは指摘している。なお、記事の理解のため、八〇年のロックフェラーの写真のほか、ターベルが暴露した鉄道やスタンダード石油の買収したスパイが漏らしたライバル業者の鉄道の輸送記録など、四枚を参考資料として掲載している。

11　リベート戦争

スタンダード石油の圧倒的な競争力は、効率経営が一因だったのも間違いない。だがその多くは、鉄道からのリベートだったのは誰もが一致するところである。その最たるものがドローバックだったことは既に何度も言及した。ターベルは、第一一章で、このリベート戦術をあらためてまとめた。レジュメは以下の通りである。

①ロックフェラーの沈黙、②ロックフェラーに反対して結束するという石油地帯の信念は無意味、③個人の反対は依然として顕著、④スコフィールドら三人に対するスタンダード石油の訴訟、⑤精製油の生産制限のため企業に対する協定の執行を模索、⑥三人らは、スタンダード石油やそのリベートから独立してビジネスを企てる、⑦情勢の厳しさが判明、⑧三人は、差別待遇を理由にレイクショア鉄道と南ミシガン鉄道を告訴、⑨有名な一ケースと鉄道の一損失、⑩リベートに関する個人間の別の争いでスタンダード石油が依然としてドローバックを受領していたことが判明、⑪シンシナチ鉄道とマリエッタ鉄道からの受取人に対するジョージ・ライスのケース――。

当然のことだが、一八八〇年のロックフェラーとの妥協後、石油地帯には、無気力と倦怠感が漂っていた。何年にもわたる戦いの結果もたらされたのは、敗北という屈辱感だった。オイルマンたちは、相手は超人で、闘いは無意味であるとの確信を抱くようになっていた。

八四年ごろまでには、ロックフェラーを畏敬の念さえ持ってさえ眺めていたのである。ターベルはそれを、一九世紀初頭に一般の英国人がフランスのナポレオンに対して持っていたような、恐るべき力、無慈悲、全知全能、常時臨戦態勢のロックフェラー観であった、と形容している。さらに、異常ともいえるその大胆な行動力や判断力も相まって、石油ビジネスの達人にまで祭り上げられていた。

ターベルは、その理由の第一を、自分を封印した結果生まれたその神秘性にあったと分析している。ロックフェラーは、生まれつき人前に出るのを嫌っていた。姿を現すのは、教会、自宅、事務所だけ。ニューヨークの自宅もほとんど知られていなかった。石油地帯にも顔を出さず、二四年間住んでいたクリーブランドでも姿を隠していると住民に思われていた。

ニューヨーク・サン紙は、同社の記事を書くため八二年に一人の腕利き記者を動員した。だが、面談さえも叶わず、関連情報はすべて封印されていた。数百人の従業員も取材に応じなかった。「沈黙を保つ」、「何もしゃべるな」の哲学が社員にも浸透していたのである。

恐れられていた二つ目の理由は、誰も見たことがなく、話をしたこともない、関連する情報もない、などであった。その一方で、ロックフェラーは、広範囲の情報収集網を組織し、卑劣極まる手法で各種情報を収集し、取るに足らない情報を含めて、すべてを熟知していることにあった。

その壮大な計画は、驚くべき鉄道の操作によって可能となった。リベートがトラストを形成し、これこそがロックフェラーの最強の武器であった。「これがなければオイルマンらは、太刀打ちできたであろう」とターベルは、強調している。

世論や法の精神は、リベートに反対だった。鉄道は、運賃差別などが公表されることを恐れていた。最も興味深く、そして影響力のある事例としてターベルは、七六年にロックフェラーと合弁でスタートしたスコフィールドら三人のケースを挙げて、価格操作のために実施した生産制限を説明している。四年間のビジネスは成功し、利益も莫大で、精製油を三人は、制限を超えて生産した。これに対しスタンダード石油は、超過分の利益をすべて支払うよう要求した。三人は、超過分の利益の半分を支払った。その後も枠をオーバーし生産したためロックフェラーは、原油供給を止めた。

三人は、この挑戦に果敢に応じた。だが、鉄道運賃は突然跳ね上がる。クリーブランド・シカゴ間は、スタンダード石油が一バレル当たり六〇セントだったのに対し、三人に対して八〇年だと八〇セント。八一年四~七月は、五五セントに対し八〇セント。差別的な扱いが三年間続いた。訴訟は、オハイオ州裁判所へ持ち込まれた。最終的には、州最高裁は、リベートについて「健全な公共政策には反する」、「独占を生み、助長する」として差別を止めるよう、厳しい判決を下した。

世論を激高させたリベートについてターベルは、別の興味深いケースを指摘している。他の業者の支払った運賃の一部を同社が受け取るという不公正で異例極まる契約を、鉄道との間で依然として結んでいた。この冷酷な手法は、石油地帯のオイルマンとの間で展開された石油戦争の要因となった南部開発の契約の一項目として盛り込まれており、七七年に暴露され、世論が絶句したいわゆるドローバックである。

オハイオ州マリエッタで七三年に石油精製所を設立した独立系業者は、六年後、運賃を突然二倍に引き上げられた。ライバルのスタンダード石油系の業者のクリーブランド地域での運賃の値上げはなかった。この結果、競争に太刀打ちできずに事実上の閉鎖を余儀なくされた。この差別の全貌は、七九年に州当局の調査で明らかになったのである。

閉鎖を余儀なくされたマリエッタ地区の業者は、八三年にオハイオ州の原油を輸送し精製していた。スタンダード石油も同様だったが、案の定、鉄道運賃を輸送する業者で差別していたのである。スタンダード石油が一バレル当たり一〇セントに対して、独立系業者の輸送分については三五セントだった。しかもスタンダード石油は、独立系の支払った分から、追加分の二五セントを支払うように鉄道へ要求していた。ドローバックである。

これを知ったマリエッタの業者は怒った。訴訟に持ち込むために証拠を探しまわり、ついに一〇月、巡回裁判所に提起した。担当の委員には、前州知事が選ばれ、膨大な数の証人の尋問がスタート。鉄道側はなかなか認めようとしなかったが、地区の別のオイルマンから差別されているとの証言があり、裁判を提起した業者の正当性が立証された。ドローバックが流れ込んでいたことが判明したことからスタンダード石油は、これを返却した。

トラストを調査していた当時の議会の委員会が報告書を公表するとロックフェラーは、九〇年三月二九日付のニューヨーク・ワールド紙とのインタビューで、「私たちの弁護人が、協定は違法だというので合意しなかった」、「私たちは、裁判所が問題にする前に契約を拒絶し、すべて補償した」と釈明したのである。

もっとも、ターベルによると、一九〇〇年に公表された工業委員会の報告書では、ロックフェラーが主張した、訴訟の前に返却したというのは間違っており、さらに契約を拒否したというのも厳密には正確ではない。契約は、八か月間は有効であり、補償は、契約が有効になると裁判で確実になった一二日後まではされなかった、と指摘している。ターベルは、ロックフェラーの違法で悪質なリベート商法をあらためて断罪したのである。この章では、記事の中で登場するスコフィールドなど四人の写真を掲載している。

12　バッファロー事件

ニューヨーク州バッファローの石油精製施設が関連したいわゆるバッファロー事件は、これでまでも何度か言及した。ターベルが、マンハッタンのスタンダード石油の本社などでインタビューを続けていた際に、幹部のロジャーズが最も気にしていたのが、自身が絡んでいるとの嫌疑で訴追された同施設の爆発事故に絡むケースだった。自身がこの犯罪に手を染めたと家族に思われることを心配していたからである。

事件は、血も涙もない冷酷な企業と考えられていたスタンダード石油が、関連会社を含め総力を結集してライバル社を潰そうとした結果、爆破事件を起こしたのではないかと世論の指弾を浴びた策動である。司直に訴追され、ロジャーズ、アーチボルトらスタンダード石油の大幹部の刑事責任が法廷で問われた。

この件で、ターベルがどんな記事を書くのかを気にしていたロジャーズに対して、ターベルは事前に草稿を見せたことが知られている。果たして、どのような書きぶりだったのか。

第一二章のレジュメは、①スタンダード石油がロチェスターのバキューム石油の株の四分の三を買収、②バキューム社の二人がバッファロー石油潤滑油会社を設立し、経験のあるバキューム社の蒸留装置係を連れて行く、③バッファロー社は爆発事故を起こし、蒸留係が突然姿を消す、④バッファロー社は特許侵害でバキューム社から訴えられる、⑤マシューズは、会社を故意に潰そうとしているとしてバキューム社のエベレストらを訴追、⑥マシューズは最初の訴訟で勝利、⑦マシューズは、二度目の損害賠償訴訟を提起、さらにスタンダード石油の数人を犯罪的な共同謀議で告発、⑧ロジャーズ、アーチボルトなど三人は無罪、⑨エベレスト一家は罰金――。

市場制覇を目指すロックフェラーが、独立系の買収に乗り出すと、直後から、所有者の追い出し工作の噂が業界に流れ始めた。その手法は、得意とする運賃差別、原油の供給停止、価格戦争である。設備の破壊などもささやかれ始めた。うち唯一、裁判沙汰になったのがこのバッファロー社のケースである。正確性にこだわるターベルらしく、「透明性の確保のため、事例の解説文は、裁判での証言から引用する」とその出典を冒頭で明らかにしている。

野望の実現を目指すスタンダード石油は、一八七九年、ロチェスターの石油精製会社バキューム石油を所有するエベレスト親子に接近。当初は難色を示していたが、説得に折れ、スタンダード石油のロジャーズなど三人に会社の四分の三の株を二〇万ドルで売却した。もめごとはこれがきっかけで始まる。

車輪用の潤滑油などを手掛けるバキューム社は、有用な特許を所有していることもあって長年、経営は順調だった。売却後も親子は年俸一万ドルで残り、今後一〇年間、業界では仕事をしないとの契約を取り交わしていた。役員会は、ニューヨークのスタンダード石油本社などで開かれていた。

もめごとは、八〇年、同社のJ・スコット・ウィルソンが、同社を辞めて自分の会社設立を決意したことから始まる。販売担当で顧客も多く、同僚のチャールズ・B・マシューズに声を掛けた。新会社には、蒸留装置係が必要で、このため同僚のアルバート・ミラーにも協力を要請、合流に同意した。ウィルソンとミラーは、バッファローでの新会社の設立を息子に三月初旬に伝えた。親子は、全力で妨害する必要性を感じ、約二か月後、父親がミラーに「新会社は決して成功しはないぞ」、「特許の侵害で告訴し、差し止める」と脅かし、バキューム社へ戻るよう要請した。「有り金をすべて失うぞ」との声を掛けられたミラーの心は動く。

新会社の蒸留装置が完成すると直ちに稼働を開始した。装置は加熱され、高熱状態となると、ミラーは姿をくらました。熱さで装置のまわりの煉瓦にはひびが入り、安全弁は吹き飛ぶ。ガスや水蒸気が外部へ噴出、隣の製油所の監督者が駆けつけ、火夫に危ない状況だと知らせた。

姿をくらましたミラーは探し出された。安全弁を調整し、再度点火すると同時にミラーは、またしても姿をくらました。安全弁は再び吹き飛び、油が外部へ流出した。不幸中の幸いでけが人もなく、火事にも至らなかった。この爆発を事故と考える関係者は誰もいなかった。

直後に親子の助言でミラーは、バッファロー社から手を引いた。エベレストからの特許侵害訴追などでウィルソンも手を引く。姿をくらましたミラーに精製を頼っていた同社は立ちゆかなくなる。追い打ちを掛けるように、マシューズは、特許侵害の告訴を受ける一方で、爆発事故に関連して親子に一〇万ドルの民事訴訟を提起した。

しばらくして、行方不明のミラーが戻ってきた。それを知ったマシューズは、バッファロー社に来るように要請。ミラーを通じて、新会社から手を引け、との圧力などや、行方不明中に提供されていた一五〇〇ドルの年俸とボーナス一〇〇〇ドルを知った。

工場爆破疑惑のマシューズの申し立てを受けて、スタンダード石油のロジャーズら三人が共謀罪で起訴される。これが全米の注目を浴びた。同社は、マシューズらのバッファロー社の目的は、高値で購入させるための企てと主張、訴訟を乗り切ろうとした。

情報収集のためスタンダード石油は、マシューズの社員を買収し、社内の出来事を数か月間、毎日報告させ、本社で回覧した。ミラーも監視下に置かれた。

八六年五月に裁判がスタート。同社の弁護士は、三人が関与している事実などはないとして無罪を主張。検事は、三人はバキューム社の株の四分の三を保有しており、幹部会議にいつも出席しているとして応戦した。最終的に裁判官は、三人に無罪判決を下した。

エベレスト親子は、当初から新会社を毀損しようとしていたことが立証され、二五〇ドルの罰金などの有罪となった。ターベルは、起業家精神を発揮して設立された新会社が、さまざまな横やりを受けて計画がとん挫した事案を紹介することで、スタンダード石油がライバル社の排除のため工場設備などを破壊した事実を読者に提示している。

以上からお分かりように、ロジャーズに対する論調はさほど厳しくない。好意的といって良いだろう。連載記事の執筆を知り、ターベルに面談を自ら申し出て情報を提供したロジャーズは所期の目的を達したといえそうだ。

なお、ロックフェラーの自伝を書いたロン・チャーナウは、その著書の『タイタン』の中でこの事件を取り上げ、マシューズについて「ズル賢い、もめごとを起こすゆすり屋」とのロックフェラーの発言を引用。精油所を一〇万ドルでの売却を申し出たが、断られて、厄介な訴訟を引き起こしたとの見解を披露している。ごたごたのあった石油精製設備の理解のため、この章では、漂白タンクや建設中の鉄のタンクなど四枚の写真を掲載している。

13　スタンダード石油と政治

ロックフェラーは、当然のように政治にも関与した。不利な法案は政治家を買収し、腕力でつぶした。一三章では、名前こそ登場しないが、政界工作は主にアーチボルトが担当していた。

小見出しは以下の通りである。①オイルマンたちは、国家、州の政治を侵害しているとしてスタンダード石油を告発、②オハイオ州の一八八四年上院選でペインに贈賄疑惑、③ペインの疑惑に対する全面捜査について米上院選挙委員会は否定、④ペイン自身は、捜査を要求せず、⑤スタンダード石油に対する一般大衆の感情は悪化、⑥ペンシルベニア州議会のビリングズレー法案、⑦スタンダード石油に対する一強制法案、⑧オイルマンらが奮闘、⑨法案は否決、⑩反対のためカネを使ったとしてスタンダード石油を告発、⑪各ケースについてのスタンダード石油に対する情報の全面開示の要求が高まる――。

ライバルの排除を目指して各種の戦いを仕掛けたロックフェラー。ニューヨーク州バッファローのケースでは、うまくいかなければ脱法行為さえも厭わないという何ともおぞましい順法精神を欠く危険極まりない体質を暴露した。オイルマンらが主張していた共同謀議の事実もそうである。この章でターベルは、市場制覇に向けた環境整備のための連邦政府・議会や州政府・議会に向けた政治工作を紹介している。

具体的には、鉄道の運賃差別の規制に向けた一八七六年の調査とこれを担保するための初の州際通商法案である。州際通商法の成立は、議会の主要な二人の議員の政治力で否決された。二人とは、具体的には、スタンダード石油系の石油会社のトップである西バージニア州出身のJ・N・カムデンとスタンダード石油財務部門のオリバー・ペインの父親のH・B・ペイン（オハイオ州）である。ターベルは、水面下での工作について「十分過ぎるともいえるほどさまざまな証拠があった」と書いている。

権益確保を目指すスタンダード石油は、ライバルの独立系に有利となる石油運搬用のパイプラインを自由に敷設できる法案を阻止するため、議員らをかなり前から利用していた。独立系石油生産者組合によるスタンダード石油および鉄道に対する七八年、七九年の告発で、これを遅らせるために政治的な影響力を利用した。

石油地帯および大消費地であるオハイオ、ニューヨーク、ペンシルベニア州のすべての議会選挙で、スタンダード石油は政治工作を積極的に展開し、有能で若い政治家や法律家と良好な関係を築き上げていた。ここでは、いくつかの具体例を紹介している。

そのひとつが、小見出しに登場した八四年一月のオハイオ州上院議員選でのペインのケースである。クリーブランド生まれで名門出身のペインは、現地で教育を受けた後に上院議員となり、民主党で長年活躍。八〇年には、民主党の大統領選候補にも名乗りを上げている。

上院選では当初、民主党からの推薦もなく、取り立てて人気も高くなかった。だが、スタンダード石油財務担当を務め、南部開発の設立メンバーでもあった息子のオリバーらが支援に入ると、人気が急速に沸騰した。一〇万ドルをばら撒いたとの噂が流れ、六万五〇〇〇ドルの小切手が現金化され、それがコロンバス市で使われたとの告発もあった。これが知れわたると、全米で怒りの声が湧きあがった。同社の議会工作の是非が問われたのである。

企業の選挙戦への介入というのは尋常ではない。次の選挙戦の争点となった。八六年初頭に州議会が開催されると冒頭で、調査が命じられた。五五人の証言が調べられ、連邦議会でも調査したが、結局贈賄などについての確たる証拠は究明できずに終わった。

この件は上院選挙委員会に持ち込まれ、州政府の要請もあったが、さらなる調査は多くの反対で見送られた。

議会の議場では、同社の名前が公然と取り沙汰された。「偉大なスタンダード石油、米国最大の独占体の権力が、全米のどこでも感じられ、その権力が、ビジネス、鉄道、ヒト、モノを支配し、議会も支配するだろう」、「議会にも手を伸ばし、支配に着手、実際に支配しており、連邦議会の上院議員を選んだ」、「調査について本当の証言を聞くまで、座して黙ったままではおれない」などの声が聞かれた。

鉄道の運賃差別を禁止する州際通商法案に対し当選したペインは、八七年に反対票を投じた。翌年、この確信が一段と強まる。トラスト問題は議会の争点となった。共和党は、反トラストを公約に掲げていた。これに対し民主党はトラストに対する課税を主張した。当然のように、スタンダード石油は、すべてのトラストに反対する立法やこの関連の調査に対し影響力を行使するとともに、民主党に肩入れした。

この時、上院議員からの同社との関連についての質問に、ペインは議会で「最初で最後」と前置きし、「スタンダード石油は、とても注目に値する素晴らしい組織である」、「(同社から)一ドルたりとも利益や株式の提供を受けたこともないし、そのサービスに報いたこともない」などと語った。最終的に同社の選挙への関与は、立証されなかったが疑惑だけが残ったのである。

石油輸送用パイプラインを自由に敷設できるビリングズスレー法案についてスタンダード石油は、阻止のため全力を挙げて政治工作を展開した。パイプラインで輸送すれば、鉄道の運賃差別が適用されることはない。独立系業者が支払った輸送運賃の中から鉄道がスタンダード石油へ提供するドローバックもない。独立系業者にとって断然有利となる。ターベルの筆はそれについても及んでいる。

八七年四月、同法案はペンシルベニア州議会で採決され、最終的に否決された。成立を待ち望んでいた業者らは一斉に反発し、州都ハリスバーグで激しい抗議行動が展開された。スタンダード石油に好意的な陣営の指導者への巨額献金が流れたとの声もあった。

独立系業者らは、議会はスタンダード石油が支配しており、贈賄工作により否決されたと決めつけた。いずれにせよ、ペインのケースと併せて、リベートにとどまらず、政界にまで及ぶ政治工作を暴露したのである。さまざまな妨害もあったが、鉄道運賃などを規制する州際通商法については、最終的に八七年に成立し効力を発揮した。

章の締めくくりとしてターベルは、こんなことを書いている。ロックフェラーは世界に比類なき、最も完璧なビジネスとその形態のひとつを完成させた。その工場は、完璧で厳格な経済性を基に運営されていた。石油を運ぶパイプラインも完璧で、中国、アフリカ、南米、欧州、米国など新市場を積極的に開拓し、精製油を輸出した。執務室に一日中おり、世間の目を逃がれた。だが、有能な部下らが次々と買収を拡大していった。会社には、やる気のない人間、役に立たない社員、愚かな人材はおらず、一生懸命仕事に取り組んでいた。この結果、誰もなしえなかった富を生み出す組織を作り上げたのである。

スタンダード石油が、米国のビジネスにとって脅威であると批判する向きもなかったわけではない。ロックフェラーを石油ビジネスで成功させたら、今度は次の業界の攻撃に向かうだろう。そうなれば、五〇年以内に一握りの人間が米国を支配することになると、ターベルは警告している。

ロックフェラーは、自身を批判する世論を無視するという形で対応した。「あまりしゃべらない方が良い。私たちは森を見る」と周囲に語っていた。批判を過小評価していたのである。反論も社内では用意していたが、「沈黙を保て」というロックフェラーの指示で表に出てこなかった。なお、この章では、やや暗い部屋で椅子に座って手と足を組み、静かにポーズを取る鼻の下に髭を蓄えたロックフェラーの写真を一枚掲載している。

14　トラストの解体

世界最大の富豪で知られるロックフェラーの富の源泉は、市場独占をほぼ実現したトラスト帝国であった。批判の集中した経営手法は、その後、反トラスト法・独占禁止法違反と認定され、連邦最高裁から一九一一年に解体命令が出て分割されたことが知られている。

だが、実はそれ以前にオハイオ州の裁判所の判決で解体命令が出ていた。ロックフェラーは、規制の緩いニュージャージー州に本社を移転して、分割を逃れていたのである。ターベルはその経緯と裏話をこの第一四章で披露している

小見出しは、①一八八八年に相次いだトラストの調査、②ニューヨーク州上院がスタンダード石油を調査、③ロックフェラーの驚くべき証言、④謎に包まれた同社トラストの本質の調査、⑤同トラストの最初の協定が明らかに、⑥八八年の議会の同社に対する調査、⑦協定が明らかになった結果、オハイオ州司法長官のワトソンが同トラストに対する開示の行動を開始、⑧マーカス（マーク）・ハンナらが訴追を見送るようワトソンを説得、⑨ワトソンは固執、⑩裁判所は同社とトラストに対する明白な解体を最終的に決定――。

ロックフェラーの秘密主義は徹底していた。一八七四年、七五年のニューヨークが本拠の石油大手の買収についても公表を避け、秘密のまま。社員らに「細君にも漏らしてはならない」と口止めした。内外への連絡も偽名で行うなど徹底していた。

スタンダード石油の成功は、他の大企業がトラストへ移行するきっかけとなり、病魔のように全米へ拡がった。ニューヨーク市の上院の指令で、八八年二月に初めての調査が行われた。議会の委員会は、スタンダード石油について疑問点を持ち、社長を召喚した。

その関心事は、①トラストは何で、公共の利益は保護されているのか。米国の法律の枠内か、②市

場の八〇~九〇%を支配する優越的な地位が、鉄道の運賃差別などの特権に繋がっているのではないのか、③生産や価格を操作し、石油ビジネスの参入を妨害しているのではないか――など。

招致されたロックフェラーは、「語ることは、何もない」と言及を避けた。南部開発については、「その会社があると聞いたことはある」、「私はその中にいなかった」と答えただけ。

格安で提供されているとされる鉄道運賃についても、「そんなことはありません」と回答した。だが実際は、鉄道三社は、七二年から八八年まで格安運賃をロックフェラーに提供し、ライバルの業者には割高な料金を押し付けていた。

ライバルが経営不振に追い込まれ、傘下入りか、市場からの撤退の決断を迫られているのでは、との質問にも「そのようなことはありません」、「ライバルとの関係も今日でも良好です」と木で鼻をくくったような返事を続けるだけだった。八二年に協定を採択し、利害関係を通じて、実は強固に結び付いていた。その中身については、六年間隠し通すことに成功したのである。

トラストについてロックフェラーは、「九人の信託者が株式の大半を保有し、すべての資産を支配する」、「信託者のうちのひとりは、トラストのほとんどすべての製油所や組織を担当する役員」、「信託者は、リポートや連絡を通じて内情を知り、ニューヨークで頻繁に開かれる会議を通じて経営の状況を知る」と語り、役割の一部を初めて明らかにした。

ターベルは、「協定により結び付いた三九社は、法的な存在であるにもかかわらずすべての権威から独立し、完全な闇で運営されている」と断じている。

ロックフェラーの証言によると、トラストの価値は一億四八〇〇万ドル以上で、これが有能な九人の手中にあり、米国で最も素晴らしい権力の一つ。巨額の富は、今後六年で倍増が予想され、こうした発展が法律の枠外で実現した。

ニューヨークの上院も八八年二月にトラストに対する調査をスタートした。同三月、連邦議会の下院製造業委員会も同じような調査に着手した。スタンダード石油を第一の対象とし、最終的にまとめた一五〇〇ページの報告書の一〇〇〇ページは、同社の分析だった。これは、砂糖トラストの五倍、ウィスキートラストの一〇倍のスペースを割いていた。

これには、バッファロー事件の証言や南部開発構想、ペンシルベニア州とペンシルベニア鉄道の対立、運賃差別で撤退に追い込まれた業者らのケースなどが盛り込まれていた。

同委員会は報告書の中で、協定は「責任回避のための抜け目ないずる賢い手法」と指摘。八八年に調査が終了。評価できたのは、協定を確認できたことだけで、救済を期待する向きは大いに失望した。

ターベルはこの章で、反トラスト法違反でロックフェラー帝国が一九一一年に解体された約二〇年前に、これを予感させるオハイオ州での画期的な解体判決を取り上げた。ロックフェラーは、のらりくらりの、いつもの引き伸ばし戦術を駆使し、同時に本社を近くの州へ移転することでこれをかわした。

解体判決の主役は、三〇代のオハイオ州司法長官デビッド・ワトソンである。ワトソンは八七年、コロンバスの自分の事務所に近い本屋で一冊の本を手にしていた。ウィリアム・クック著『トラスト』で、これを五〇セントで購入した。

自宅で目を通していると、巻末にスタンダード石油のトラスト協定が付いていることに気が付いた。

協定を見るのは初めてだった。スタンダード石油は州外在住の重役の多くに経営を任せており、この協定が本物なら、スタンダード石油は七年前からオハイオ州法を違反しているのではないか、と考えていた。

ワトソンは数週間後に再任され、直ちにこの問題に着手した。九〇年五月、ワトソンは州最高裁に提訴。大半の株式をオハイオ州外に居住するトラストの信託者に移動させて協定を作成。スタンダード石油オハイオの役員を選任し会社を運営しており、州法違反で解体されるべき、と主張した。

訴訟提起の理由、黒幕などでさまざまな憶測が飛び交った。長官自身のスタンダード石油への反発、反トラスト法に関心のあるシャーマン上院議員などの名前も取り沙汰された。案の定、各界から訴訟を取り下げるべきとの声が挙がり、同時に、このためのいくつかの賄賂工作がワトソンに持ちかけられたことが表面化した。

うち一人が、スタンダード石油の丸抱えで当選したとされる共和党の重鎮の上院議員マーク・ハンナ（オハイオ州）で、ワトソンに対し告訴取り下げを要請した。書簡の一部が、ピュリツァーのニューヨーク・ワールド紙の九七年八月一一日付の紙面ですっぱ抜かれた。

その中でハンナは、最近の面談の席でロックフェラーが訴訟の取り下げのため影響力を行使するよう私に求めたわけではない、とした上で、「貴君の昇進を常に考えている」と強調。その一方で、訴追を取り下げなければ、「ワトソンはスタンダード石油による永遠の報復の対象となるだろう」とも警告した。アメとムチによる脅しである。ハンナは最後に、「貴君も役人の世界に長いのだから、一般の人に義理立てすることは何もないということを知っているのだろう」と結んでいた。

この内容は、報道で一瞬にして全米に広まり、「義理立てすること何もない」というセリフが、ハンナの政治姿勢やスタンダード石油との癒着を象徴する言葉として、政敵などから死ぬまで浴びせられることになる。もっとも、硬骨漢のワトソンは、こうした恫喝に何ら臆するところなく、信念に従って告訴を進めた。

裁判では、全米で最強の弁護士らが同社側の弁護人として登場した。「スタンダード石油によって（石油製品の）質が向上し、値段も下がった」とのトラストの効用を力説した。

判決は九二年三月に下された。超一流の弁護士を集めた弁明も虚しく、会社の存続こそは容認されたもののトラスト協定などは否定され、無罪判決を勝ち取ることはできなかった。

スタンダード石油オハイオの責任者は、本社で信託者らと協議に入り、州最高裁に対し、「トラストとのいかなる関係をも放棄するばかりでなく、すべてのトラストを止めるという断固たる措置を早急に取る」との書簡を送付した。

裁判所は猶予の時間を与えた。信託者らは、解散するために早急に行動を起こした。ロックフェラーは、九七万二五〇〇株のうち二五万六七八五株を保有し、傘下の二〇の株式をその比率で入手した。初年度の終わりには、トラストの解散後四七万七八八一株が清算されずに残った。その後も同じで、四年後も変わらず、解体は立往生の状態となった。暖簾に腕押し。得意の引き伸ばし戦術でロックフェラーは存続を図ったのである。ターベルは、「裁判所より強い権力が働いている」と指摘している。

なおこの章では、スタンダード石油に対する訴訟を提起したワトソンや、独立系業者のためのパイプライン敷設で奮闘するルイス・エメリー二世など四人の写真や、ロックフェラーの本拠クリーブランド・フォレストヒルのロックフェラー邸で九六年七月に撮影した、マーク・ハンナなどと一緒に収まるロックフェラーの写真を掲載している。

15　自立のための現代の戦争

石油製品の輸送は、初期は鉄道が中心だった。だが、コストの安く効率も良いパイプラインが敷設され、力点が後者へ移る。第一五章のハイライトは、パイプラインをめぐる独立系業者とロックフェラーの生き残りを掛けた激烈な攻防である。

レジュメを披露しよう。①生産者保護協会を組織、②自身の石油を扱うためのある秘密の独立系組織を計画、③生産量削減のためスタンダード石油と協定を締結、④協定の結果は、予想されたほど生産者に有益ではなかった、⑤生産者たちは、生産者石油会社の設立を続行、⑥独立系精製業者はこの動きの支援で合意、⑦生産者と石油精製業者の会社を設立、⑧東海岸へのパイプラインでのルイス・エメリー二世の奮闘、⑨ユナイティド・ステイツ・パイプライン社、⑩スタンダード石油の必死の反対、⑪独立系精製業者はほぼ疲弊、⑫ピュア石油会社の設立に助けられる、⑬同社が最終的に独立系の頭となる、⑭自立は可能、だが、競争状態は回復せず――。

石油業界でロックフェラーにとって唯一、和解できない敵は、独立系の業者であった。一八七二年の初の石油戦争で、独立系石油採掘業者が決起・結束し、強力で最大の敵となったのである。ロックフェラーは、独立系業者を業界から追い出し、独占を当初から目指した。大半を支配できれば、供給は不足し、原油の値段が高くなると考えたからである。

鉄道、石油精製施設、市場を支配し、業界に最初に登場した時、原油生産は急激に拡大し、並行して在庫分は八五年に三三五〇万バレルへ増加した。拡大は手数料収入を増やし、大きな利益となった。これに対して原油の利益は一貫して減少した。スタンダード石油は、他の業者が利益を上げることを許さなかったのである。

独立系業者の活路を拓くパイプラインを自由に敷設できるビリングズレー法案を支持する動きが、石油地帯で湧き上がった。スタンダード石油の妨害もあって法案は、八七年四月にとん挫。怒った生産者らが、新組織を立ち上げた。生産を止め、在庫を処分する構想である。だが、実施すれば、原油が値上がりし、大量の在庫を抱えるロックフェラーを大いに利することになる。このため減産計画を中止した。

協会はロックフェラーと協議し、ある取引が成立した。生産者が減産などを進め、高値で引き取るというやり方である。当初は上手くいったが、長続きはしなかった。

八七年までロックフェラーは、リスクが大きいとの判断から、原油採掘に手を出さず購入する側であった。だが、情勢が異なってきた。上流部門への進出を決意した。

ペンシルベニア州西部では新たな動きが出た。敵対するルイス・エメリー二世が、原油と精製油用の二本パイプラインを敷設する野心的な構想である。

スタンダード石油の強みは、輸送を確保していたことにあった。実現すれば、深刻な脅威となる。

妨害する必要に迫られた。計画は、数か月間、執拗で陰惨な妨害を受ける。パイプラインがニューヨーク州ハンコックまで伸び、エリー鉄道を横切って敷設されようとした時に、鉄道の社長が了解したにもかかわらず、武装した多数の鉄道員が現場に現れ、争いとなった。塹壕を掘り、占領。テントを張って野営し、にらみ合いが三か月間続いた。

この間エメリーは、別の方向からの通行権の確保に奔走し、これに成功。二本のパイプラインがついに九三年に完成したのである。独立業者にとって、これは画期的な出来事であった。心配された石油輸送で生じる問題もなく、運行の開始となった。

恐れていたことの現実化で、スタンダード石油はこれを機に、「cutting to kill（殺すための値下げ）」で見たような、最強かつ残忍な武器で独立系業者潰しの動きに出た。市場支配力を使って値段を強引に操作したのである。いわゆる〝発汗療法〟である。

これは、九三年秋から二年間続く持久戦となった。一月の原油は一バレル当たり五三・五セントで売られ、輸出用の精製油は、一ガロン当たり五・三三セントだった。原油は、年間を通じてじりじり値上がりし、一二月までに同七八・三七五セントへ五〇％近くアップしたのに対し、精製油は値下がりした。一八九四年の原油はさらに上昇しているもかかわらず、精製油の年間平均は同五・一九セントで、値下がりした。我慢比べの情況が続いた。

輸出を終わらせるに十分だった。ドイツでは独立系業者が消えた。独立系業者は二〇か月間、赤字を垂れ流し続けた。自分たちの石油を割安で輸送できるパイプラインなどがあったから、何とか凌げたのである。

こうした情況は長続きするものではない。苦境に立たされた独立系業者がスタンダード石油と九四年に面談。「市場が好転する希望はないのか」、「自分たちの選択は」などの疑問点をぶつけた。これに対し同社は、「売却するしかない」、「私たちは設備と株式を購入する」と相変わらず冷淡だった。

直後に独立系業者による集会が石油地帯で開かれ、石油販売を手掛けるピュア石油会社の設立が決まった。「純粋」を意味するピュアを社名に冠したのは、「標準」を意味するスタンダードに対抗するためである。製品の質は俺たちの方が上、「競争しても負けないぞ」との意味合いが込められた。

独立系の輸出を手掛けていたハール・ポスが、スタンダード系業者の間違った情報を信じてビジネスから手を引いたことが判明。ハール・ポスは、直後に急逝した。独立系業者にとっては、ショッキングな知らせだった。エメリーらは、急きょ欧州に飛び、販売体制の再構築を余儀なくされた。もっとも、これによってスタンダード石油との闘いが終わったわけではなかった。

スタンダード石油は、ピュア石油とユナイティド・ステイツ・パイプラインの株式の取得を秘密裏にスタートしていた。戦いを有利に進めるためにライバルの内部にスパイを送り込むのはロックフェラーの常套手段であった。

九五年夏、同社の総会に、株式を保有しているスタンダード石油の代表が参加しようとしたところ、入口で、「スパイが目的だ」として制止された。法廷に持ち込まれ、独立系業者が敗北した。最終的には、ユナイディド・パイプライン社には、スタンダード石油から役員が送り込まれた。打撃は大きく、東海岸へのパイプラインの延長で、同社からさまざまな妨害を受けることになる。

鉄道との合流地点にパイプラインを敷設すると、直ちにズタズタに引き裂かれた。監視されていることを悟って、一計を案じたエメリーは、鉄道の下の排水溝に夜間、五〇人を引き連れてパイプラインを敷設、石を敷き詰めて、重い木材できつく締め、鎖で固定した。鉄道の両側に野営して戦いに備えた。戦いは直後にやってきた。つるはしなどで武装した鉄道員たちが襲ってきたのである。

エメリーは、この時のことを九九年の工業委員会でこう証言している。「私達は連中を肩やズボンをつかんで、取り押さえた」。翌日、二五〇人の乗せた二台の解体作業車がやってきて襲い、再び、追い返した。

双方の合意で、これは法廷に持ち込まれたのだが、今度は、機関車二台で熱水と焼けた石炭で攻撃を仕掛けてきた。この時はさすがに、地元住民も怒り、決起した。鉄道の職員も加わり、妨害している連中の背後にはスタンダード石油がいると明言。支援を申し出た。

約五〇丁の銃の提供も受けた。エメリーは、ライフル銃を約二〇丁を購入した。野営地には、バリケードを築いた。敷設したパイプは守られ、裁判所からも許可が出た。背水の陣を敷き、後のないエメリーらは最後の最後で勝利したのである。

この結果、パイプラインの自由な敷設を認める法案がニュージャージー州の議会に提出された。通過すれば、同意なしで鉄道の線路の下にパイプを敷設できる。新聞などは、スタンダード石油と鉄道の工作で、法案は実現しないと書き立てた。審議が始まると担当の上院議員が姿を消した。議会は流会となる。ユナイティド・パイプライン社顧問のロジャー・シャーマンは、大胆にもシャーマン反トラスト法でスタンダード石油の告訴を勧めた。

この訴訟提起に向けていったんは動き始めたのであるが、二か月後にロジャー・シャーマンが死去する最悪の事態となる。

この結果、建設中のパイプラインは、自由に敷設できるペンシルベニア州を通過するように変更された。法廷闘争に二五万ドル費やし、さまざまな妨害を克服した末の九年後の一九〇一年五月、石油地帯から東海岸のフィラデルフィアへ敷設されたパイプラインがやっと完成した。

エメリーは、一八九九年の工業委員会で、パイプラインの敷設が困難を極めたのは、スタンダード石油が妨害したからと言明した。一九〇〇年には、ピュア石油社は、ユナイティド・ステイツ・パイプライン社などと合併して資本金を一〇〇〇万ドルに増やし、「石油ビジネスはスタンダード石油のものである」と主張するロックフェラーとの対決姿勢を一段と強めた。

独立系は首尾良く戦い、今なお存続している。原油の生産は現時点で、日量八〇〇〇バレルを誇り、原油輸送用のパイプラインは一五〇〇マイル（二四〇〇キロメートル）、精製油用は四〇〇マイル（六四〇キロメートル）まで延長された。タンカーや英国、ドイツ、オランダなど主要国に拠点を保有し、欧州での販売を展開している。

ターベルは、ピュア石油が強力な組織となったのは、スタンダード石油からの執拗な妨害行為があったからだ、と指摘している。同社は、最大級の業者を複数買収することで生産者を保護するための組織の解体に心血を注いだ。鉄道を使った追い出し工作に対抗するため、独立系業者らが結束したのである。

鉄道やスタンダード石油のパイプラインの利用で課される高い輸送料は、独立系業者の東海岸へ通じる独自のパイプラインの敷設を加速させ、さらには、欧州市場の開拓を促すことになった。ピュア石油の成功は、忍耐強く、競争力のある品質があれば、独立系業者であっても石油ビジネスが可能であることを証明。その結果として、業界での競争が復活し、石油の値段が顕著に値下がりした。石油価格は一八七六年以降、スタンダード石油の手にあったことが証明された、とターベルは結論付けている。

この章では、記事の理解のため、独立系業者が結束して設立したピュア石油の幹部四人の写真とパイプラインを土の中に敷設する労働者らが作業する様子を描いた挿絵のほか、ペンシルベニア州でピュア石油社が敷設したパイプラインの路線図や石油製品の値段の表を掲載している。

16　石油の値段

第一六章は、マーケットをほぼ手中に収めたロックフェラーが世界一の富豪に上り詰める原動力となった、巨額の利益を叩き出すためにどのような手法で高価格政策を構築したのかの分析である。盤石なトラスト帝国を形成、市場の支配により石油価格を思いのままに操った秘密を全米各地の石油の値段を詳細に調査することで、縦横無尽に解き明かしている。キーワードは、競争である。

ロックフェラーは、自ら編み出したトラストの手法を活用して傘下企業の支配力を結集。より強靭となった市場支配力で、生産量と価格を自由に操り、巨額の富をかき集めた。ターベルは、その悪辣な手法を詳細に分析、独占の弊害や害悪などのあぶり出しに成功している。調査報道の真骨頂が随所に表れているといっても過言ではないだろう。

レジュメを列挙しよう。①初期の提携計画は価格維持の目的を包含、②南部開発も同様に計画、③一八七二〜七三年の提携で値段が上昇、④計画の失敗により値段は下落、⑤二回目の統合の成功でスタンダード石油は、七六〜七七年に巨額の利益、⑥競争が戻り、値段は下落、⑦同社が八〇年に、七六〜七七年の攻撃を繰り返してこれが無駄な試みに、⑧同社は、石油の値段を高くすると市場が弱まり、競争を激化させると確信、⑨七九〜八九年に巨額の利益、⑩競争のため八九年以降輸出の利ざやが低下、⑪際立つ国内価格の操作、⑫国内の消費者は同社の海外での競争のため代価を支払う、⑬同社の同じ製品の国内での価格はさまざま、⑭競争のない地域の値段は高く、競争があれば低価格——。

ロックフェラーの市場支配の原型とした南部開発についてターベルは、これまでたびたび取り上げてきた。ここでも冒頭にあらためて書いている。その理由について、「それが単に、業界からすべての業者を石油精製市場から追い出す迅速で効果的な方法だったばかりでなく、生産量を支配し、その値段を上げることもできたから」と説明している。

これが失敗した四年後にロックフェラーは、同じような事業を開始した。この理由について、スタンダード石油の幹部は、「値段を上げる。ただそれだけ」と語っている。利益を維持するための奮闘は当然だった。成功したのは、全米の精製業者を傘下に収めることができたからである。

七二〜七三年にロックフェラーは、生産量のカルテルを結び、短期間で失敗した。三年後の七五年に生産量の九〇%の支配を目指し、新たな挑戦を開始、四年以内に実現させた。以降も八〇%以上を支配し、現在でも変わりない。

「日用品で市場の七〇％以上を支配すれば、値段を操ることができる」といわれている。スタンダード石油はそれが完璧で、原油と精製油の値段は、本部から指令が出た。

創業から八年間、ライバルに対して大胆な競争を仕掛けた。この間、海外市場を開拓し潤滑油などの輸出が拡大したが、消費者への恩恵はなかった。原油の長距離輸送用のパイプラインも登場したが、一般への恩恵はなかった。

ロックフェラーは、「オイルビジネスは、すべてパイプラインに依存している。これなしでは、油井はすべて閉鎖となるだろう。海外市場も同様」と語っている。七九年から八九年まで利ざやは下がるどころか、しばしば上昇した。この間、付随する石油製品は拡大した。一〇％にも上った廃棄物は、ほとんどが有効活用されるようになった。

競争を封じ込めたことによるこの一〇年間の同社の巨額の利益は、明らかである。照明用油の輸出は約五〇億ガロンで、市場の九〇％程度を支配した。これに価格操作が加わる。

七九年は、資本金三五〇〇万ドル、配当三一五五万ドル。八五年の総収益は、八〇〇〇万ドル以上、八六年同一五〇〇〇万ドル超、八八年一六〇〇〇万ドル超。八九年に入ると利ざやの下落が始まる。それは、競争が始まった結果だった。

ニューヨークにも拠点のあるドイツの企業が、規模の大きな貯蔵タンクなどを欧州内に建設、販売先をスイスなどへ拡大した。このための複数の輸送船を確保、ペンシルベニア州などの独立系の業者と提携。これによって激烈な販売競争が始まった。

同じ年に、ロシア産の石油が西欧諸国へ初めて、大量に流入するようになった。米国産油にはこれが潜在的な脅威となる。九二年になると精製油の値段が下がり出し、約三年間続いた。

欧州市場での販売競争のため八九年に値段を下げる一方、国内では、値段は高止まりした。ロシア、ルーマニア、アジア産の油との販売競争のため、米国内の消費者が値段の高い油を購入させられる形になっているのである。

連邦議会の委員会に八八年に提出された資料などによると、精製油の値段は、一バレル当たり、アーカンソー州同八～一八セント。テネシー州同八～一六セント、ミシシッピー州だと同一一～一七セントという具合である。二倍以上のかなりの幅がある。

最も詳細な調査は、一九〇一年二月の同工業委員会の実施分である。五〇〇〇軒の消費者向け販売店に聴取して驚くべき結果が出た。回答があったのは、一五七八軒である。照明用油の同卸売価格は、コロラド州で一三～二〇セント、デラウェア州で八～一〇セント、イリノイ州六～一〇セント、アラバマ州一〇・五～一六セント、ミシガン州五・五～一二・五セント、ミズーリ州七・五～一二・五セント、ケンタッキー州七～一一・五セント、オハイオ州五・五～九・七五セント、カリフォルニア州一二・五～二〇セント、ユタ州二〇～二二セント、メーン州八・二五～一二・七五セントなどである。

卸値の高値と安値の差が、八セントのオレゴン州から一・五セントのロードアイランド州まで幅がある。最高値と最安値の開きが二倍以上の州もある。もちろん、以前のケースでは、二・三セントの差は、輸送料などがあったのだろうがそれ以上のものはない。バーモント州では、これが四・五セント、ところがニューハンプシャー州は、わずかに一・七五セント、デラウェア州だと二セント。

輸送や配達料などを考慮しても、照明用油のように安定した価格や利益が確保できる日用品は米国ではない。今や、いかなる日用品であれ、市場価格が全米で公正であり、利益も上がるべきなのが消費者にとっても良いことだと認めない人は誰もいないだろう。油は、輸送費、配達費などを考慮しても、テキサス州でもオハイオ州でも同じ利潤で売られるべきなのである。そこでは、自由で一般的な販売競争がなければならない。

ところが、市場の支配力に任せてスタンダード石油は、利潤をかさ上げして販売している。七九年以降、販売競争がなく、同年において、同社は、全米の精製油の九五％、八八年は約八〇％、九三年は八三％を支配していた。占有率が五％から一七％の独立系業者に、販売競争の加速を期待するのには、限定的な地域だけで、限界がある。ターベルは以上のような問題点を指摘している。

興味深いのは、スタンダード石油の帳簿のリストの中で、ただ一か所、損失を出している店があった。不思議に思って調べたところ、独立系業者との間で競争が繰り広げられている地区にある店舗だと判明した。

工業委員会が調査した一覧表をチェックすれば、値段の安い地区では、販売競争のあることが分かる。インディアナ州インディアナポリスでは、競争のある地区の一ガロンの卸売価格は五・五セント。競争のない地区では、同八〜一〇・五セント。一九〇四年四月の同州の調査でも、競争があるかないかの地区での同じような驚くべき差が判明した。

ターベルは、工業委員会のリポートに掲載されている一八九六年、九七年に発生した地域での〝石油戦争〟の興味深い例を引用している。九六年三月、ニューヨーク市内に独立系のピュア石油が、満載した三台のタンク車を設置した。同日のスタンダード石油の油は、九・五セントでピュア社もそれに追随した。すると、一週間もたたないうちにスタンダード石油は、八セントへ値下げ、同四月には七セント、同一二月には、六セント、翌年には同五・四セントへ下がった。

これは、競争があれば、安い価格が続くということである。なぜ、競争のないカンザス州では、二五年間に渡る販売競争の続くケンタッキー州より平均して約四セント値段が高いのか。競争のないコロラド州の値段は平均一六・九セント、競争のあるカリフォルニア州は一四・六セントである。詳しく調べると、スタンダード石油は、市場支配力を利用して値段をつり上げているとの結論に達するのである。「この結果、(競争がなければ)私たちは、自由な競争のある時よりも、常に高い値段で精製油を購入させられている」とターベルは力説している。

これはトラストのような企業結合の主な目的である。スタンダード石油は、この結合によって手にした利潤の消費者への還元を決して話題にしない。幹部のロジャーズは、一八九九年の工業委員会で、値下げしない理由について「健康のためにビジネスをやっているわけではない。金儲けのためやっているのだ」と率直に語った。

消費者は製品を高く買わされているだけでなく、オイルビジネスの末端で競争が難しくなっている。南部開発が創設されたのは販売競争をなくすためである。運賃差別も同じである。一連のパイプライン会社の設立も同じ理由からである。ライバルの情報収集のためのスパイ網整備もそのためだ。石油戦争にしてもしかり。ライバル社のビジネスを難しくさせるための完璧な手法である。

スタンダード石油が石油の値段を安くしたと考える向きが依然としてある。六〇年末、七〇年代を振り返ると、石油一ガロンが五〇~六〇セント、現在では、一二~一五セントである。これは企業合同（トラスト）の結果であると説明している。

ロックフェラー自身も、ニューヨークの上院の委員会で「一八六一年、石油は一ガロン六四セントで売られていた。現在は六・二五セント」と証言している。

これに対してターベルは、「この比較は間違っている」と喝破している。六一年に石油地帯には、鉄道がなかった。船着場に石油を一バレル運ぶのに、三〜一〇ドルかかった。石油精製の過程は粗雑で、無駄がとても多く、市場も未整備だった。このためロックフェラーは、六一年の六一・五セントから二五・六二五セントへ下がったと指摘するべきであると反論している。

ターベルは、値段が下落した理由について、東海岸へのパイプライン敷設、副産物の開発、大量輸送への転換などによる効率化の結果である、と批判している。値下がりは、トラストの効果であるとのロックフェラーの主張は、「この歴史を学習したことがないため」と決めつけている。

ターベルは、「多くが鉄道の意味を知らない」と指摘。販売競争により六六〜七六年に値段は下落、その後、販売競争がなくなったために七六年から七七年までは上昇した。ところが生産者、独立系精製業者などによる組合が形成され競争がスタートした七七年から七九年には、値下がりした。この敵対勢力が軍門に下ると、スタンダード石油はついに最高権力となり、その後の一〇年間は、値段は利ざやより一ポイント以下にはならなかった。七九年に一〇年ぶりに値下がりしたが、それは競争が戻ってきたからである、と分析している。

ターベルは最後に結論をまとめている。スタンダード石油の結合体などが競争以外で石油の値段を下げると信じることは、殺そうとしているか、騙されることを議論することである。長い人間の経験は、政府や教会に独裁的な権力を与えると、人民を押さえ付けたり、騙したりするのが昔から常だったことを教えてくれる。数世紀の間、国家との戦いは、一般大衆にとって、公正に対応する安定した政府を形成することであった。

これを確保するために私達は、王、皇帝、大統領に対して一〇〇〇以上の制約を課し、束縛している。教会に対しても同様である。にもかかわらず、米国ではいまだに、商業ビジネスの中で、事実上の独裁的な権力を認めている。法律の精神や鉄道輸送の綱領がこうした特権を禁止しているにもかかわらず、輸送面でライバルを抹殺する特権を容認している。

私達は、州をまたがる巨大な統合を容認しており、綱領や情報公開を求めていない。提携関係で結ばれた人々、企業、ビジネスのための共同組織の権限は限定され、合理的な査察や情報公開の下にあるべきである。

驚くべきことに、生活必需品の値段は、スタンダード石油の九人の男たちの支配下にあることが分かった。九人は、卓越した能力で価格支配力を行使した。それは、法外な配当を手に入れる確実な手段でもあり、一般を騙す最も説得力のある議論でもあり、販売競争の息を止めるために最も残酷な武器であったと、ターベルは指摘している。この章には、石油製品の値段の推移が分かる折れ線グラフ六枚などを掲載している。

17　スタンダード石油の正統的な偉大さ

巨万の富を叩き出した違法性が濃厚なロックフェラーのビジネスをターベルは、本書で解き明かしてきた。では、スタンダード石油について、経済・経営学的な見地から見てどういう評価をしているのか。ターベルは冷静な目で、スタンダード石油の偉大さを本章で説明している。

レジュメは、①権力の中央集権化、②ロックフェラーと他の八人の信託者がパートナーのようにビジネスを運営、③信託者らへ価値あるすべての情報を収集するためのニュース収集組織、④ロックフェラーは、すべてのポストに選りすぐった人員を配置、互いに競わすために工夫、⑤設備は、適切に配置、⑥わずかな出費でも念入りにチェック、⑦新しい事態が発生すれば迅速に対応、⑧製品の供給により節約を導入、⑨利益は誰にも支払われず、⑩製品と副産物の利益の拡大、⑪大きなものを理解するための一般的な能力とそれを支配する大胆さ——。

ロックフェラーの成功は、業界を事実上独占したことに他ならない。その結果、当初から、特別な恩恵を享受していた。もっとも、これだけで成功を説明できるわけではない。違法行為により有利な立場になったこともトラスト形成に役立った。

ターベルは、エネルギー、諜報行為などで罪にまみれた巨大トラストは、常に貪欲で、ずる賢く、節操もなかった。忍耐強くすべてを見通していた物静かな総帥こそが鉄道を急襲し、成果を成功裏にもたらしたのである、と分析している。

こうした事業での永続的な安定性と成長性で評価された人物は、ロックフェラー以外にはいない。傑出した違法性とは別に、ロックフェラーの偉大な正統性を分析するとしたら、カトリック教会あるいはナポレオンの政府のように、「完璧に中央集権化した基盤の創設」だとターベルは考察している。既に指摘したように、事業はロックフェラーをトップとする九人の信託者の手に収められた。パートナーのように経営に関与した九人は、会社の経営や発展に尽くした。

社内には、各種委員会が設けられ、ロシア産石油の中国での販売競争から米国内の原油の採掘状況まで、あらゆる問題が協議された。原油委員会では世界の原油の状況が報告され、製造委員会では精製油の研究や廃棄物の利用、新製品の開発が話題となり、内外の各地での販売競争を扱う市場販売委員会もあった。委員会には、世界各地から情報が届けられた。それは、ライバルの情報も含まれていた。輸送委員会では、鉄道会社の輸送運賃について報告された。

こうした情報は、新聞社と同様に、全米の各石油地域や世界の首都に通信員を幅広く配置し、収集していた。欧州では、高級紙の記者、外交官、ビジネスマンに関連情報の送付を依頼している。石油が採掘される地域でも同様である。

九人は、オイルビジネスのすべてについて精通しており、石油情報を利益のためにこれほどまでに利用したのは最初だろう、と強調している。トップのロックフェラーが、全米の石油精製などのすべての施設を正確にコントロールしたのである。

ロックフェラーの偉大な業績のひとつに、工場を立ち上げた経営者を雇い、スタンダード石油の経営に調和するように育て上げたことがある。従ったのは、スタンダードと同じ格安の鉄道運賃が適用され、利益となることが分かったからに他ならない。

傘下入りした製油所は、詳細な報告が毎月要請されていた。比較され、結果が知らされた。これによって全体の質を上げた。当時は、どんぶり勘定の経営がまかり通っていた。これに対しロックフェラーは、数字を提示して杜撰な手法を指摘し、これを近代的な経営に変身させた。大きな功績だ、とターベルは評価している。

革命的な経営手法もあった。取得した施設の採算が合わなければ、スクラップしたり、採算性の向上のため立地条件などを考慮した。「誰にも儲けさせない」とのロックフェラーの信念に沿って効率経営にまい進した。わずかな節約が、会社全体としては膨大な金額の合理化につながった。

ターベルは、些細なことにも気を配ることができる天才ロックフェラーの戦略的な優越性を、フランス革命の混乱を収拾して独裁政権を樹立、欧州の大部分を一時勢力下に置いた軍事の天才ナポレオンにたとえた。いったんこうだと決めたら、一切ひるむことなく、即座に行動を開始し、ペンシルバニア鉄道からパイプラインの会社を奪ったように、その手法は略奪的だった。

パイプラインによる独占体制構築後は、原油が見付かれば、それを追ってどこにでも動いた。鉄道に代わり主流となった独立系のパイプライン敷設で、近距離のものでさえも鉄道は妨害し、トラスト帝国に大きく貢献した。だがしばらくすると、鉄道は大量の輸送から除外された。鉄道の差別運賃を禁止する州際法が成立したことも背景にある。

ロックフェラーは、海外市場を積極的に開拓し、欧州、アジアなどに独自の拠点を続々と設けた。大型タンカーを建造し、市場開発も積極的に進めた。イオウの含有量が多く、照明用には適さないと敬遠されていたリマの石油も、巨額の資金を投入して新しい精製法を開発した。

製品の幅も拡がった。輸出は、潤滑油を例にとると、一八七二年に五〇万ガロン以下だったのが、二五年後の九七年には、一〇〇倍の五〇〇〇万ガロン超に増加した。潤滑油の支配で、市場の研究や製品の開発に素晴らしい能力を発揮した。あらゆる機械製品に適合する潤滑油を製造し、ミシン、電気、蒸気機関など広範囲にまたがっていた。

その強みは、ロックフェラーの卓越した戦略や先見性、洞察力に尽きていた。恐るべきそのビジョンや確固たる目的は、野望の実現には不可欠であった。もっとも、手と足となる男たちを引き入れなければ、帝国は、決してここまで発展しなかったし、ロックフェラーの片腕となったチャールズ・ロックハート、W・G・ウォルデン、ヘンリー・H・ロジャーズらは、スタンダード石油がなかったとしても、どこかの会社のトップになっていたのは疑いない、といい切っている。

トラストの組織化や従業員による株式保有を機にスタンダード石油の効率性が飛躍的に高まった。配当は三〇～四八％。反対勢力の存在も手伝って、トラストの結束力は極めて強かった。もっとも石油地帯の住民は、スタンダード石油の節操のなさ、秘密主義、洞察力、吝嗇さ、破廉恥さなどに反発していた。

なぜ独占を維持できたのか。①小さい組織で調和がとれていた、②メンバーの能力、③運営力の強固さ、③過去を簡単に忘れてしまう――などが成功の秘密と、ターベルは分析している。

最後にターベルは、以下のような考察を披露している。ロックフェラーは、勝利の果実の享受をいまだに許されていない。個人的な恨みによる切れ目のない批判は、素晴らしい計画を無にし、調査委員会にたびたび呼び出された。ロックフェラーのトラストの設立以降、独立系業者たちによる絶え間ない努力は、原油を運ぶ東部へのペイプラインの敷設などにつながった。石油の値段が下がったのは、「こうした業者らの努力による競争があったからなのである」と結んでいる。

18　結論

いよいよ最後である。ターベルが渾身の力を込めて書き上げた結論である。概略をやや詳しく記述しよう。

闇に葬りたかった、世論を震撼させる数々のスキャンダルを暴露した連載記事にもびくともしないロックフェラー帝国に対する、ターベルの憤激がさく裂している。小見出しを見てみよう。

①トラスト解体を命じる一八九二年の裁判所命令に従わないオハイオ州のスタンダード石油の法廷侮辱行為に対する訴追が九七年にスタート、②同州の反トラスト法に違反した同社の四つの構成会社を追い出す訴訟が開始、③モネ司法長官が任期切れのため全訴訟が脚下、④同社は、ニュージャージー州への避難の説得を受ける、⑤スタンダード石油ニュージャージーの資本は増加、すべてのスタンダード石油のビジネスは新しい組織へ、⑥同州の法規制は弱い、⑦利益は巨大で、同社のオイルビジネスの支配はほぼ絶対的、⑧同社は、本質的には南部開発計画の実現、⑨常にそうであるが極めて決定的な問題は、今や輸送である、⑩輸送の問題が解決されない限りトラスト問題は、解決されないまま続く、⑪倫理的な数々の問題が含まれている――。

スタンダード石油の目的と手法は、ロックフェラーが七〇年代に計画した生産量を支配することで、原油と精製油の値段を統制する南部開発構想と同じだった。維持できたのは、輸送をコントロールし、格安運賃の提供を受けることができたためである。

今日のスタンダード石油はどうなのか。もはやトラストではない。九二年に清算を余儀なくされた。株式の三分の一はロックフェラーの所有である。

現在のスタンダード石油は、一四人の役員による幹部会で運営されている。利益は膨大で、配当は五年間の平均が四五〇〇万ドルと、五〇%に近い。膨大な年間収益の約三分の一は、ロックフェラーへ。九〇%は、スタンダード石油一家を構成する数人の手に渡ると見られる。

利益の投資先は、ガス業界、鉄道、銅、鉄鋼、銀行で、金融面では世界一強い。企業体質の強化のため毎年、四五〇〇万ドルの資金を投資に向けていた。

石油市場のどの程度を支配していたのか。九八年の石油製品の二四〇〇万バレルの米国産のうち約二〇〇〇万バレルが同社分だった。八〇%を超える市場支配力が価格をコントロールする力となった。一〇年前まで米国製石油は割安で、海外で深刻な脅威にさほどさらされていなかった。だが、ロシア産が八五年に欧州に登場し、最近では有力なライバルになっている。米国産が優位を保てるかどうかは分からない。

スタンダード石油が支配していた東洋では、ロシア産を扱う英国のシェル・トランスポート・アンド・トレーディングやスマトラ産石油を扱うオランダのロイヤル・ダッチ系などを軸に、価格戦争が勃発。これに終止符を打つために、両者の間で同年協定が締結された。その結果、安い石油製品が、スタンダード石油の領域に侵入している。

今日のスタンダード石油で最も重要なのは、リベート、ドローバック、スパイ行為、略奪的な販売競争など現在の手法が、どの程度続くかである。

東部でほぼ九〇％のパイプラインを保有するスタンダード石油は、油井と貯蔵タンクが結ばれ、各地の製油所へ輸送されていた。公共的な使命を帯び、理論的にはすべての顧客の要請に応じる必要があるにもかかわらず、独立系業者の集配あるいは配送を拒否、パイプが撤去されたこともあった。

輸送運賃でもスタンダード石油系は、輸送に要した会計上の費用を支払ったのに対して、独立系は二五年前と同じ割高の料金を払わされていた。裁判に持ち込んでスタンダード系と同じ料金を払えばよかったと考える法律家は少なくない。ターベルは、「提訴してみれば面白かっただろう」と書いている。

鉄道運賃は、スタンダード石油に有利に決められていたばかりでなく、貨車関係の諸費用にも数倍の差があった。積み荷の上げ下げでの施設の利用は拒否されていた。少量の運搬は前支払い制だった。独立系はいずれも不利で、鉄道は、スタンダード石油の怒りを買うことを恐れていたのである。

鉄道運賃を規制する州際通商委員会の創設後も、ライバルのビジネスを妨害していた。多くの企業の役員会に名を連ねており、石油以外にも膨大な貨物輸送を抱えていた。鉄鋼、銅など多くの業界と連携し、応じない場合は輸送から外された。

スタンダード石油は、金融市場でも大きな影響力を保持し、資金面で鉄道の支援もできたし、妨害もできた。証券市場で株価下落も上昇させることもできた。鉄道は関係悪化を恐れて、八七年以降も、以前と同じ効果のある運賃差別制度を存続させようとした。オイルマンらも委員会を信頼していなかった。このため石油地帯の独立系業者は結集して活動し、ピュア石油社設立となったのである。

運賃差別の聴聞会が八九年五月と九二年一二月に開催され、委員会は、鉄道に対してタンクと樽で運搬される石油に同じ運賃を課すよう命令した。鉄道は対応せず、聴聞会が五年後の九四年五月に開かれた。この結果、一〇数社に対する約一〇万ドルに上る補償が命令された。これに対し鉄道は、委員会の要求を拒否、裁判所に持ち込まれた。聞き取りは三回開かれたが結論は出ていない。委員会が命令を出しても、鉄道は応じない。委員会は、正義の実現のため組織された。だが、一二年かかっても解決していない。

運賃差別は、依然として深刻な問題である。この解決なしには、トラスト問題はなくならない。巨大トラストに独立系より格安運賃が適用される限り、市場からライバルを追い出すための安値販売を犯罪とする法律を論じても意味がないのである。販売競争する以前に市場に参入できなければならない。

現在のように輸送のコントロールができる限り、スタンダード石油は石油業界の支配者であり続けるだろう。米国民は、これに対する無関心、愚かさの代償を支払うことになり、天然資源と輸送システムの同社への集中度が年々拡大していることを確認することになるだろう。

もし、すべての国がこうした競争という攻撃にあい、ビジネスが二、三〇〇人に限られ、常に高い精製油を買わされることになれば、深刻な問題となるだろう。それ以上の大きな懸念は、倫理的な代償である。

ビジネス上の成功は、神聖視され、その経営手法は多くの人によって正当化される。あらゆる種類のごまかし、詭弁、中傷の事実は、スタンダード石油や法の精神、世論などに反して、秘密裡に続けた努力によって得られた特権の説明に利用される。

ロックフェラーは、七二年に好業績の製油所をクリーブランドに立ち上げた。南部開発会社をスタートしたのは、ライバル達を抹殺するためであった。エンパイア・トランスポーテンション社を七七年に石油業界から追い出したのは、自分の会社を救うためではなく、全米の製油所を手中におさめるためである。タイドウォーター社との戦いも、競争による輸送費と精製油の値段の下落を防ぐためである。ユナイディド・ステイツ・パイプラインを妨害したのは、独占の維持のためだった。目的は、いずれも独占の構築である。

ロックフェラー擁護派は、こうした組織が形成されていなかったら石油産業は優秀な人材や資本の不足で失敗していただろうと主張する。そうした意見は幼稚である。業界の製品は世界が必要としている。当時は、新しい安価な照明がいたるところに登場、その必要性と価値が認識された時に石油が現れたのである。以前から灯油は文化の発達した世界の国に行き渡っていた。七二年の石油ビジネスの本当の良さは、石油を安くしたことにある。安ければ、世界中に行き渡るのである。

ロックフェラーによってのみ、ビジネスの十分な資本が得られたという主張がある。投機性の膨大な資本が最初の一〇年間に業界に流入した。だが、石油地帯から東海岸への最初のパイプラインは、ロックフェラー以外の資金である、と喝破している。

石油ビジネス史を見ると、安価な油の提供には、このような集合体は必要ないことが分かる。販売競争があれば、原油と精製油の間の利ざやは低下する。権力と不正行為を使い、「これがビジネスだ」と正当化するロックフェラーを国民は見てきた。この言葉は、特権、ずる賢いたくらみ、冷酷な扱いの言い訳として使われた。道徳は、ビジネスには適用されないと議論されるのが一般的である。

こうした秘密主義は、さまざまなビジネスマンによって利用されてきた。バレれば、「これは商売だから」という理由で言い訳するのである。突っ込まれると今度は、キリスト教の教義の舞へ戻り、「人は、間違いをするものであり、誰もがお互いの過ちを赦さなければならない」とへ理屈をまた並べる。

賛美されたビジネスでの成功あるいはスタンダード石油トラストのように成功した人物は、国家的な英雄となるのである。組織の歴史は、実用的な金もうけの教訓として研究される。戦った人々の結果は惨めである。トラストと競争し、悩まされ、裏をかかれ、スパイされ、スタンダード石油が相手だと何でも正しいことになる。

スタンダード石油は、必要性がなければ、公の問題には関与しなかった。ビジネスマンは、宗教や政治に登場すべきでないとの考え方は、知的にも道徳的にも堕落だった、とターベルは指摘している。

一八七二年以降、同社は、不利益な立法に反対するためにだけ政治に関与した。当時の業界は、新興産業で、急激過ぎる成長、投機などへの対応に腐心していた。鉄道では、その差別料金などが米国の喫緊な課題の一つとなっていた。オイルマンらは、連携して反対した。

七二年当時の石油戦争は、新聞、雑誌に目を通せば、輸送の問題がいかに深刻だったかが分かる。石油地帯はリベートに反対で、すべての運賃は同一との鉄道との協定が合意された。それ以前からロックフェラーはリベートを受領しており、それが他にも広まっていた。企業活動の情報公開や輸送の自由と同一運賃の実現のため鉄道を規制する州際通商法を妨害するため、七六年から八七年までロックフェラーは、積極的な議会工作をワシントンで展開している。

最後にターベルは、本書の第５章などでも取り上げた最も嘆かわしい道徳的な退廃をあらためて取り上げている。それは、スタンダード石油がわずかばかりの小遣いで何も知らぬ鉄道の輸送担当などの若者に仕向けた産業スパイ行為である。

ターベルが指摘するのは、月五ドルか一〇ドルの小遣いで独立系業者の情報を秘密裡に報告する、輸送担当の事務員は恐らく若者で、最初に知る教訓は、企業倫理。その若者が、ロックフェラーの教会の日曜学校にたまたま座っていたとしたら、若者は、ロックフェラーの教えから何を学ぶのだろうか、と問いかけている。

仕事は平和的な追求であるべきで、多くの若者がビジネスは戦争で、道徳は、その実践では何ら関係がないと考えながら成長していることは、大変な驚きである。

では、どうすればよいのか。ターベルは、米国民である私達は、代表的なスタンダード石油の成長を題材にこの産業の間違っている情況を取り除かなければならない、と指摘する。最初の仕事は、鉄道、パイプラインなどの自由かつ同一の運賃を確保することであり、極めて深刻な手術が必要かもしれない、と力説。輸送問題が適切に解決するまで、独占的なトラストは、なお身近にいるだろうし、私達の努力の壁となるだろう、と言明している。

倫理面についてもターベルは、フェアープレーを軽蔑するビジネス手法は、矯正法がないどころかますます物笑いの種となっている、と言及。ルールを破って勝っても、勝利に値しない。公正なやり方以外でライバルを排除し、特権の獲得のために戦っているビジネスマンが、プロとして相応しくないと不名誉な追放を受けた時、私たちは、ビジネスを若者に相応しい目標にするため長い道を歩んできたことになるだろう、と結んでいる。

ターベルの不朽の著書『スタンダード石油の歴史』の概略は、以上である。もっとも、同社に対する記事は、実はこれが最後ではない。総帥ロックフェラーを論評した記事が、しばらくしてマクルアーズ誌に掲載されることになる。一八回の連載記事よりも、ロックフェラーは、こちらの方に衝撃を受けたといわれている。なおこの章には、山高帽をかぶって正装する直近のロックフェラーと、炎を上げて燃える石油タンクの写真などを掲載し、スタンダード石油を身近に感じさせる工夫をしている。

第8章 ロックフェラー帝国の解体

歴史的な連載を終了した約一年半年後に、所属するマクアーズ誌でゴタゴタが突然発生し、ターベルなどの全員の記者が退職することになった。時を同じくして、好意的で同志的な存在だったルーズベルト大統領から調査報道を手掛ける記者たちを攻撃する声が挙がった。ターベルら調査報道が専門の記者らは、一転して受難の時代に突入する。

1 マクルアーズ誌を退社

一八回続いた連載が一九〇四年一〇月に終了すると、ターベルは、ロックフェラー帝国の悪行を洗いざらい暴いた超有名人になっていた。大型爆弾を次々と投下し、トラストの問題点を明らかにしたはずなのに、ターベルは、「すべてを書き切れていない」との不消化な気持ちが残っていた。

この結果、取り組んだのが七か月後のマクルアーズ誌一九〇五年五月号に掲載されたスタンダード石油の総帥の性格の二重性を論評したタイトル「John D. Rockefeller: A Character Study（ジョン・D・ロックフェラー：その性格研究）」である。

この記事は、連載を収録した二冊の単行本には含まれていない。三冊目の単行本としても出版されていない。連載が単行本の出版に間に合わなかったのか。そうした事情も多分にあるのだろうが、結論からいうと、内容を鑑みて出版されなかったのである。ターベルの自伝には、その理由が掲載されていない。納得できない事情があったのかもしれない。

追加分の記事の掲載が終了すると、オーナーのマクルアーと編集長のフィリップスは、作品を単行本にするかどうかをあらためて協議した。上下の二冊からなる単行本が既にベストセラーになっていた。二匹目のドジョウということで検討するのは当然である。だが、結論は「見送り」となった。なぜだろう。

調査報道に詳しいワインバーグ名誉教授は、その著書『トラストとの攻防』の中で、「ロックフェラー個人が敵なのではなく、同氏の経営手法が敵だと認識してもらうことを期待した」のが理由だと説明している。人格攻撃があまりにも手厳しく、一方的な記事だったからということであろうか。

追加の連載記事は、出身校アレゲニー大学のアイダ・ターベルのサイトに掲載されている。「John D. Rockefeller」、「a character study」などをキーワードにネット上で検索すれば簡単に探し出すことができる。

一八回の連載は、事実関係を中心に淡々と書き進めた印象があった。石油市場の征服に成功したロックフェラーの手法について時系列的に事実関係を説明し、それに内在する法的、道徳的、倫理的な問題点について第三者的な立場から感情的にならずに客観的に、節度をもって列挙した。

だが、追加分は異なる。これまで理性で抑制してきたロックフェラーに対する敵意さえも感じる、苛烈で凄まじい怒りが一気に爆発する。具体例をベースに、「これでもか」、「これでもか」と迫るその憤怒、辛辣さには驚きを禁じ得ない。読み応えは、確かにある。

経営手法を含めたロックフェラーの異常性をあますところなく分析、完膚なきまでに叩きのめしている。快刀乱麻を断つような辛辣な切込みに脱帽するほどである。これまでの落ち着いたトーンとは様変わりとなる。

利益追求のため倫理性にもとる残酷、犯罪的な手法をいとわぬ冷酷な面と、教会に足しげく通い日曜学校の教師として信徒に道徳や倫理を説き、慈善事業に力を入れる落差の激しすぎるアンバランスを取り上げ、〝二重人格〟と決め付けている。その内容を簡単にまとめた。

◆ロックフェラーの性格分析

「君主は、思いやりがあり、慈悲深く、敬虔で、約束に誠実であるという優れた資質を持つべき。だが、場合によっては、これと正反対のことも断行する力も持つべき」。記事の冒頭に、ターベルは、一六世紀のイタリアの政治思想家マキャベリの『君主論（The Prince）』の一八章からの引用を掲げている。スタンダード石油を王国と見立てて、トップに鎮座するロックフェラーを君主となぞったのかもしれない。

冷酷かつ無慈悲、非情な手法で、ライバルを傘下に収め、制覇に向けた市場シエア拡大に成功し、巨万の富を築き上げたことを念頭に置いたといえようか。

ターベルは冒頭で、「世界で最も重要な男」、「世界最大の富豪」、「世界で最も成功した男」、「人間が最も欲しいものを得た男」、「米国の理想を実現した男」などのロックフェラーの業績を羅列している。

だがその後に、メディアとの接触を避け、ひたすら沈黙を続けたロックフェラーに対しターベルは、「闇の中で住むことは許されない」、「一般大衆は、ロックフェラーがどのような種類の人間であるかを知る権利だけではなく、知る義務がある」と喝破。「ロックフェラーが一般大衆の評決に向き合わなければならない時が今やってきた」と裁きの開始を宣言する。

最初に登場するのが、無能な飲兵衛、発育不全、精神的に卑劣などと評判の芳しくなかった祖父で、その次に、悪徳だらけで有名なペテン師、盗みやレイプなどの犯罪歴もあった実父。これによって、道徳観を欠く経営手法がロックフェラー家の伝統であることをターベルは暗に指摘している。

二人の存在を永遠に秘密にしておきたかったロックフェラーは、この記事には相当ショックを受けたようだ。

そうした家庭環境を紹介した上で、世界最大の富豪に上り詰めたロックフェラーの富の源泉を筆頭に、決してフェアーとはいえない鉄道からの違法なリベートをあらためて掲げた。なぜ要求したのか。「ずる賢くて十分に忍耐強ければ有利になる」との持論から、多くの貨物を鉄道へ提供することを餌に、生まれる利益の分け合いを持ち掛け、鉄道側もこれに応じたのであると綴っている。

同時に、リベートによってライバルを蹴散らし、あるいは傘下に収めることで出身のクリーブランドの石油産業を支配できることに気付いた。リベートのはらむ倫理的、道徳的な問題点についてはまるで無頓着。モラルを欠いた卑劣な手法で独占体制を築いたロックフェラーの性格を形成することになった、とターベルは強調している。

これは、連載に盛り込まれた内容と変わらない。並みの神経では思いつかないドローバックや鉄道やライバル業者の職員を買収して、石油の輸送先やその量などの詳細について各鉄道の台帳を送らせる産業スパイ行為もあらためて明記した。これを利用して、ロックフェラーは、ライバル業者に対する鉄道を通じたさまざまな輸送妨害を働いている。こうした内容は、本書の第５章や第７章で既に掲載した。ターベルは、ロックフェラーについて「節約にある種の異常な熱意があった」とも書いている。

南部開発構想についても再度触れている。鉄道側からは、「独占を形成」、「独立系はすべて破滅」、「生産者を思いのまま操る」などの懸念も出た。だが、ロックフェラーは歯牙にもかけず、市場制覇を目指し、これを推進した、と指摘している。

「自ら進んで隠匿、スパイ、脅迫、贈賄、偽証しなければならなかった」。ターベルは、ロックフェラーの経営手法をこう表現している。隠匿とは、ライバル企業を次々と買収、傘下に収め占有率を着実に上げていく過程で、スタンダード石油側は、事実関係を否定、会社の実態についても明かすことはなかったことを指している。目的遂行のためには、「秘密の方が重要」だったのである。

ロックフェラーの金銭に固執する姿勢についてターベルは、「他人への配慮をゼロとし、極端なカネの我利我利亡者の犠牲者であり、それは、正義、人間性、愛情、人生の喜びより大きく、貪欲な一人の専制君主」と形容した。手厚い支援をロックフェラーが提供し、後盾にもなった米上院議員マーク・ハンナの「カネの亡者、カネの亡者。ほかはすべてまともだが、カネの亡者なのである」とのコメントも披露している。

記事では、外観への批評も読み取れる。肖像画を通したロックフェラーの外見について「これが世界最大の富豪に値する人物なのか。集中力、ずる賢さ、残酷さ、言葉にいい表せないような嫌悪を感じさせる」と切り捨てている。

ターベルは、自宅近くの教会で日曜学校に登場したロックフェラーを至近距離から一度だけ観察したことは既に触れた。その取材を基に、「印象は圧倒的」、「世界一の年寄り」、「生けるミイラ」、「凄まじいパワー」などと前置きした上で、頭髪、まつ毛、眉毛の抜けた大男、雄牛のような首、いかつい肩、すべてを見通したかのような小さくて、意図的で、壁のように表情に欠け、ずる賢く、狡猾な恐るべき眼、その下が膨らんでいる、などとあらためて形容している。

顔は固く引きつり、額は広く、彫りが深い、乾燥した肌、腫れぼったい頬などとこれでもか、これでもかというほどの細かい描写が並んでいる。好ましい形で論評されるのであればともかく、こうした手厳しい断罪は、憤懣やるかたないことだっただろう。

矛先は、慈善事業についても向かう。一九〇五年の段階で創設したシカゴ大学に対する寄付は、約一五〇〇万ドル。ラッシュ医科大学六〇〇万ドル、ジョン・ホプキンス大学五〇〇万ドル、YMCA七〇〇万ドル、それ以外の大学にも計七〇〇万ドル。バプティスト伝道会一〇〇万ドル。総計では、四〇〇〇万ドルの莫大な規模。ターベルは、「莫大な収入と比較するとたいしたことはない」、「スタンダード石油からの三年の配当でカバーできる」とこの評価もゼロ。

説教も垂れている。「三五年前にロックフェラーが、不正義ではなく、正義という秩序を業界にリーダーとして持ち込み、業界で偉大な能力を発揮できれば、世界でいかに多くの善をなしたであることかを、最終的に理解したかもしれないというのはいい過ぎだろうか」、「制限するのではなくて、機会の平等に顔を向ければ、いかにより多くの人を助けることができたか」、「社会が必要なのは、慈善事業ではなくて、正々堂々と戦うことであることをロックフェラーでさえも分かったのではないか」。

辛口の筆はさらに続く。「偽善者、陰謀家、異常な性格」、「人の目を欺き、鉄のような支配、隠されたカネを、より多くのカネを見つめ、友人からも秘密裏にカネの巻き上げを計画し、決して忘れず、休まず、満足しない」、「ロックフェラーの謙遜、慈悲、敬虔は、多くの人々を長い間だましてきたごまかしである」。

経営手法についても、「カネでしかない」、「カネの機械」、「分別も教養、理想、人格もなかった」、「紳士でもないし、人間でもない」。「良いことをしたことはない」、「良いこともできない」、「それがないから」、「私たちの自由な成長に脅威として立ちはだかる」。「ビジネスのためとして脱法行為の正当化」、「議員の買収」、「ライバルを騙す」、「国際法の無視」、「選挙民の買収」、「中傷」。辛辣過ぎる、ありとあらゆる中傷の言葉が並ぶ。凄まじい限りである。なぜ、単行本として追加出版しなかったのかの謎が次第に解けてくる。

記事では、実の弟フランクとの間で裁判にまで発展し、最終的にロックフェラーが勝利したスタンダード石油株をめぐるカネの貸し借りを巡る係争についても、かなりのスペースを割いて触れている。他人には秘密にしておきたかった身内のスキャンダルが雑誌に詳細が掲載され、表沙汰になったことにロックフェラーは、ひどくショックを受けていたようである。

なぜ、これほどまでにロックフェラーを嫌ったのか。一八回の連載は、〝娘の復讐〟ともいわれている。最愛の父親フランクが石油業者でロックフェラーと真正面から激突していた。この性格分析を執筆していたちょうどその時は、その圧倒的な力に敗退を余儀なくされた失意の父はガンで臥せっており、ターベルの最終稿も見ることなく死亡した。ロックフェラーに対する最後の怨念が燃え盛っていた時である。その分、筆も鋭かったのであろうか。

◆書評

高価なガス灯は別にして、ロックフェラーが販売した灯油は、エジソンが電燈を発明する以前の、夜の照明がランプしかなかった当時の生活の必需品。消費者へ販売する値段を自由に操作したばかりか、カネに任せて議員を買収。自らに不利な法案を葬り去り、有利な法案を議会で通過させ、利益を出すための環境整備を図るなど、拝金主義にまみれた巨大トラストへの一般庶民の反感が高まっていた。

何よりもカネを優先する強欲主義が蔓延し、金ぴか時代ともいわれた世相を背景に、トラストの横暴を糾弾するターベルの記事『スタンダード石油の歴史』は、連載中から人気を博し、上下二冊の本にまとめると、今度はベストセラーに躍り出た。

新聞などに掲載された書評は、概ね良好だった。ニューヨーク・タイムズ紙は、「ビジネス小説としてどれよりも読み甲斐がある」、「議論のある両面を著者は、正直に書いている」と激賞した。ワシントン・タイムズ紙は「米国文壇で傑出した人物の一人であることを自らが証明した」、クリティック誌は、「ターベル女史は、ゴングのなる前に事実を書き、スタンダード石油の歴史は、現時点で、これまで米国で書かれた本の中で、最も傑出した本である」とその偉業をたたえた。

上司のマクルアーも「米国で最も有名な女性になった」とターベルを褒めちぎり、世間では、石油業界の救世主、〝ジャンヌダルク〟とも呼ばれたのである。

親ロックフェラー系のメディアからは、当然のようにこき下ろす論調が目立った。リベート、ドローバックで強固に結ばれた鉄道との親密な関係の指摘についてネイション誌は、秘密裏に結ばれたリベートなどのビジネス慣行について「とても不愉快なのは真実だが、競争は、必然的に不愉快」としてスタンダード石油側を擁護した。

かつては、反ロックフェラーの急先鋒だったタイタスビルのオイル・シティ・デリック紙でさえも「ヒステリックな女対歴史的事実――ターベルはいかにして正当なビジネス取引を曲解したか」と攻撃した。

ロックフェラーの援軍は、学界からも登場した。ハーバード大学の大学院生のギルバート・H・モンタギューがたまたまビジネスと道徳、倫理感を分離させた学術論文『*The Rise and Progress of the Standard Oil Company*（スタンダード石油の興隆と発展）』を執筆、これがスタンダード石油の目に止まり、急きょ出版された。ターベルとは異なる視点で、しかも学問的な分析に力点を置いた内容だったため、窮地から救い出してくれる援軍と考えたのか、中身を賛辞する出版社の挨拶状が添えられて全米の図書館、教師、牧師などの有力者へ無料配本された。そのうち何冊が怒りの手紙を添えてターベルへ送付されてきた。

著名な図書館関係者は、「長年この出版社から購入してきたが、挨拶状を添付した本が送付されてきたことは一度もない。全米の図書館に配本されていると思う。これは、広告の意図があるのではないのか。あるいは、スタンダード石油がこの配本で資金を出しているのではないのか」と指摘していた。ターベルには、これがスタンダード石油からの間接的な回答と思えた。

親スタンダード石油系ジャーナリスト、エルバード・ハバードが同社の意向を受け書籍を出版するとの情報も伝わってきた。五〇〇〇万冊を同社が注文、全米の教師、ジャーナリスト、牧師、指導者らへ配布された。送付を受けた支持者から賛否両論の手紙とともに現物がターベルへ送られてきた。

ターベルの著作は、これまで消極的だったスタンダード石油の広報に対する姿勢を一八〇度転換させた。広報担当部門を新設し、担当者にベテランの新聞記者を起用、社史の編纂に着手した。ロックフェラーの回想録も出版されるのである。

2　受難の調査報道

◆ルーズベルトからの攻撃

〇六年に入るとターベルらにとって二つの予想外の事態が降って湧いた。その一つが、調査報道に対するルーズベルト大統領からの攻撃で、もうひとつは所属していたマクルアーズ誌を舞台に発生した内紛である。編集部内のごたごたが先に発生し、追い打ちを掛けるように大統領絡みの案件が発生した。

これにより、ターベルら編集部員全員が同誌から離脱し、事実上の休刊となった。これだけでも調査報道の前途に暗雲を投げかける深刻な事態なのだが、優れた広報感覚にあふれ、庶民に絶大な人気のルーズベルトの発言は、まさに、晴天の霹靂。調査報道の記者らの最大の支援者だっただけにターベルらは、恐慌状態に陥った。

最初にルーズベルト大統領からの攻撃の件について説明しよう。攻撃とは、社会改革にまい進していた米変革主義運動のリーダーのルーズベルトの四月の議会・下院での演説だった。これは、調査報道を専門とする記者らに対し超ド級の爆弾の投下・炸裂となって襲いかかってきた。

ルーズベルトは、米国で良く知られるジョン・バニヤン著の一七世紀の宗教書『天路歴程』の文章を引用し、「何も考えず、しゃべらず、書きもしない調査報道の記者達は、社会の助けに急速にならなくなっており、善への告発にもなっていないどころか悪行への最も可能性のある力となっている」と手厳しく批判。調査報道を専門とする記者らを「muckraker（マックレイカー）」と呼び、「彼らよる多くの記事は不正確で、嘘と知りながら記事を書いている記者もいる」と指摘し、深刻な懸念を表明した。

大統領の発言を契機に米国では、この頃から調査報道を「muckraking（マックレイキング）」、調査報道専門の記者を「muckraker（マックレイカー）」と呼ぶことが定着し、当時の調査報道は現在でもマックレイキング、マックレイカーと呼ばれている。

ルーズベルトの時代から一〇〇年後の現在、英単語の「muckrake（マックレイク）」は、「政界や著名人などの汚職、スキャンダルなどを暴く行為」を意味するようになった。だが、もともとは、「肥しや汚物を集める熊手」のことで、上品な言葉であるとは決していえない。

ルーズベルトは、政治家、企業、著名人の腐敗やスキャンダル情報の収集に血眼になり、調査報道に心血を注ぐ記者らの活動を堆肥、ふんなどをかき集める作業や熊手を意味する、下卑た単語「muckrake」を使って一刀両断に切り捨てたのである。

スキャンダル報道に辟易している市民が増え始めた絶妙なタイミングということもあって、ルーズベルトの大衆受けするネーミングは、一般市民に大うけした。マックレイカー達の攻撃の対象となっていた著名人にとっては、胸のすく発言だったのだろう。そしてそれが、その後、独り歩きする。分かりやすいケースとしては、最近のマスコミを揶揄する言葉の代表ともいえる〝マスゴミ〟に近いのかもしれない。

大統領のスピーチは、どうもセンセーショナルなニューヨーク・ジャーナル紙などを経営するウィリアム・H・ハースト系の新聞や雑誌などのイエロージャーナリズム、つまりイエロー新聞、イエロー雑誌を念頭に置いていたようである。

当時、ハースト系のコスモポリタン誌が、後に調査報道で名を残すデビッド・グラハム・フィリップスによる『上院の反逆』とのタイトルで、上院議員らが鉄道や実業家、資本家に買収され、操られている姿を暴露する記事を掲載した。血祭りにあっていたその多くは、同志や部下であり、自尊心の強いルーズベルトは、ことの真実はともかく、この記事にカチンときた。そして、調査報道をこき下ろす、あの辛辣な発言に至ったようである。

上院議員の問題点を鋭く指摘したフィリップスの一連の記事は、その後大きな反響を呼び、それまで州議会が選出する形になっていた上院議員の選出方法に疑問を投げかけた。最終的には、連邦政府が動き、直接選挙によって上院議員が選ばれる憲法修正第一七条を連邦議会が提案、これを各州が批准し、現在のような選挙を通じて選ぶ形に変わった。ジャーナリズムの指摘が政治の不備を是正した案件の一つである。

ルーズベルトの発言は、イエロー・ジャーナリズムの扇動者として知られる新聞王ハーストに対する個人的な反発でもあったようだ。既に、下院議員だったハーストは、ニューヨーク州知事を目指しており、ジャーナリズムを自らの選挙運動に利用しているばかりか、あまつさえ、これをテコに民主党の大統領候補となり、ホワイトハウス入りを照準に置いていた。ルーズベルトは、こうした手法を悪びれもせずに使うハーストに対してただならぬ嫌悪感を抱いており、共和党との激突を懸念していた。実際、共和党の二〇人以上の議員がフィリップスによる調査報道の記事で矢面に立っていた。フィリップスの記事の背後にハーストの影を意識したのかもしれない。

四月のスピーチには、前段があった。ルーズベルトは、先立つ三月のワシントンでのスピーチで、調査報道によるセンセーショナルな暴露記事の発掘に憂き身をやつす記者らをやはり、マックレイカーと初めて呼び、罵っていた。場所は、新聞記者らで組織される名門のクラブでのオフレコの挨拶だった。オフレコとは基本的には、記事にしてはならない発言である。大統領は、実は一か月前に記者らを目がけて、本丸で爆弾を投下していたのである。

バレリー・ボッデン著『Muckrakers（マックレイキングの記者達）』によると、大統領は、この時、「世界の美徳や善良な人々を無視」する一方で、「センセーショナルな話題にのみ焦点を当てている不謹慎なマックレイカー」と名指しで非難したのである。これは、四月の議会での演説内容と符合する。

物議を醸す発言をしたものの既に指摘したように、ルーズベルトは、もともとは社会改革を目指す記者らとは友好的だった。ターベルなどマクルアーズ誌の記者らとは、とも食事をするなどの親しい関係にあった。発表資料なども事前に提供していた。

三月のオフレコのスピーチを聞いた同誌のステファンズは大統領に対し、「この発言は、あなたを大統領に当選させたすべての記者達の調査報道を終わりにさせることになりますよ」とやんわり忠告した。ベーカーも、大統領に手紙を書き、「こうした攻撃は、（大統領と同じように）純粋に（社会改革を）目指す自分達の仕事を大きく阻害する可能性があります」と指摘した。

これに対して大統領は、スピーチはマクルアーズ誌の記者達に対してではなく、不十分な取材を基にセンセーショナルな記事を書くジャーナリストたちに対して注意を換起したのであると釈明した。大統領は、「私は光と空気を入れたい。下水道のガスではない。部屋に悪臭がし、窓に鍵がかかっていたら、窓を当然開けるだろう」、「善良な人に酷い攻撃をすべきでないし、悪人に対してもやっていないことや誇張して攻撃すべきでない」、「（こうした記者らは）悪人達を暴き、権力からの追放に努力している私たちの潜在的な敵と考えられる」と理解を求めた。

攻撃が道理を欠く、一方的な内容だったかといえば、必ずしもそうではなかった。ルーズベルトが指摘したハースト系のメディアは、特に悪質だったようである。

この頃の米国といえば、イエロー・ジャーナリズムが一世を風靡していた時代である。部数拡大が最優先で、正確さよりも大衆の興味をそそるかどうかに重点が置かれた。ちょっとした出来事を大げさに書きまくる針小棒大な記事も少なくなく、センセーショナルな記事が横行した。

良く知られているのは、米西戦争での新聞王同志の戦いである。ピュリツァーとハーストは、この戦争を部数拡大の千載一隅のチャンスとしてねつ造報道に血道をあげた。

イエロー・ジャーナリズムの巨頭でも知られるニューヨーク・ジャーナル紙は、一八九八年の米西戦争のきっかけとされる当時スペイン領だったキューバのハバナ港に停泊していた米戦艦メイン号の突然の爆発・沈没の原因を根拠もなく、「スペイン軍の仕業」と断定的に報道した。

ショッキングな見出しに加えて、多数の米兵が犠牲になったこともあって、新聞は売れに売れたのである。現場に派遣した記者たちに対しハーストが「君たちは記事を書け、私は戦争を作る」と激励したことがまことしやかに伝えられている。もちろん、ハースト自身は、これを否定している。

この報道には、ピュリツァーのニューヨーク・ワールド紙も追随し、ニューヨークの二大新聞が激突。扇情的な報道を続けたことに対し当時のニューヨーク・タイムズ紙は、こうしたイエロー・ジャーナリズム路線を手厳しく批判、大衆の反感も高まった。ピュリツァーは、戦争終了後は、行き過ぎた路線を深く反省し、その後は、こうした手法は鎮静化した。英語のあまりできない移民がこの頃多かったため、難解な記事ではなく、写真や漫画、イラストが紙面を埋め尽くす分かりやすい英文の紙面の方が好まれたという背景もあるのだろう。

こうした報道を憂慮していたターベル、編集担当のフィリップス、そしてマクルアーは、ねつ造報道を「一種の病気」と敵視していた。

現代風に表現すれば、フェイクニュースで世論を煽りに煽り、大げさな紙面構成で新聞を売りまくった。いわば、ジャーナリズムの本道を忘れて、金儲け主義に走ったということである。戦艦メイン号の事故の原因は、今なお不明だが、部数拡大を至上命題とするハーストは、事実関係を捻じ曲げることもいとわず、読者に受ける派手な記事に仕立てたことだけは動かぬ事実として残った。

デニス・ブライアン著の『ピュリツァー――ある人生』では、ハーストと凌ぎを削っていた新聞王ピューリツァーのニューヨーク・ワールド紙が、ジャーナル紙の報道に引きずられて扇情的な報道をしたことを取り上げている。主見出しやニュース・コラムで、「スペインが犯人の可能性」と報道した。当時のマッキンレー大統領は、「新聞報道が引き金となり、米国とスペインが交戦に入ったことはない」と言明している。だが、無責任な捏造報道が世論を煽ったことだけは確かである。

ルーズベルト関連だと、ピュリツァーのワールド紙は、むしろ、大統領が絡んだパナマ運河の資金疑惑の報道が知られている。米国が四〇〇〇万ドルで買い取ったパナマ運河建設の権利の資金の一部が大統領に渡ったのではないのかとの疑惑を同紙が報道した。

ルーズベルトは、同紙を相手に名誉棄損の訴訟を提起した。最終的には、新聞の自由を重んじた最高裁は、ワールド紙に軍配を上げた。この記事については、現在ではピュリツァーの勇み足との見方が少なくない。もっともこの報道は、一九〇八年末だから、〇六年の大統領演説以降の報道である。

本題に戻ると、これを機に調査報道に対する風当たりが各方面から強まった。ブームに悪乗りし、綿密な取材もせず、裏付けのないままに暴露記事を掲載する記事も目立ったからである。センセーショナルを優先しフェイクニュースを掲載する雑誌は、心ある読者の信頼を失っていた。

一〇〇年後に当たる二〇一六年の米大統領選や一七年の仏大統領選で話題となった、ネット上のフェイクニュースの氾濫と似たような状況だったと考えれば分かりやすいだろう。広告を掲載していた企業らも、調査報道、マックレイキングが主力の雑誌に対する広告の提供を逡巡し始める。最終的にはこれが経営の屋台骨を揺さぶり、報道の先細りを招くことになる。

ルーズベルトの発言に対してターベルらも実は困惑していた。後日ターベルは、「残念に思った」、ベーカーは、「どうしてこうした攻撃をされるのかが分からなかった」と振り返っている。

◆内紛の勃発

ルーズベルト演説の少し前からマクルアーズ誌の編集現場では、深刻な路線対立が持ち上がっていた。これまで米革新主義の先導役となっていた同誌の調査報道に重大な影響を及ぼすことになる。残念なことにこの対立は、事実上の休刊にまで至る最悪の事態となった。

ターベルの自伝によると、同誌オーナーのマクルアーは、雑誌編集部の重要な構成員であるフィリップス、ターベル、ベーカーなどの記者に一切相談なく、突然、新会社の設立を宣言した。マクルアー・ユニバーサル・ジャーナルという総合誌のほかに子会社として銀行、生命保険、学校の教材の印刷会社などを設立し、さまざまな分野に手を拡げたい、というのである。

ターベルらは、「馬鹿げている」、「危険をはらんだ投機的な計画」など構想を手厳しく批判した。

病気がちの妻の療養という目的もあって欧州へ出かけ、事務所を不在にすることの多かったマクルアーに対して、同誌の記者らは、心身耗弱や極度の疲れなどから判断力が弱ってきたのではと憶測した。現場の混乱も手伝って記者らによる記事の執筆もままならず、同誌の編集は機能不全となった。そうした背景もあって、店頭からは最新号が姿を消していた。

ルーズベルトの発言に対して、調査報道の牙城でもあったマクルアーズ誌編集部のターベルらが積極果敢に反論すべきだった。これがあらぬ憶測を呼ぶ。だが、一斉に反発したかといえば、既に触れたように、必ずしもそうではなかった。有効な反撃ができなかったため、調査報道自体が守勢に立たされていく。調査報道が専門の記者達の受難の時代入りである。

同誌の内紛は、実は、想像する以上に根が深かったのである。ターベルの出身のアレゲニー大学には、その偉業を記念してターベル関連の記事を閲覧できるウェブサイトがある。そのトップページに三つの章から構成された同大グレッグ・グロッス氏による論文「The Staff Breakup of McClure's Magazine（マクルアーズ誌の編集部員の解散）」に、編集部の内紛が詳細に記述されている。

それによると、これには、オーナーであるマクルアーの女性問題が絡んでいた。病弱な妻の療養ということで欧州へ出かけ編集部を不在にすることの多かったマクルアーが女性に関して並々ならぬ関心を持っていることは、大学が同窓で、同誌を二人で立ち上げた相棒の編集長のフィリップスは熟知していた。

同誌に掲載されていたターベルの一連の連載が終盤を迎える頃、大して上手でもない女性の詩がマクルアーの推薦で同誌に掲載され始めた。ステファンズは、マクルアーがこの美人と一緒に食事をしているところも見かけこともあったし、二人が欧州で落ち合っているのでは、との疑惑も浮上した。この詩人がマクルアーに対し好感を抱いていることが、同誌に掲載される詩の内容から次第に分かってきた。これは、同誌の編集部にとって一大スキャンダルになりかねない時限爆弾であった。

調査報道が専門の同誌は、政治家、企業家、著名人、大企業の汚職、腐敗などの悪行やスキャンダルを暴露し、社会正義を貫徹させるための社会改革を目指す報道を手掛けている。そのオーナーが倫理的に問題のある独身の女性詩人と不倫関係にあるというスキャンダルがマスコミに流れ、一般に知られるようになれば、改革の先導役を果たしてきた高い評価は台無しだ。全米有数の発行部数を誇っていた雑誌の存亡を大きく左右する。場合によっては、命取りになり兼ねない深刻な問題だった。

同誌の読者は、主にプロテスタントの中流階級である。時代は今から一〇〇年以上も前、男女間のこうした問題については、極めて厳格だった。これが公になれば、マクルアーズ誌の評価は地に落ち、読者離れが急速に進みかねない。編集部の危機感は深まった。大風呂敷ともいえるマクルアーが突然打ち出した壮大な計画は、どうも、この女性の気を引くための策略のひとつの可能性が強まった。

編集部のまとめ役であるフィリップスやターベルは、マクルアーに関係を清算するように説得を続け、詩人の女性に対しても対応を求めたのである。マクルアーはこれを受け入れ、ターベルらは、危機は去ったかに思っていた。だが、そうではなかった。案の定、その後も続いていたことが判明した。ターベルら編集部の女性陣が詩人に嫉妬しているのでは、とのあらぬ噂も立てられ、泥沼状態になっていたようである。内紛の渦中でターベルは、マクルアーから協力を懇願された。だが、出版を中核とした巨大なコングロマリットを計画する案には譲歩できない。編集部の五人はほどなくして全員、退社を決断した。

精鋭がいなければ雑誌を出版できるはずもない。駅のスタンドなどに並ぶ米革新主義時代の先導役となった調査報道の専門誌マクアーズは突然休刊となり、その後も調査報道の精鋭による雑誌の復刊はなかった。

休刊は、調査報道を攻撃するルーズベルト大統領の演説の時期と重なったため、一般からは批判を深刻に受け止めた結果ではないかと憶測された。大御所の雑誌が姿を消したことで、調査報道が次第に尻すぼみとなる契機となった観は否めない。屋台骨を突然欠くことになったジャーナリズム界からは、カネとコストのかかる調査報道が次第にさびれていく。

一二年間在籍したターベルがスタンダード石油の執筆に費やした期間は五年間。同誌を舞台に意欲的な活動ができた理由についてターベルは、自伝の中でその編集方針を挙げている。一つは、記者は高給でなければならず、取材費も寛大でなければならない。二つ目は、よい記事を書くために記者は時間を与えられるべきである。こうした考え方は今でも十分あてはまる原則であろう。

3　トラスト征伐に着手

◆企業局を創設

トラストに対して政府が、監督・統制する権限を持つ必要性について副大統領時代から力説していたルーズベルトは、公正、公平なルールの運用による消費者保護のための政府による企業規制の導入などを内容とする「Square Deal（公正な扱い）」計画を掲げ、一九〇〇年九月に四二歳の史上最年少の大統領として就任した。ターベルの同窓で、先輩に当たる同じアレゲニー大学出身の前任のウィリアム・マッキンレー大統領が、無政府主義者の凶弾に倒れたからである。

就任後、ルーズベルトは議会での初のメッセージで、膨大な富の蓄積に結び付いたトラストの弊害を指摘し、断固たる態度で臨む決意を表明した。

トラストの王者ロックフェラー帝国の横暴を告発したターベルの連載記事をベースに、ルーズベルト政権はどのように動き始めたのか。それを追ってみよう。

初期資本主義の真っただ中の当時の米国経済は、景気循環理論が唱えるように好況期と景気後退期が交代して訪れた。好況期には経済は拡大し、不況期には倒産する企業が続出した。失業率が二〇％を超え、工業生産が三分の一減少した二九年の世界恐慌のような規模とはいかないまでも、恐慌にまで及べばその影響は甚大である。

倒産の憂き目を避けるため企業は、協定を結び、あるいはプール制を敷き、生産量などの調整を図った。カルテル（企業連合）によって価格の維持を図り、あるいは、協定によって市場を分割し、競争を封じ込め、倒産を未然に予防したのである。高い製品を買わされた消費者がその犠牲になったのはもちろんである。

こうした市場支配の効果をより高めたのが、顧問弁護士のアドバイスなどを受けて、ロックフェラーが一八七九年に編み出した、拘束力のより強い企業結合の一種であるトラスト（企業合同）である。鉄道や同業者間でカルテルなども結ばれたがここではトラストに絞ろう。

当時、米国の石油市場の九〇％以上を支配することになるロックフェラーの手法は以下の通りである。全米で四〇社におよぶロックフェラー系企業の株主四一人が、その株をロックフェラー、フラグラーなど九人の受託人（トラスト）へ渡した。その代償として全員の株主が、トラスト証券を受け取り、その証券は四〇社を代表していた。これによって九人の受託人がトラストを運営、利益は株主へ配当された。

こうした手法で傘下企業が受託人グループという司令部の指揮下に管理された。所有と支配の実質的な分離である。四〇社は強固に結合され、米国の石油市場をほぼ支配する空前絶後の強力なパワーが発揮されたのである。

ロックフェラーの成功でトラストの威力を目の当たりにした大企業の多くが模倣した。五年後の八四年には綿実油のトラストが生まれ、七〇の工場などを支配。これに続いて、ウィスキー、砂糖、亜麻仁油、鉛、索具、澱粉、壁紙、皮革、鉄道などのトラストが続々と誕生した。

総合商社のキャッチフレーズの「ラーメンからミサイルまで」のように、トラストは「食肉から墓石まで」の驚くほどの広範囲にわたる生活必需品と贅沢品に関連する多数のものを扱い、乱立した。協定の拘束力は極めて強力で、市場で発揮される統制力はめざましものがあった。

なぜ、多くのビッグ・ビジネスがこれに走ったのか。米国では、当時、会社は連邦法ではなく、各州の会社法によって設立が認可されていた。このため、州をまたいで複数の企業を支配することは違法であった。会社が現在のように、会社の株式を保有することは法的にも認められておらず、持株会社制度も利用できなかった。

つまり、複数の州にわたって活動する比較的規模の大きな企業にとって絶大な利用価値があったのである。トラスト証券は、会社の支配権を放棄せずに、市場で売買できるうま味もあった。

トラストは、独占と同義語となり、生産を制限することで価格をつり上げ、消費者から不当な利益を奪い取る、反社会的な勢力と次第にみなされるようになっていた。その代表格が北部の各州で係争を起こしているロックフェラーのスタンダード石油であった。

こうした背景もあって〝悪いトラスト〟潰しを画策するルーズベルトは、大統領に就任した直後に、政府の商務労働省内に企業の行動を監視する組織の設立に着手、そのための関連法案を議会に上程した。

これに対し、ロックフェラーをはじめとしたトラストの意向を受けた議員らが猛反対し、立ち上がる。法案通過は、一転、極めて厳しい状況に追い込まれた。ルーズベルトのトラスト征伐はのっけから赤信号が点滅し始めた。

四面楚歌に陥ったルーズベルトは、苦境の打開のため驚くべき奇策に打って出た。ホワイトハウス内で、急きょ記者会見し、複数の上院議員が「私達は、いかなる反トラスト法にも反対」、「通過はとにかく阻止しなければならない」との趣旨の書簡をロックフェラーから受け取っていることを暴露した。法案つぶしのため札束攻勢を政治家にかけていることを匂わせた。

この瞬間にルーズベルトは、「トラストは害悪」、「追放すべし」との世論を創り上げることに成功したのである。反トラスト一色の世論の支援を受けて、圧倒的な有利な立場に立ち、法案は議会を無事通過した。世論誘導、政治宣伝に長けたルーズベルトの完全勝利である。もっとも、この書簡を上院議員が本当に受領していたかの事実関係は現在でも明らかになっていない。

これからも分かるように、ルーズベルトは、マスコミ操作にことのほか長けていた。ターベルらマクルアーズ誌の記者らと親しかったこともマスコミ操縦の一環であろう。ともあれ、機を見るに敏なルーズベルトの咄嗟の判断が政権のトラスト規制に向けて大きく動き出すのである。

ルーズベルトの、こうした天才的ともいえるマスコミ操縦術は、政権下のさまざま局面で威力を発揮する。モンロー主義とは一線を画す、砲艦外交などに代表される攻撃的な〝棍棒外交〟でも強気一辺倒が奏功した。

トラストを監視する企業局（後の連邦貿易委員会）の新設は、一九〇三年二月に実現した。これがトラストの訴追で画期的な役割を果たした。キーパーソンとなったのが、ルーズベルト政権で内務長官を務めた第二〇代大統領の長男、ジェームズ・ガーフィールドだった。

政府が、鉄道の差別運賃に対して断固たる姿勢を取ることを示すと、もはやリベートやドローバックに依存できないと悟ったスタンダード石油は、輸送の力点をパイプラインへ一気に移行させた。さらには、敷設するパイプラインが鉄道と交差しないように配置し、州規制に抵触しないように再編したのである。

ロックフェラーの片腕といわれたスタンダード石油の大幹部アーチボルトは、当時、ある夕食会でこんな逸話を披露したことが知られている。「長年、国内や海外の取引や石油ビジネスを制限するため精力的な努力を続けてきた。ここだけの話だが、強い確信と信念を持って私を企業局へ連れて行かないで欲しいと皆さんにお願いしたい」。このブラックユーモアが大喝采を浴びたことはいうまでもない。

◆反トラスト法

では当時、トラストを規制する米国の法制度は、どのようなものがあったのだろうか。米国の独占禁止法は、一八九〇年のいわゆる反トラスト法「An act to protect trade and commerce against unlawful restraints and monopolies（違法な制限や独占に対して取引や通商を保護する法律）」、既に触れた、いわゆる「Sherman Anti-trust Act（シャーマン反トラスト法）」が嚆矢で、財務長官、国務長官などを歴任したジョン・シャーマン上院議員の尽力で制定された。

抽象的な規定であるため長年ザル法といわれ、適用が見送られてきた経緯がある。これを補完するため、スタンダード石油の最高裁での解体判決などを踏まえて「Clayton Antitrust Act（クレイトン反トラスト法）」が一九一四年に制定され、価格差別、抱き合わせ取引の禁止などが盛り込まれた。

その後、クレイトン法を修正・拡大した「Robinson－Patman Act（ロビンソン・パットマン法）」や連邦取引委員会法などが制定され、これを総称して反トラスト法と呼ばれている。この中で、競争を制限する取引や独占行為を禁止しているわけである。日本の独占禁止法に当たる。

反トラスト法が適用されたケースとしては、解体を命じられたスタンダード石油のほか四分割された米国最大の電話電信会社AT&Tの八四年の最高裁判決や、和解で決着したウィンドウズなどコンピュータソフトの最大手マイクロソフト社の訴訟などが知られている。

連載終了後ターベルは、不当に高い値段の石油を売りつけ、消費者を搾取し、ビジネスを捻じ曲げているスダンダード石油に対する反トラスト法（いわゆる独占禁止法）違反の訴訟が、提起される契機にならないかと期待していた。これによって、ロックフェラーが刑務所送りとなる判決を望んでいたようである。

実際の訴追の開始は、ターベルの連載終了後から時間を要したが、司法当局がトラストのビジネス慣行を根底からズタズタに変えるような反トラスト法違反の判決を出すとは夢にまで思っていなかったのである。それほど裁判所は信頼されていなかった。

一九〇三年頃、米国中部のカンザスやオクラホマ州などで大油田が発見され、四〇年前のタイタスビルのようなオイルラッシュが起きていた。大製油所を建設したスタンダード石油は、用意周到にパイプラインを張り巡らし、西部の鉄道も支配した。ところが、採掘した原油の地元の石油会社への供給をめぐってトラブルが発生し、スタンダード石油はカンザス州政府を敵に回す失態をしでかしてしまった。州政府は、対抗するため州立製油所を建設し、両者の間で激烈な競争が始まった。

スタンダード石油系からは「疫病神」と見られる一方で、地元の独立系業者からは、「救世主」と崇め奉られていた石油業界のジャンヌダルクのターベルは、スタンダード石油と効果的に対決・勝利するノウハウを伝授するための講演を各地で依頼された。独立系業者や州政府の当局者は、戦いを有利に運ぶための指南役を求めていたのである。

州政府はスタンダード石油を封じ込めるため、パイプライン規制法も成立させた。最終的には、州司法長官がスタンダード系の石油会社の追放を目指して審査を開始した。

中西部のミズーリ州でも同様な係争が発生した。ハドレー司法長官は、スタンダード石油の不適切な活動が司法にも浸透しているのではないかと疑念を持ち、ターベルに接近。調査により、スタンダード石油系企業が、州の石油市場の九五％以上を支配していることが判明、州内での活動する免許のはく奪を求め裁判所へ訴追。スタンダード石油系二社が州から追放された。カンザス州に続きロックフェラーを封じ込める反トラストの動きが勝利したのである。

この訴訟の関連で、裁判所の聴取に応じないロックフェラーに召喚状が出され、最終的はシカゴで出頭。ランディス裁判官は、約三〇〇〇万ドルの罰金を言い渡した。この判決をゴルフの際中に聞いたロックフェラーは、その後「罰金が支払われる前に裁判官は失脚していることだろう」と悪態をつき、ランディスらを憤慨させた。この件に関して、ロックフェラーは上訴し、ランディスの職権濫用などが認定され、罰金は取り消しとなった。

ランディスに対するロックフェラーの懲りない発言を聞いた政府の高官の怒りは心頭に達し、特に、ルーズベルトは、鉄道から違法なリベートを受領しているトラストをあらためて訴追すると明言した。ロックフェラー帝国に対する戦闘宣言である。

大統領就任後に、ルーズベルトが反トラスト法違反の訴追を提起した第一号は、〇二年のＪ・Ｐ・モルガンによって設立された持ち株会社ノーザン・セキュリティーズ社に対してである。米北西部の大陸間横断鉄道の二社が統合された持株会社で、連邦政府は、シャーマン法に基づき訴訟を提起。鉄道二社を一つの実態のもとに置く協定は違法な取引制限になるとして〇四年四月、解散が決まった。

燎原の火のように燃え盛る反トラスト運動の鎮静化のためロックフェラーは、大統領選で巨額の献金を差し出した。だが、この流れは、止むどころかさらに加速、火に油を注ぐ形となった。

トラスト退治のために新設された企業局は、訴訟提起に向けて、積極的に活動した。ターベルの記事が調査のベースになっていたのはもちろんである。〇六年一一月、満を持して司法長官のチャールズ・ボナパルトは、セントルイスの連邦裁判所でスタンダード石油に対する反トラスト法の訴訟を提起した。この地を選んだのは、裁判官らが政府の主張に軍配を上げた反トラスト法違反の判決を既に出していたからである。

ルーズベルトは、スタンダード石油を丸裸にすることを狙っていた。司法長官の申し立てによると、スタンダード石油ニュージャージーのほか、関連会社の七〇社のほか総帥のロックフェラー、フラグラー、ロジャーズ、アーチボルト、オリバー・ペイン、チャールズ・プラッツなどの大幹部を名指し、ターベルの主張に沿って、①好意的な扱いを得るためスタンダード石油が鉄道会社と共謀、②石油関連製品の値段を人為的に操作、③虚偽に基づいて関連会社を設立——などの反トラスト法、独占禁止法違反の罪状を列挙した。平たくいえば、米石油市場の独占、リベート戦術、消費者の利益を毀損・搾取する価格操作、ライバルに対するスパイなどの数々の行為が違法だ、と企業分割を求めて告発したのである。

裁判の様子は、ロックフェラー帝国の内幕を綴ったロン・チャーナウ著『Titan（タイタン）』に詳しい。タイタンとは、巨星、ここでは、スタンダード石油の総帥ロックフェラーのことである。同書などをベースに簡単に説明しよう。

当然のように訴訟は、ルーズベルト率いる連邦政府対スタンダード石油の全面戦争の様相を呈した。スタンダード石油は、〇七年夏の段階で、連邦政府関連の訴訟が七件、対州政府訴訟が六件に上っていた。

和解の動きがなかったわけではない。企業局との協議の末に訴追を逃れたUSスチールを手本に、連邦政府が告訴を取り下げれば、スタンダード石油は帳簿を公開し、いかなる勧告にも従うと提案した。訴訟を担当していた企業局のガーフィールドは、これにはとても驚いた。

ルーズベルト大統領は、ロックフェラーの後継者のアーチボルトと〇八年夏にかけて数回極秘に会談した。大統領もその気になったようである。だが、議員に対する派手な賄賂工作で知られるアーチボルトの下品な申し出がこれをご破算にしてしまう。ルーズベルトに対して〇八年の大統領選での再選に向けた全面協力を、スタンダード石油系の上院議員を通じて申し出たのである。

◆米最高裁の解体判決

この間、ロックフェラーに対する逆風はやや鎮静化していた。前年に米経済を襲った恐慌の乗り切りのため、ロックフェラーは全財産の半分を提供すると宣言。実際に、金融機関に巨額の資金を預金し、苦境に陥った企業に対し融資された。この時、ロックフェラーは、公徳心のある経営者と手放しで称賛されたのである。

だが、それも長続きしなかった。スタンダート石油の反トラスト法をめぐる裁判では、四〇〇人を超える証人が合計一一〇〇万語からなる証言をし、裁判記録は、二一冊一万二〇〇〇ページまでに膨れ上がった。スタンダード石油の弁護士は、当時、米法曹界で超一流の実績を上げていた人物ばかり。これと対決する連邦政府の司法側には、パリ不戦条約でノーベル平和賞を受賞することになる後の国務長官フランク・ケロッグなどの錚々たるメンバーが集結していた。ケロッグとの直接対決の局面もあったが、法廷に立つとロックフェラーは、いつものように記憶を突然喪失し、好々爺に変身した。

そうしたやりとりが続いた三年後の〇九年一一月、連邦巡回裁判所は、スタンダード石油の反トラスト法違反に対する判決を下し、会社解体を命令した。

この時、既に退任していたルーズベルトは、趣味の狩りのためにアフリカにいた。この判決に対して「米国で最も注目される勝利のひとつ」と称賛。後継のウィリアム・H・タフト大統領は、ケロッグの「完璧な勝利」と褒めたたえた。だが、納得しないスタンダード石油は直ちに上告し、最高裁へ持ち込まれ、翌年から裁判がスタートした。

ターベルの著作に対して沈黙を保っていたロックフェラーは、判決の出る直前の〇八年に自伝『*Random Reminiscences of Men and Events*（人物や出来事をあれこれ回想）』を出版した。その中で、ターベルの名前こそ言及していないものの、連載で指摘された価格操作、リベート戦術、スパイ行為など倫理、道徳を欠いた各種違法な手法について、「（ビジネスは）全員の権利を考慮してフェアー（公正）な精神でやった」、「私達は、ライバル企業の取引の後をつけ回し、値下げやスパイ制度を創設することによって冷酷に倒産させようとしたわけではない」、「リベート（を受け取ったの）は、それが鉄道のビジネス手法だったから」と反論した。

最大の焦点のリベートやドローバックについてロックフェラーは、あるビジネスマンの「私にそれが適用されないのであれば、基本的に反対する」との発言を引用し、受け取りを正当化している。加えて、スパイ行為などの違法なスタンダード石油の経営手法についても、ビジネスは、複数の幹部による決定であると強調、「自分は既に退任しており、一八九〇年代半ばから経営から遠ざかっている」として責任回避に終始した。

ロックフェラーの自伝についてターベルは、この時、シカゴの新聞の求めに応じてその所感を寄稿している。スティーブ・ワインバーグ著『トラストとの攻防』によると、ターベルは、ロックフェラーの自然保護に対する貢献については、「称賛」に値すると激賞。その一方で、「別のロックフェラーがいる」と前置きし、「国内のビジネスを支配するため、ルールを捻じ曲げ、あるいは破り、この過程で、消費者を傷付けた」、「(辛口の小説家の）のバーナード・ショーの描くナポレオン、絶滅した古代のゾウである」と酷評した。

最初の裁判が提起されてから四年半後の一九一一年五月、連邦最高裁が下した歴史的な判決は、エドワード・ホワイト裁判長による全会一致によるスタンダード石油の解体判決であった。解体後の存続会社のエクソンモービルは、そのウェブサイトの中で、スタンダード石油は三四社に分割されたと説明している。

これによって、トラストのチャンピオンのスタンダード石油は消滅し、米国史上まれにみる独善的な商慣行が最終的に終わりを告げたのである。判決文は、二三冊からなる合計一万二〇〇〇ページの膨大なものだった。

ホワイト裁判長は、市場独占について、「商業と組織の真の天才が、他社の商取引の権利を排除する関心と目的を最初から持っていたのは明らか」と指摘。さらに、「合理の原則（rule of reason)」を提起し、独占が制限を受けるのは、それが合理的でなく、公共の利益に反するものとの原則を示した。

この判決が、現在、米国で、企業あるいは商行為が独禁法に違反しているかどうかを判断するメルクマールとなっている。

公益に反していなければ、〝良いトラスト〟と判断され、当時と同様、解体の対象とならないのである。この考え方は、良いトラストと悪いトラストを峻別するルーズベルトの考え方と符合している。

判決は、解散が完了すべき期間に半年の猶予を設けた。これを受け、スタンダード石油は、必要な社内手続きを大車輪ですませ、会社の分離を、九月一日に実施すると発表した。米国で生産された原油の七〇％以上を精製し、国内灯油の八〇％を販売、輸出される灯油の八％を扱う巨大企業スタンダード石油は、分割された。理論上は、それぞれが競合関係に入った。

◆現在はスーパーメジャー

解体後のスタンダード石油はどうなったのか。世界的に知られているのが、世界の石油市場を牛耳る国際石油資本（メジャー）に数えられていたスタンダード石油をルーツに持つ上位二つの巨大企業だ。純資産のほぼ半分を引き継いだスタンダード石油ニュージャージーと同九％程度を受け継いだスタンダード石油ニューヨーク。スタンダード石油ニュージャージーはその後、会社名をエクソンに、スタンダード石油ニューヨークは、モービルと社名を変更した。

いずれも、採掘、生産、輸送、精製、販売までのすべてを手掛け、垂直統合した会社で、巨大な資本力と政治力で国内はもちろん世界に君臨した。

今から四〇年以上も前の一九七三年の石油危機は、エジプト、シリアとイスラエルの間で勃発した中東戦争を有利に進めるためアラブ輸出国機構（ＯＡＰＥＣ）が発動した石油戦略を機に、石油輸出国機構（ＯＰＥＣ）が断行した石油価格の大幅引き上げが発生した。安い石油に依存していた先進各国は深刻な打撃を受け、経済成長にストップが掛かった。原油価格を決定める主導権はこれをきっかけに産油国が結成する当時世界最大のカルテル、ＯＰＥＣへと移行した。

石油の価格決定権は、実は、それまではエクソン、ロイヤル・ダッチ・シェル、ブリティシュペトロリアム（ＢＰ）など国際石油資本（メジャー）七社が握っていた。いわゆるセブンシスターズである。その米国勢五社のうち、エクソン、モービル、シェブロンの実に三社がスタンダード石油の解体後の存続会社であった。絶大な力を発揮していたことが理解できよう。

戦前には、激烈な競争の鎮静化のため国際市場を分割するカルテルをエクソンの前身であるスタンダード石油ニュージャージー、ＢＰの前身であるアングロ・ペルシャ、ロイヤル・ダッチ・シェルなどの間でシェア（占有率）、価格など生産管理を巡り、基本合意していたこともあった。犯罪的なトラストの手法をそのまま援用し、世界市場を牛耳っていたのである。

一九九九年にエクソンとモービルは合併し、現在のエクソンモービル社となった。世界二〇〇カ国に拠点を持つスーパーメジャーで、従業員は、世界で七万人超の巨大企業である。

同社を巡る最近の話題といえば、それまで会長についていたレックス・ティラーソンが二〇一七年一月に就任したドナルド・トランプ大統領の指名に応じて国務長官に同二月に就いたことだろう。巨大企業の運営に成功した手腕が評価されたということだろうか。

二〇一六年一二月期決算によると、売上高は二二六〇億九四〇〇万ドル、当期利益は前年から半減して七八億四〇〇〇万ドル。一ドル＝一一〇円で換算すると、売上高は二四兆八七〇三億三四〇〇億円、当期利益は八六二四億円となる。最近の原油価格の低迷で、売上高は減少しているが、例えば、原油が高騰していた一バレル＝一〇〇ドル時代の二〇一二年一二月期は、その売上高四五一五億九〇〇万ドル（四九兆六六五九億九〇〇〇万ドル）、当期利益は四四八億八〇〇〇万ドル（四兆六六五九億九〇〇〇万ドル）だった。売上高は、当時の日本の国家税収に匹敵する大きさである。

日本最大の企業、トヨタ自動車と比べてみよう。二〇一七年三月期の連結決算は、売上高が二七兆五九七一億円、税引き前当期純利益は、二兆一九三八億円である。二つを比較すると、二〇一六年一二月期のエクソンモービルの売上高はトヨタよりやや少なく、利益はトヨタが二・五倍強。だが、二〇一二年と比べると、売上高が二倍弱、利益は二倍強で、同社の凄さが抜きんでていることが分かるだろう。

解体後の企業のひとつが今なお世界の石油市場で大きな存在感を示しているということは、そのルーツである米市場の九〇％を支配していた一〇〇年前のスタンダード石油がいかに怪物のような力を発揮していたのか推測できよう。

一九九九年の二社の合併では、新会社の誕生に際して「ロックフェラーの亡霊が復活した」などと現地のマスコミに報道された。ロックフェラーは、金融界にも手を拡げ、旧チェースマンハッタン銀行などを支配下に置いた。当時吹き荒れたメガバンクの統合の波に乗り、二〇〇〇年にＪＰモルガン銀行と統合。現在は、スーパーメガバンクの一つに数えられるＪＰモルガン・チェースとなっている。

では、米最高裁判決による解体後のスタンダード石油の子会社群はその後、どうなったのだろうか。

驚くべきことに解体から一年近くで後継の会社の株価は、ほとんどが二倍になった。三倍になったところもある。例えば、一九一一年一月に二六〇ドルだったスタンダード石油ニューヨークの株価は、一〇月に五八〇ドル台に上昇した。これから分かるように、解体で最も利益を得たのは、すべての株式の四分の一を保有していたロックフェラーだったのである。株価が軒並み値上がりしたのは、これまで闇の中にあった含み益がたっぷりあったことが分かったからである。

4　アメリカン誌へ移籍

◆晴耕雨読

内紛が高じてマクルアーズ誌は休刊となった。オーナーとの対立が解けず、編集部員が辞める最悪の展開となったのは既に触れた。それでは、ターベルにとって同誌に関わった一二年間は、一体どんな意味があったのだろう。

自伝では、「在籍した分だけ自由の拡がるような気分がした」、「イライラや犠牲になることもなく、一緒に仕事のできるグループがあった」、「未来は、明るく永遠のように思えた」などと楽しかった想い出を振り返っている。時代を切り開く革新的な記事を伸び伸びと執筆できたばかりか、気心の通じた同僚たちの強い団結を通じて総合力がいかんなく発揮されたのである。

突然の内紛で、編集の記者らは、事務所からやや離れたマンハッタン・グリニッチ・ビレッジに近いターベルのアパートに集まり、対応を頻繁に協議した。「マクルアーが欲しいのは、カネだ」、「私達はジャーナリスト。金融マンではない」などの計画に反対する声が挙がった。ターベルは、マクルアーは間違っていると考えていた。長年の付き合いから、マクルアーにとってカネとは、「何かを作り、他人を支援する力」、「何か大きなことをしたいのだ」と憶測していた。

降って湧いたゴタゴタで編集部は、会議はもちろん、取材や執筆にも集中できない状態が続いていた。その結果、駅などのニューススタンドからマクルアーズ誌は姿を消していた。

記者らの歩み寄りはなかった。そうこうするうちに編集デスクのフィリップスを含めて、ベーカー、リンカーン、シダル、ボイデン、ターベルらの編集部員は、同誌からの離脱を決断した。調査報道のみならず、マーク・トウェインや「最後の一葉」、「賢者の贈り物」などの短編小説家としてオー・ヘンリーが最初に寄稿した雑誌でも知られる総合誌のあっけない最後だった。

一九〇六年四月末、事務所でマクルアーに最後の別れを告げると、ターベルらは、マンハッタン四番街二三通りのマジソン・スクエアー公園のベンチに腰かけ、これからの自分らの行く末を話し合った。ターベルは、「私達は、仕事のないホームレスになった」と自伝に綴っている。

ところが、である。捨てる神あれば拾う神あり。ターベルらは、アメリカン誌との名称に衣替えとなったばかりの月刊誌で急きょ働くことになる。同誌のオーナーがフィリップスに購入を持ち掛け、ターベルらが資金を出し合って買い取ることになった。マクルアーズ誌が休刊になってから半年も間を置かない一〇月には、新陣容によるアメリカン誌がスタートした。

ニューヨークに住んで一〇年以上が経過したターベルは、家を構えて落ち着きたくなった。故郷へ帰るにも、タイタスビルはかなり遠い。留学先のパリは海の向こうで、そもそも無理。物件を物色しているうちに、隣のコネチカット州に小さい古い家付きの四〇エーカー（約一六万平方メートル）の土地が見つかり、早速購入した。

家畜を飼い、農作業なども手掛ける晴耕雨読の生活がスタートする。週末や休みになると、親戚のほか戦友シダルなどマクルアーズ誌時代の同僚やその後のアメリカン誌の仲間が大勢押しかけてきた。嬉しいことに、スタンダード石油の大幹部ロジャーズを紹介してくれた小説家のマーク・トウェインが近所に家を建てた。盛大なパーティーを週末開いては、声を掛けてくれた。田舎の生活が始まると執筆活動は、難しい仕事の場合、静かな田舎の方が騒がしい都会より好ましいとターベルは考えるようになっていた。

次に関心を持ったのは、スタンダード石油などの国内産業を守るためにあまりに高く設定された関税の妥当性についてであった。輸入障壁を設け、国内産業を過度に保護しているのではないかとの問題意識があった。

業界の背後には、石油、絹、綿、鉄、砂糖などの製品ごとに圧倒的に強力なロビイストが背後に控えていた。議員や政府の役人などに対して業界の置かれた立場を説明し、産業保護政策を取るよう影響力を行使するロビイストらは、反対する陣営や政治家らを脅しや賄賂などで懐柔していた。輸入品を封じ込め、輸出振興につながる業界に有利な、消費者不在の高関税が設定されていたのである。

正義感の強いターベルは、この公正さについて疑問を抱いた。懇意にしていた大統領や連邦議会の議員、業界関係者に綿密な取材をした末の記事をアメリカン誌の一九一〇年一一月号などに執筆した。米国を震撼させたベストセラー作家の久々の力作とあって、記事は各界で注目され、大きな反響を呼んだ。

こうした経緯もあってターベルは、第二八代大統領のウッドロー・ウィルソンの創設した連邦政府の関税委員会のメンバーに招致された。最初は、「自分は、観察者、記者であり、こうした関税の在り方を考える交渉者には不向き」と考えて拒否した。だが、婦人参政権に積極的な大統領は、女性の起用を重視しており、白羽の矢が立ったのである。最終的には、参加することになった。

執筆活動はどうだったのか。アメリカン誌用に手掛けたのは、各州の産業の訪問であった。四年間、さまざまな業界の工場を訪ね、その様子を執筆した。北はメーン州から南は、アラバマ州、東はニューヨーク州から西のカンザス州まで。本、新聞、キャンディー、ビール、木製品、シャツ、靴、ネックレス、タービン、光学レンズ、宝石、リネン、家具などに関連する業界の記事を執筆した。読者は、企業経営者を想定していた。悲劇的な結果となった労働争議などにも遭遇したこともあった。

さまざまな経営者にも出会った。筆頭は、自動車のヘンリー・フォードだろうか。製造工程の見えるフォード社の中の大きな部屋で面談した。驚いたのは、出会った時の最初の笑顔がマクルアーズ誌で取り上げた若きリンカーンを髣髴させたからである。フォードは、自分の部屋に居座ることはほとんどなく、工場内を歩き回っていた。

取材の中でフォードは、「お客さんは、ドアが使いにくいと文句をいっている。これから全部にドアに缶切りを付けることにしよう」、「自分たちの商売は、誰でも買えるように安く作ることである」、「人を作るのだ」とも語っていた。

松下電器産業（現在のパナソニック）創設者の松下幸之助の語録に「松下電器は人も作る」がある。

い。

それより五〇年前に、既にヘンリー・フォードが全く同じ内容の発言していたことに驚きを禁じ得な

工場内がとても清潔に保たれており、飲酒が禁止されていた。社員は、あくまで清潔でなければならなかった。いずれも現在の製造現場に通じることである。

アメリカン誌は大学教授や文学者らとの交流もあった。ターベルが「革命的な発明と発見」と絶賛した当時の経営に科学的管理法を導入し、近代的な経営学「テイラー理論」を確立したフレデリック・テイラーに「科学的経営論とは何か」の記事の執筆を依頼したこともあった。科学的管理法とは、これまで勘やコツなど労働者の経験に頼っていた作業を、統一化や標準化を進めて経営を〝科学的〟に管理したことからこう名付けられた。

マクルアーズ誌ほどの発行部数を集められなかったアメリカン誌は、一五年に身売りとなる。マクルアーズ誌からの移籍組は、これを機に離脱。ターベルは、その後、フランス留学前にお世話になった人間啓発のチャータンクア運動から再び声を掛けられ、講師として復帰した。待遇も悪くなく、T型フォード車を運転し、各地を訪れた。

◆政府の委員会

その頃欧州では、第一次世界大戦が勃発していた。反戦主義者のヘンリー・フォードは、早期の戦争終結と和平の実現を呼びかけるため客船をチャーターして、欧州へピースボートの派遣を画策しており、これへの参加を打診されたが、断った。

米国の参戦が決まると、ターベルは、今度は、一〇数人から構成された全米国防評議会の女性委員会のメンバーへの参加をウィルソン大統領から要請された。積極的な気持ちはなかったが、最終的に受諾した。仕事は、国家に対する女性の国防上の役割を考えることだった。勝利のために何をすればよいのか。食糧供給体制の強化や関連する女性事務員の採用など、あれこれ考えて実行に移した。

関税委員会と同様、女性参政権支持派の多くが占める委員会で、メンバーはこれを実現させるための活動のひとつと考えていた。アレゲニー大学の学生の頃は、学内紙に女性の権利拡大の必要性を説く記事を寄稿していた。だが、この頃のターベルは、婦人参政権には必ずしも熱心ではなかった。

全米は愛国的ムード一色で、本屋の棚には、勇ましい戦記物や愛国的な雑誌が並んでいた。第一次世界大戦は一八年に終結、委員会も解散となった。ターベルはまたしても失業した。この頃、母親が亡くなり、肺に影があると診断されて三か月入院した。

そんな中、心を躍らせるような仕事が舞い込んだ。大戦後のフランス・パリの戦後復興の様子を国際赤十字の雑誌に執筆するのが中身だった。マクルアーズ誌で同僚だったフィリップスがたまたま同誌の編集長で、戦後のフランスで、国際赤十字の役割に新しい視点を持ち込みたいとの気持ちがあり、声が掛かったようである。二つ返事でOKした。

翌年一月に大西洋を渡り、陸路でパリに到着した。本部のあるコンコルド広場に近いチュイルリー公園沿いのリヴォリ通りのホテルを確保した。国際赤十字のスタッフの制服姿で街を闊歩していたから目立ったし、仕事もやりやすかった。

休日には、留学時代に通った格安の食品の並ぶカルチェラタンの市場や思い出深い当時住んでいたアパートなどを訪ねたが、いずれも姿を消していた。名士の集まるサロンを主宰し、ターベルを誘ってくれたロラン夫人の末裔のマリリエール夫人も亡くなっていた。

月一回の寄稿に加えて、戦争の打撃がより大きかったフランスの現況を調べ、市民が荒廃からどのように立ち直っているのかの報告も課された仕事だった。当時パリでは、大戦後の平和の実現のための国際秩序について話し合う講和会議が英国、フランス、米国などの大国の間で進められていた。ターベルは、国際連盟創設を含めてこの進展状況も取材していた。

シャトーカ運動にも関係していたターベルは一時帰国し、各地で開いた講演の中で、講和会議の動きや国際連盟設立をめぐる現状について報告した。提唱したウィルソン大統領は設立にとても積極的だった。だが、「欧州での戦争に巻き込まれる可能性がある」と懸念する米議会の反対で難しい状況が続いていた。

講演で、国際平和の確立に向けて連盟は大きな役割を果たすと訴え続けたターベルの奮闘も虚しく米議会は否決した。自伝の中で「世界は、この恒久平和実現のために努力を尽くした大統領を忘れないだろう」と記している。

◆次の照準

委員会や赤十字の仕事が終わると、時間を持てあますようになった。この時間を利用して最高裁判決で解体が命じられたことなどを盛り込んだ『スタンダード石油の歴史』の続編を執筆しようと考え始めた。脱稿したのが一九〇四年だから一一年の解体判決の評価やその後の動きなどをまとめる必要性を痛感していた。当時の司法長官にも取材した。だが、執筆はされなかった。ターベルの自伝には、そのわけについては、詳細な説明がない。

ターベル研究家のキャサリン・ブレイディーは、著書『アイダ・ターベル』の中で、初回の記事をはるかに上回るロックフェラーとの〝最後の聖戦〟ともいえる大きなテーマに取り組んでいたとの秘話を伝えている。それは、スタンダード石油解体後の一大スキャンダル「ティーポット・ドーム事件」に絡む、度胆を抜くような政財官と業界の癒着、そして構造汚職に大胆切り込むストーリーであった。この執筆に向け、取材を続けていたことを明らかにしている。

ティーポット・ドーム事件とは、第二九代大統領のウォーレン・G・ハーディング政権(一九二一〜二三年)下で発生した現職の大物閣僚が絡む一大汚職事件である。ニクソン大統領が政治スキャンダルで六四年に辞任したウォーターゲート事件の以前は、これが、米国史上最大の不祥事といわれていた。

ティーポット事件と呼ばれるのは、油田のあった地層がティーポット、つまりお茶を入れるティーポット、急須のような形をしていたためである。

在任中の病死直後にこうした汚職事件が相次いで発覚したこともあってハーディングは、歴代米大統領の人気度で金ぴか時代の大統領と並び、最低のランキングに甘んじている。

スタンダード石油に次ぐ作品としてターベルは、なぜ、この事件に照準を定めたのか。それは、政府の保有する油田の採掘権の石油会社への貸借を巡る贈収賄事件であり、それ以上に、油田を借り受けたのは、いずれも解体後のスタンダード石油の関連会社だったからである。大盤振る舞いともいえるアーチボルトの政界工作を熟知しているターベルは、キナ臭い動きを本能的に察知したようだ。裏に大きなスキャンダルがあり、「スタンダード石油は、これで崩壊するのではないのか」と懸念を示していた。

事件の顚末はこうである。ルーズベルトの後継の第二七代大統領のウィリアム・H・タフト政権（一九〇九～一三年）の当時、米政府は、複数の油田を海軍が保有していた。モータリゼーションの進展は兵器にもおよび、戦車、装甲車、戦闘機、戦艦などが石油で動くほか、軍事物資の運搬は、車が主流となった。この結果、戦争の勃発や非常時に備えて油田を保有、いったん緩急あれば、石油生産に着手する段取りだった。

ハーディングは、二一年、ワイオミング州のティーポット・ドーム油田などの複数の管理を内務省へ移管させた。スキャンダルは、これに絡み発生する。

移管を受けて、内相のアルバート・B・フォールが油田の採掘権を有利な条件で石油会社へ合法的に貸し出した。そしてあろうことか、この見返りに巨額の金品や無利子融資などを受け取っていたのである。発覚したのはハーディングの病死後の二四年だった。

ターベルはこの採掘権を譲り受けたのがいずれも、スタンダード石油の解体後の子会社であることを突き止めており、大統領や閣僚など政財官の超大物を巻き込んだ石油開発の絡む大疑獄事件と見て調査に着手、執筆を予定していた。

取材の過程で、ターベルは、第三一代大統領（一九二九～三三年）に就任することになる当時商務省のハーバート・フーバー長官の関与の疑惑を耳にした。将来の大統領と期待していただけに、これには落胆した。だが、その後の調査の中で、関与していたのは別の油田だったことが判明。フーバーの嫌疑は晴れた。

罪状が発覚した内相のフォールは有罪判決を受け、米国では初の閣僚経験者の刑務所行きとなった。では、ターベルはこの件を記事にまとめたのか。新聞にコメントし、雑誌に寄稿はしたが、スタンダード石油をはじめとした政財界を震撼させる全体像を執筆することはなかったのである。

その理由についてターベルは自伝で以下のように記している。総力戦となる第一次世界大戦などの勃発で、石油が新しい意味を持ち始めていた。戦争遂行のため不可欠な戦略物資という位置付けである。石油会社が家庭の照明や暖房用の灯油を提供する私企業からもはや脱皮していたのである。この程度しか記述されていない。何とも分かりにくい説明である。

フランスのジョルジュ・クレマンソー首相は、大戦中にウッドロウ・ウィルソン米大統領へ「as the blood of men（石油は人間の血）」との書簡を送り、戦いの中で占める石油の重要性を訴えたことが知られている。世に知られるクレマンソーの「石油の一滴は、人間の血の一滴である」という表現であろうか。

戦車、軍艦、戦闘機にしても油なしには動かない。戦いの勝利のための石油は最優先で必要不可欠な物資の位置付けになっていた。ターベルがロックフェラーの不公正な商慣行を糾弾した時代の消費者向けの照明から、戦争の勝敗を決する決定的な戦略物資へ一変していたのである。

当時、石油が大量に埋蔵されているのではないかとアラブ世界が世界的に注目されていた。列強は、血眼になって石油を探した。この戦略物資を巡ってロックフェラー、ロイヤル・ダッチ・シェルのへンリー・デターディング、マーカス・サミュエルなどの石油王の名前が知られるようになった。世界の覇権をめぐるロックフェラーとシェルの国際石油戦争、これにティーポッドドーム事件の背後にある解体後のスタンダード石油内の内部抗争を絡めた新作をターベルは、世界的な競争の視点でまとめようと考えていたようである。

マクルアーズ誌で付き合いのあったマクルアーと連絡を取ると乗り気で、話はトントン拍子で進んだ。大手からの出版まで決まったのだが、土壇場でご破算になった。その理由についても先に触れたように、自伝は具体的に触れていない。

5　政財界の大物に取材

◆エルバート・H・ゲイリー

大スキャンダルの暴露に代わって浮上したのが、巨大トラストUSスチールの大物経営者エルバート・H・ゲイリーの伝記の執筆であった。モルガン財閥主導で鉄鋼王カーネギーを取り込むことで米鉄鋼の六〇%を支配した当時米国最大のトラストである。

ゲイリーの巧みな説得術もあって政府へ協力的なUSスチールは、ルーズベルトから〝良いトラスト〟と認定され、企業局による反トラスト法違反の訴追から逃れることに成功したことは既に触れた。

この話を持ちかけられた時、ターベルは、いったんは拒否した。だが、「あらゆる記録を提出する」、「どんな質問にも答える」と異様にしつこかった。

「どんな会社だろうか」と試験的に調査してみた。すると、製造業の中でも模範的な企業で、工場などの現場を、安全で衛生的な仕事場に変身させていたことが分かった。年金制度も創設、コミュニティーの改善にも力を尽くし、学校、病院などを建て従業員の厚生にも努力していることが判明した。自伝によると、ゲイリーに会うと存外素敵な経営者で何でも話ができた。あらゆることに精通しており、啓発され、「自分は、素人で何も知らない」と恥ずかしく思った。

ターベルは、取材の過程で「公共政策に反すると思うような商慣行があったら、違反していると主張せざるを得ません」、「待遇改善の努力は高く評価しますが、だからといって財政上の政策を支持するということにはなりません」と釘を刺すと、ゲイリーは、声を上げて笑った。

ゲイリーは、「私たちのやっていることで何か悪いことを見付けたのであれば、それを知りたい」、「最高裁は、わが社が取引を制限する独占だと宣言することを拒みました」、「何かまずいことがあれば、ありがたく存じます」と答えた。「断るとしたら、臆病でしかない」。ターベルは引き受けることにした。

ゲイリーは、トラスト退治に奔走していたルーズベルトの努力を称賛し、自らも〝良きビジネスをする〟と宣言したことでも知られている。もっとも、政権にすり寄るゲイリーは、ウォール街の仲間の多くから〝裏切り者〟とみなされていた。

ターベルによるゲイリーの伝記について、ある新聞は、「ターベルの飼い馴らし」との見出しを付け、〝永遠の敵〟と誓った種類の人物の称賛者になっている、と手厳しく批判した。

ターベルは自伝の中で、「ゲイリーは、私が反対するような種類の業界のトップではない。それどころか、地位や運命をしばしばリスクに賭け、私が長い間反対していた特権や商慣行の多くと堅実に戦っている人物である」と反論している。もっとも、ターベル研究家のキャサリン・ブレイディーは、「一〇年前のターベルだったらこんなゴマカシはみとめなかっただろう」と辛口のコメントを自著に掲載している。

年代が相前後するが、ハーディング大統領からも政府の失業委員会の委員の就任を求められた。多くの政府の仕事に関わったがいずれも、落胆、幻滅であった。最終的には向いていないことをあらためて自覚したようである。

◆ムッソリーニにも

七〇歳に手が届く直前の一九二六年、今後は、ファシスト党を指揮して首相に就任、一党独裁体制を確立したベニート・ムッソリーニの取材が舞い込んできた。政権の座に就いて既に四年が経過、イタリアは議会制度が崩壊していた。

独裁制は必然だったのか。ムッソリーニとは何者なのか。ジャーナリストらしい好奇心が当然あった。それに、拒めないほどの多額の取材費を出すという誘いは、貧乏暮らしのターベルにとっては、何よりも大きな魅力だったのである。

友人に打ち明けると、「行ったら逮捕されるよ」と思い止まるよう説得された。大陸に渡ると、パリでは、反対派への手紙や反ムッソリーニの本などを持参しないようにアドバイスされた。ファシスト流の挨拶が必須との情報もあり、滞在中に部屋の中で毎日練習した。

ローマに到着するとどうだろう。カバンの中身も調べられなかった。友人から控えるよう忠告されたフランス語を、ターベルは毎日しゃべっていた。ファシスト流の挨拶も見かけなかった。皆無といわれた英語やフランス語の新聞もキオスクで堂々と売られていた。当局による手紙のチェックもなかった。噂や友人の話は嘘だらけだった。ローマを拠点にターベルは、取材でフィアット社や自動車タイヤのピレリーなど各地の工場を訪れた。

ターベルはここでも強運を発揮する。ムッソリーニに取材できないかと相談を持ちかけると、当時の駐イタリア米国大使館の大使のヘンリー・フレッチャーは、各方面に手配してくれた。

大使館の図書館で調べ物をしていたある日、大使が突然、目の前に現れ、「ムッソリーニと面談できるから直ぐに公邸へ行くように」と指示された。直ちに移動し、待合室にいると声がかかり、縦の長い部屋へ通された。

するとどうだろう。ムッソリーニが姿を見せ、流暢な英語でしゃべりだした。「お待たせして申しわけありません」、「どうぞ」と部屋の中の自分の机の前に並んでいる椅子に座るよう促された。やりとりは半時間だった。ムッソリーニの「素晴らしいフランス語」（ターベル伝）による面談となった。

自伝によると、いろんな話題についてやり取りしたが、「素敵な住居とは何か」について関心が特に一致した。それまで笑顔だったのが厳しい表情に変わり、興奮したムッソリーニは、「男性も女性も素敵な家に住まなければならない」、「あばら屋に住んでいては、善良な市民になることは期待できない」とテーブルを叩いて力説した。

米国の禁酒法にも興味を示し、自身は、お酒は飲まないと前置きして、「労働者の評判はどうなのだろう」との質問を受けた。ムッソリーニは、「きつい仕事をする人には、ワインが必要だろう」との感想を漏らした。こうしたインタビューの内容は、雑誌などに記事として掲載されたのはもちろんである。

帰国後ターベルは、その後発明王トーマス・エジソンに起源を持つ米多国籍企業ゼネラル・エレクトリック（GE）社のオーエン・ヤング会長の伝記も執筆した。

八〇歳になったターベルは、今度は自伝の執筆を決意する。四〇〇ページ超の大作の『毎日の仕事に疲れ切って』であり、本書の多くは、この自伝を参考にした。

持病のパーキンソン病で手の震えが激しくなったにもかかわらずターベルは、女性ジャーナリストの大御所としてニューヨーク・タイムズ紙などさまざまなメディアからのインタビューを受け続けた。

◆大往生

出身のタイタスビルに出かけ、住民に向けた講話などにも応じた。『八〇歳以降の人生』とのタイトルの本の執筆も手掛けた。四三年末のクリスマスに入る少し前から一転してこん睡状態となった。手厚い看護にもかかわらず、翌年の一月六日に入院先の病院で天寿を全うした。八六歳。亡骸は、生前の本人の希望に沿ってタイタスビルに運ばれ、墓に納められた。これは、欧州で勃発した第二次世界大戦の終了の画期となったノルマンディー上陸作戦の五か月前だった。

生前ターベルは、歴史に残る名著との高い評価を受けた『スタンダード石油の歴史』について、出身のアレゲニー大学の若い教員から「書き直す箇所があるとしてらどこでしょうか」との質問を受けたことがあった。ターベルは、「一言も、一言も書き直すところはありません」と決然と語ったという。調査報道の先駆者、ターベルの自信を熱く感じる言葉ではあるまいか。

おわりに

調査報道の源流を追う研究の概略は、「はじめに」を含めた全九章で終了した。ターベルを中心とした米国の調査報道史や石油の世界情勢を研究していた筆者は、論文が進むにつれて、ドレークの世界で初めて採掘に成功した石油の聖地タイタスビルや石油戦争の舞台となった石油地帯やターベルの出身のアレゲニー大学を訪問し、この目で確認し、その足跡を辿りたいと考えるようになった。

記者時代に、ニューヨーク、ワシントン、ボストン、シアトル、ロサンゼルス、サンディエゴ、ナッシュビルなど米国の大都市を訪問する機会はこれまでも何度かあった。だが、鉄道を乗り継いで行くペンシルベニア州の片田舎などへは、時間や労力を要することから、夢のまた夢と考えていた。先立つものがなかったこともある。

だが幸運なことに、天国に住む強運のターベル女史がそのおこぼれを運んできてくれた。その機会がついに巡ってきたのである。以下は、筆者が所属する大学の紀要用にまとめた論文である。

1　聖地タイタスビルを訪問

二〇一五年九月一五日午後。筆者は、石油の聖地、米ペンシルベニア州タイタスビルから南へ約五キロメートル下ったオイル・クリーク（石油地帯）の川沿いにある「Drake Well Museum（ドレイク油田博物館）」の芝生の上に立っていた。

今から一五〇年以上前の一八五九年、大佐と呼ばれていたエドウィン・ドレークが、無謀ともいわれた石油の採掘に挑戦し、世界で初めて掘り当てたのがここである。博物館は、世界初の偉業を記念して、一九三一年に創設された。

筆者がここを訪問できたのは、幸運に恵まれたことに尽きる。その日の前週、所属する大学の学部生らを連れて同州ステイトカレッジが本拠のペンシルベニア州立大学（ＰＳＵ）のキャンパスを訪れていた。協定校である同大学との交流のためである。

訪問の翌日、同アジア政策学部のジェサミン・エイブル准教授らと正門前のアレン・ストリート・グリル二階のレストランで昼食を楽しんでいた。やり取りの中で、筆者が、「世界的に知られる同州北部のタイタスビルやミードビルへ訪問したいとの希望を持っている」と漏らすと、准教授は「（夫の）ジョン（ジョナサン）が今週、タイタスビル近くのミードビルを訪問する予定で、場合によっては、車で連れて行くことができるかもしれない」との耳よりの情報を提供してくれた。

それについてのやり取りは、そこで終わったのであるが、その夜、昼間話題になったタイタスビル行きについてジョンから「都合があえば一緒に行こう」との誘いの電子メールがコンピュータの画面に飛び込んできたのである。「渡りに船」とばかりに、二つ返事でOKを出し、二日後にその日がやってきた。ジョンも「一人で行くよりも二人の方が退屈ではなかろう」と歓迎の様子だった。

ステイトカレッジからタイタスビル、ミードビルまで直線距離で約三五〇キロメートル。東京から北上し、仙台のあたりの距離である。三角形の二辺を走行することになる。

いったん南下し、そして西方へ一〇〇キロメートル。その後北上して、ピッツバーグ経由でタイタスビルへ。ハイウェイを使っていくのだから最低でも四〇〇キロメートルは走行するのだろう。かなりのハードワークである。もっとも、ジョンによると、鉄道の発達していない米国ではこの程度の距離を車で行くのは普通のようである。

午前八時前、筆者がホテル一階の正面玄関に降りると、ブルーのジョンの車は既に横付けされていた。米国で人気のあるハッチバック型の日本製だった。

「Good morning（おはよう）」ドアを開けて右側の助手席に乗り込む。一路、タイタスビル行きである。ホテルのロビーで見たケーブルテレビのCNNは、天気予報で「Thunder storm（雷を伴った嵐）」と荒れ模様を告げていた。

ジェサミンと同じPSU准教授でメディアが専門のジョンは、研究論文の資料の収集のため、研究目的の映画を所有するミードビルの映画会社へ行くという。同六月に私の所属する茨城大学人文学部で要請した集中講義で会っていたから三か月ぶりである。

今回訪問したPSUは、医学部、農学部などもある総合大学。アレゲニー台地の麓に位置しており、七四平方キロメートル広大な敷地を持つ。独立当時の首都で、一番近くの大都市のフィラデルフィアまで二五〇キロメートル。高速バスで四時間半を要する。

ハイウェイに乗ると、周り一面は森林地帯である。事前に計画された休息用のサービスエリアがあるわけではない。用を足したければ、点在する街に立ち寄るしかない。

ハイウェイをしばらく北上し、途中から西へ乗り換え、二時間ほど走行した。その後、再び北へ舵を切った。山の中を切り開いて建設したハイウェイで、行けども行けども緑の森が続く。

日本通のジョンからは道中、いろんな質問が飛んで来た。政治のこと、大学のこと、日常生活のこと。同じ大学人として大学改革などを含めた双方の最近の日米の大学事情について意見交換していると、時計は午前一一時を回っていた。ジョンは、「間もなくだよ」と耳打ちしてくれた。天気予報から、途中で雷雨に巻き込まれるのではないかと気にしていたが、白い雲の隙間から、それとは正反対の青空が見えてきた。

アレゲニー国立公園に入り、オイル・クリークに沿って走る「Museum lane（博物館通り）」を北上、石油の聖地のタイタスビルの中心街へ入る直前にから左に折れた。五分ほど行くとドレーク油田博物館の門が見えてきた。待ちに待った博物館へついに到着したのである。

◆ドレークの井戸

入口は、瀟洒な土産物屋を兼ねた石造りの建物の中にあった。日本の街角によくあるコンビニエンスストアよりやや広いサイズである。入場券はここで売っている。購入後に指示されたドアを開ける

再現された「ドレークの井戸」。

と、向こうに緑の芝生が拡がっていた。日本の二〇倍以上を誇る米国らしく広大な敷地である。一緒に来たジョンが、店員に私のことを紹介してくれている。ジョンは、先にミードビルに行くためここでしばしのお別れである。

車を見送り終わると、見学することにした。博物館側に入るドアを開けると、真ん前に木造のノッポの塔を組み合わせた掘立小屋が立っていた。江戸時代の火の見櫓を思わせる高さ二〇メートル程度の高さの塔である。どこかで見た記憶がある。

この小屋こそが、石油関係の歴史を綴った解説書には必ず掲載されている世界で初めて石油の採掘に成功した、エドウィン・ドレークとその井戸を紹介する写真の背景に写っているあの小屋である。一五〇年以上も前のことだから、小屋はもちろん本物ではない。ドレークが世界で初めて汲み上げに成功した井戸と小屋を、当時の資料などを基に再現したレプリカである。大佐の愛称で親しまれていた本

「ドレークの井戸」の内部にある石油掘削装置のレプリカ。

人の名前を取って「ドレークの井戸」と名付けられている。

開けっ放しになったままの木製のドアから小屋の中に入ると、初期の石油掘削装置のレプリカが稼働していた。ドレークは、地下に埋まった岩塩を、水と一緒に汲み上げる岩塩掘削用のボーリング機にヒントを得て、これを作った。目の前で稼働する装置がそれである。

直径一メートル程度の蒸気機関車の車輪を想起させる動輪が回り、これに連動して天に向かって立っているやぐらの中の掘削用のドリルが上下する。地中から原油を今なお汲み上げている。装置からは、横に一本、長さ一メートル、直径五センチほどのパイプが飛び出していて、この先からは、汲み上げた粘り気のある、どす黒い原油が、木製の樽の中へ落ちていた。

ドレークは、後見人から託されていた資金がもはやなくなろうとしていた直前の一八五九年八月二七

ドレークのコーナー。

日の午後、ここで石油採掘に成功したのである。

小屋の番役であるあごひげを蓄えたやや小太りでジーンズ姿の熟年老人が解説してくれた。

小屋を出ると、目の前にガラス張りの近代的な白い建物がどんと構えていた。これが、ドレーク油田博物館である。

一五五年前に産声を上げた石油産業の歴史が、当時使われていた機器の展示とともに年代順に説明されている。入館すると係員に、右手のスクリーンの配置された大きな部屋へ案内された。一〇〇席ほど並んでいる椅子のひとつに腰かけると、産業の概略を簡単にまとめた映画が間もなく始まった。暗くなった部屋にいるのは筆者だけだ。

当然のように冒頭には、ドレークが登場する。オイルラッシュに沸いたタイタスビル、ピットホールに続き、このあたりの石油地帯の一大産業になり、現在に至るという栄枯盛衰の紹介である。二〇分弱で終了した。

次は、展示品の見て歩きである。映写室の隣は、石油産業の父ともいえるエドウィン・ドレーク大佐のコーナーである。ぼさぼさ髪で、髭もじゃのマネキン製のドレークがガラスの向こうのロッキングチェアーに座っている。愛読していた書籍、万年筆、眼鏡などが、ガラスの展示ケースの中に並んでいた。

当時掘削用に使われた掘削機などの現物も並んでいる展示のコーナーにはタイトルが付けられ、「樽と貯蔵タンク」、「ネリーブライの金属製の樽」、「石油地帯の子供達」、「鉄道」、「統合と独占」、「石油地帯の三人の男」、「公衆の懸念」などと続いている。

筆者が最も驚いたのは、最後の「Public Concern（公衆の懸念）」のコーナーが、ドレークより広いスペースで、石油産業の黎明期を代表する男女二人を取り上げられていたことだった。それは、この論文のテーマでもあるジャーナリスト、アイダ・ターベル。もう一人は、ターベルの筆の矢面に立たされたトラスト帝国の総帥ジョン・D・ロックフェラー。

取り上げ方は、ターベルの扱いの方がむしろ大きい。ロックフェラーの立ち上げたスタンダード石油が「不公正なリベートなどを軸に市場独占を実現し、世界最大の富豪に上り詰めた」との説明に対して、「タイタスビル・チェリーラン出身のターベルが、無敵のトラスト帝国に筆の力で果敢に戦いを挑み、解体にまで追い込んだ」と、その偉業を絶賛する取り上げ方だ。人物像を紹介する遺作、遺品の展示も豊富である。

ロックフェラー帝国を崖っぷちへと追い詰めた『スタンダード石油の歴史』に連載されたマクルアーズ誌の一九〇五年七月号や、自伝『毎日の仕事に疲れ切って』のほか、肉質の走り書き、幼年時

ターベルとロックフェラーのコーナー。

代から亡くなる直前までの写真が数枚展示されていた。

高校時代の三年間の成績表も置かれていた。語学（ラテン語）、数学、歴史、科学のいずれの科目でも一〇〇点満点中九九点、九八点など高得点の数字がずらりと並んでいる。飛び切り優秀な成績を収めていたことも分かった。当時珍しかった女性ジャーナリスト、ターベルに対する評価の高さが推し量られた。興味深いのは、展示の仕方である。ターベルと宿敵ロックフェラーの顔写真が同じサイズのパネルに収められ、音声による解説が天井から流れていた。宿敵同士が対決する形である。

次の予定もあったので、博物館内に筆者が滞在したのは、視聴した映画を含めて約一時間だった。帰り際に、入口に石油を掘削する油井を思わせる四本の鉄骨で組まれた高さ二〇メートルほどのやぐらが組まれていたことに気付いた。見上げると、やぐら上部の正面には、一メートル大のキャプテン・ドレークのモノクロの顔写真が飾られていた。その右側には、同じサイズのターベル、入口と正反対となる裏手の左には、ロックフェラーの写真が掲げられていた。

博物館の表の主役がドレークであるとすれば、その次の時代を担った主役が米国の調査報道のパイオニアのターベルと石油の独占をテコに世界最大の富豪まで上り詰めたロックフェラーだったのである。二人がいなければ、ドラマチックな米石油産業史は、さぞや至極つまらない、味気ないものになっていたことだろう。

◆ピットホール

見学後は、黎明期のオイルラッシュに沸く石油地帯の名残を体感するため、一帯を駆け足で見回ることにした。受付の女性に依頼してタクシーを一台を呼んでもらった。昼食に出かけており、一時間待ちだという。牧歌的な経営だ。聞けば、人口五六〇〇人のタイタスビルにはタクシー会社は、一つしかないという。

時間を潰すために周辺を散歩すると、博物館の向かい側に線路が敷かれていた。「Drake Well（ドレークの井戸）」が駅名の鉄道のプラットホームがあるではないか。当時はこれを利用して、採掘された原油が輸送されたのである。ロックフェラーの独占の確立と富の蓄積に大きく貢献したのがこれである。

約束の午後一時半に、トヨタ自動車製のタクシーはやってきた。幸運にも山道にも強いランドクルーザーであった。なぜかフロントガラスにひびが入っている。運転手は、タイタスビル出身の熟年の女性だった。パートナーと二人で経営しているとの説明だった。

今から一五〇年前、オイル・クリークと呼ばれるこの地帯の人口は一夜にして急増した。ドレークの成功を耳にした一攫千金を夢見る男たちが全米から殺到した。南北戦争の終結直後で、失業中の労働者が多かったこともある。人口二〇〇人超の寒村タイタスビルの人口は、短期間に四〇倍以上に膨れ上がった。ゴールドラッシュならぬ、オイルラッシュである。一世紀半前のここは、石油を血眼になって探すオイルマンたちであふれ返っていた。

その象徴が、博物館から約一五キロメートル離れた森の斜面に生まれたピットホールである。人口一万人の町が生まれ、一年後に半減、数年後にはゴーストタウン化した伝説の町である。現在もそうであるが、勃興期からオイルビジネスがいかにリスクの大きなものだったかが分かるだろう。

採掘された原油を入れる輸送用の木製の樽を製造するビジネスを手掛けていたターベルの父フランクもオイルラッシュのブームに乗り、家族と一緒に、ここに引っ越してきた。この樽への需要は大きく、一儲けした。もっとも、井戸が枯渇した五年後にはタイタスビルへ家族と舞い戻った。

フランクは、ピットホールに建てられたイタリア風建築の瀟洒な三階建のホテル「Bonta House」を二束三文で購入した。タイタスビルへこれを移設して自宅にしたこの家は、ターベルの住んでいた記念の家として、今なお訪れる人は少なくない。

トヨタ製の車に飛び乗った筆者は、一路ピットホールへ向かった。さすがに自動車王国の米国で、道路は鬱蒼とした森林の山道でもしっかり舗装されていた。だが、脇道に入ると必ずしもそうでもない。ランドクルーザーが威力を発揮した。

運転手は、「どこから来たの」、「何のため」と矢継ぎ早に質問してくる。「日本から」、「調査のためさ」と相槌を打つ。クルーザーは森の中を駆け抜け、国道から左に折れた。

筆者が、一五〇年前の石油産業を調べていることを知ると、運転手は、「この近くに、パイプラインの跡があるよ」、「ピットホールまであと一〇分くらい」とあれこれ解説してくれた。一世紀前、まさに、このあたりが石油地帯だったのである。

採掘された原油は、当時、パイプラインで川の船着き場か、鉄道があれば最寄りの駅で貨車に詰め替えられ、製油所へ運ばれていた。そのパイプラインの跡のようである。道路際には、それを知らせる看板が立っていた。

勾配のきつい山肌に沿って上ったり下ったりすると、三〇分ほどで目的地の丘の上に到着した。なだらかな緑の勾配が拡がる斜面に生まれた街ピットホール（Pithole）である。緑が続く平坦な地形は、大都市近郊だったらゴルフ場に利用できるかもしれない。そんな雰囲気の丘陵の地形である。見上げると青空が拡がっていた。早朝テレビの天気予報が伝えていた雷雨とは真逆の晴天である。

丘陵の頂上に立つと、眼下には、緩い勾配に沿って緑の灌木が生い茂る原野が拡がっている。わずか一年で干上がり、短期間で町が消えたという伝説的なゴーストタウンがここである。

一攫千金を夢見た大勢の山師が集結し、石油を汲み出すため掘削装置のやかましい騒音があたり一面にこだましていたのだろうし、地下から汲んだ油やガスの異臭が充満していたに違いない。汲み上げた油を貯蔵する巨大な木製の樽がところ狭しと並んでいたのだろう。

芭蕉の俳句「兵どもが夢の跡」がピッタリ当てはまる光景であった。辞書で引くと「Pit」は、穴、窪み、立坑、「hole」も同じく、穴、窪み。大地にできた立坑の穴の意味なのだろうか。

筆者がドレークの博物館の土産物屋で購入したポール・H・ギデンズ（Paul H. Giddens）著の『*Early Days of Oil*（石油の初期の日々）』によると、ドレークが一八五九年八月末の試掘の成功を基点に始まったオイルラッシュは、最初は、ドレークが石油を掘り当てた現場を中心としたタイタスビルを流れる川に沿った農場などで、ここを中心に試掘が始まった。大規模なものは、日量一四〇〇～一五〇〇バレルの原油が採掘された。

当然のように、油井数が増えるにつれて、埋蔵量が減ると同時に産出量も低下。井戸が谷間へ移動すると、今度は産出量が増え、同六〇〇〇バレルに拡大した。当時の写真を見ると、伐採されて禿げ山になった山の斜面や谷間などにやぐらが林立しているのが確認できる。

オイルビジネスが安定化し、「カネのなる木」と知れ渡ると、採掘はオイル・クリーク地帯以外にも拡大する。六四年春、ユナイティド・ステイツ・ペトロリアム社が、人里離れたピットホールのトマス・ホルムデン農場を借りて試掘を開始した。翌年の一月七日に油が湧き出た。日量二五〇バレルである。これを聞きつけた山師らは、ピットホールへ殺到。このフレージャー油井を皮切りに、続々と採掘が始まった。

井戸からは次々と原油が湧き出た。ピークを記録したのが八か月後の九月で、同六〇〇〇バレルにも達したのである。運搬には船を利用した。オイルラッシュが始まると、鉄道が敷かれ、貯蔵施設や水道のほかパイプラインも創設された。

人口は一万五〇〇〇人を超え、銀行は二店舗、電報局二局、新聞社一社、教会が二つ、劇場もできた。ホテルの数は五〇軒程度まで膨れ上がり、大規模な郵便局が設立された。

冒頭に触れた、後にターベルの父が格安で購入し、一家の住居になったピットホール随一豪華な三階建高級ホテル「ボンタ・ハウス」も建設された。ピットホールは、オイルラッシュに沸く、地域最大の都市に生まれ変わっていた。

だが、夏から秋にかけて井戸から出る原油の量が急速に細り始めた。試掘するも、油の出ない井戸が増え始めた。枯渇のサインである。オイルマンたちは次々とピットホールを去り始めた。

翌年一月には、多くが空き家と化し、人口四〇〇〇人のさびれた町に変身していた。わずか一年後である。放置された油井からは、引火しやすい揮発性ガスなどが噴出する。これが原因で火事が頻繁に発生した。熱狂と興奮に包まれた町の荒廃は一気に進み、わずかなうちにゴーストタウン化したのである。

筆者がピットホールを訪れた九月は、訪れる観光客が途絶え、丘の上に立つ博物館「Pithole City Visitors Center and Museum（ピットホール訪問者センターと博物館）」は閉館となっていた。そこを起点になだらかなスロープが谷間に向かって拡がっていた。一五〇年前には、石油櫓はもちろん商業施設が林立していた。当時の写真を見ると、斜面に沿って無秩序に作業小屋の並ぶ殺風景な光景が見える。「No smoking（禁煙）」の大きな横断幕がその〝危険性〟を示している。水が不足し、衛生状態は、決して良くなかったはずである。

同ホームページでは、米政府の「National Register of Historic Places」の資料などを基に、ピットホールの歴史をこう紹介している。

ピットホールの栄枯盛衰の歴史を物語る看板。

今から一五〇年以上前の一八六五年五月、ピットホールには、五〇〇区画と二二の通りがあった。メインストリートは、南北に走るホルムデン通りで、斜面を下るとピットホール・クリークと呼ばれる川があり、そこに沿って採掘されていた。

翌年四月、八月に大火災があり、建物や井戸が焼失、一二月には人口は二〇〇〇人まで減っていた。その後も、人口の流出は進み、一〇年後の七七年には、二八一人の寒村と化していた。

ゴーストタウンには、日本は無縁だというわけではない。例えば、焦土と化した戦後の日本経済を立て直すための傾斜生産方式の要となった黒ダイヤの石炭は一時は、花形産業の代表格だった。だが、炭鉱が閉山すると同時にゴーストタウンの街になったのは少なくない。二〇一五年七月に世界遺産に登録された長崎県の軍艦島などはそれであろう。

途中、筆者は運転手にお願いし、ターベルの故郷でもあり、ロックフェラーが盤石な独占体制の構築

栄華の面影を残すタウンホール。

に向けてビジネスを展開したタイタスビルの中心街に寄ってみた。ドレーク油田博物館からは、数キロメートルのタイタスビルの中心街だが、ピットホールからは結構な距離だ。

ペンシルベニア州北部は、開拓時代にフランス系の入植者が多かった。このために、フランス語で村を意味する「ville」の名称の町が少なくない。ドレークがヤマを当てたタイタスビルもそうである。

タイタスビルは、一七九〇年代に初めてここに入植したジョナサン・タイタスにちなんで名付けられた。タウンホールや繁華街に掲げられていたレリーフにそれが記されていた。

当時運搬に使った鉄道の駅やタウンホールなどが建つ中心街の今は、日本風に表現すれば、シャッター街だ。真昼の繁華街にもかかわらず人影はほとんど見えない。一九〇〇年代以前に建てられたと思われる古い建物が並んでいる。道路や歩道のあちこちが陥没し、そのままになっていた。

米政府の統計によると、オイルラッシュに沸く一八六〇年以前の人口は、五〇〇人以下。それがオイルラッシュで膨れ上がり、一万人に迫った。現在の人口が五〇〇〇人程度だからその倍はあったことになる。

やはり、ネット上でタイタスビルをキーワードに検索すると、その歴史やオイルラッシュの当時を紹介するページが続々と登場する。これらを閲覧すると、試掘成功後に鉄道が敷設され、駅まで原油を運ぶパイプラインが敷かれたようだ。石油精製所や掘削のために必要な道具を製作する鉄工所なども建設された。全米初の石油取引所も早い段階で創設された。

最初の億万長者は、ドレークの井戸の辺り一帯の土地を所有していたジョナサン・ワトソン。石油が眠っていることが分かり、土地が高値で取引され、その恩恵にあずかった不動産王である。

オイルラッシュとともにこうした長者は次々と誕生し、人口一〇〇〇人当たりの金持ちの数は当時全米一といわれた。金満家の町を一目見ようと当時の一八代大統領ユリシーズ・S・グラントが視察のため訪れたほどだ。戦前は、八〇〇〇人程度だった人口は、その後、さらに減り、二〇〇〇年代に入って六〇〇〇人を切った。取り立てて産業のないのがその理由である。ちなみに視察に来た南北戦争の北軍司令官グラントの評価は、〝金ぴか時代〟を象徴する汚職まみれの〝無能な大統領〟として極めて低い。

◆アレゲニー大学

南部開発構想をテコにトラスト帝国を構築し、大発展を遂げたスタンダード石油。その舞台となったのがタイタスビルである。石油で財を成した当時の金満家の集った社交場のタウンホールなどがあり、一世紀前の栄華の名残を今なお感じることができる。短時間滞在した筆者は、次に、ターベルの学んだアレゲニー大学の所在地ミードビルを目指した。ターベルの母校、大学街である。

幹線道路を走り抜け、一時間弱で到着した。付近をアレゲニー川が流れ、南方にはアレゲニー山脈が位置している。途中に民間空港もあった。大学名は、これにちなんだようである。

ターベルがアレゲニー大学に進学したのは一八七六年秋。この経緯について第2章で既に触れたが、当時、珍しく女性を受け入れていたためである。六五年創設のニューヨーク州のコーネル大学も候補に上ったが、当時の学長がターベル家を訪問。両親に対する直々の説得があり、これが決め手となった。

アレゲニー大学は、在職中に凶弾に倒れた第二五代大統領ウィリアム・マッキンリーの出身校でもあり、一八一五年に設立された米国で最も古い大学のひとつに数えられる名門大学である。

筆者が訪問した週に発行された大学新聞『*The Campus*』（二〇一五年八月二八日号）は、「Best of the best, better than the rest: Allegheny ranked one of top Liberal Arts College（他の大学より優れた、最高の中の最高――アレゲニー大学は、リベラルアーツのトップの中のひとつ）」の特集記事が掲載されており、同大が米国内のトップレベルの水準を確保していることを紹介していた。

記事は、同年の『*The Princeton Review*』が「The Best 380 College 2016 Edition」で、同大学がレベルの高い教育組織にランキングされていることを紹介、同時に、ワシントンが本拠の大学をランキングする専門誌『*Washington Monthly*』の中で、リベラルアーツ分野で最高の大学二五の中に三

アレグニー大学にあるベントレーホール。

年連続で選ばれたことなどにも言及していた。

到着すると、筆者は建物の新しさに驚いた。一〇〇年以上前の建設であるが、ゆるやかに傾斜したスロープの山肌に立つ建物の外装は一新されたばかりだった。垢抜けてとてもフレッシュな印象を受けた。

緩やかな丘陵地に建てられた米国の誇る名門大学の一つのキャンパスを、ターベルの青春時代を想像しながら闊歩できることは、筆者にとっては存外楽しいものであった。

自伝の中でターベルが、「全米で最も美しい建物のひとつ」と絶賛する屋根の上に燦然と輝くキューポラの目立つベントレーホールもあった。これは、米政府の歴史遺産の登録を受け、保護の対象となっている。

当時のキャンパスを撮影した写真でも同じ建物が確認できる。それを見ると、当時は古臭い建物の印象があるが、外装が一新されたためか、新築のような新鮮さがあった。こんな重厚な環境の中で勉学に励むことができれば、さぞや力が入ったことだろう。

夏季の短期期間中で、学生も少なく、周囲に誰もいないことを良いことに、筆者は、正面玄関の階段を上がり、入口のドアの取手をおもむろに回してみた。鍵はかかっておらず、するりと回ってドアが開き、そのまま中に入った。見上げると天井が高い。内部は黒塗りの重厚な作りである。歴史を振り返れるように額縁に入った当時のキャンパスの様子を伝える絵、写真などが多数飾ってあった。

内部は、米ニューイングランド特有の英国の古い建物の内部を想起させた。筆者がロンドン特派員時代に複数回訪れた英オックスフォード大学、ケンブリッジ大学の内部を思い出した。廊下は意外に狭く、奥まで続いていた。試みに歩いてみた。

左に曲がって突き当りの右に学長の部屋、手前に学部長のオフィスがそれぞれあった。秘書と思われる女性の職員が気忙しく書類をめくっていた。こちらと視線が合うとなぜか目配せしてくれた。事務員と思われる一人の若い女性が会釈をしながら筆者の横を通り過ぎていく。各ドアの表には、部屋の住人の肩書きと名前の明記された白いプレートが貼ってあった。上に上る狭い階段はとても急で、上るのがためらわれた。地下にはトイレがあった。

ターベルの時代は、このホールが教員の住居でもあり、同時に学生に講義する教室でもあった。自伝によると、ターベルはしばしば教師宅へ呼ばれ、食事などを共にし会話を楽しんでいた。当時のアレゲニー大学は、女子学生は数えるほど。その後、女子寮などができて次第に増えていった。

そうした話題を、同大学のジョナサン・E・ヘルメリッヒ名誉教授（歴史学）が石油専門誌『*Oil*

Field Journal（オイル・フィールド・ジャーナル）*Vol. 3*』（Colonel, Inc. 2002-2003）に掲載している。タイトルは、「Ida at Allegheny（アレゲニー大学でのアイダ）」の論文である。入学時、女子学生はわずかにターベル一人だった。その後は編入が続き、卒業した頃は、女子学生はかなり増えていたようである。

女子学生を受け入れるきっかけとなったのは、皮肉にも南北戦争であった。戦列参加のため男子学生が退学した結果、大学は学生不足に陥った。その割合が在校生の四分の一にも上り、女子学生の入学に活路を求めたのである。窮地の選択であった。

論文によると、ターベルはかなり積極的な学生だった。二年生の時には、前出の大学新聞の編集部に所属し、級長もこなしていた。上級生の時は、女子学生会の会長に選任された。

では、ターベルが大学で得たものは一体何だったのか。名誉教授は、「自分の持つ能力に対する自信」、「人生は、とても楽しく面白いとの自信」、「世界には、善良で上品な人がいるとの確信」などだったと指摘している。

調査報道のパイオニアに祭り上げられ、著名な女性ジャーナリストとして全米で知られるようになったターベルは後に、大学の同窓会会長に就任。六四歳の一九二二年には、大学の理事会のメンバーに任命され、亡くなるまで就いていた。晩年には、その名声を記念して大学が敷地内にアイダ・ターベル・ハウスを建設した。キャンパスを訪れると利用していたという。

実は筆者が、同大を訪れた最大の目的は、大学付属のペレティエール図書館が所蔵するターベル関連の文物をこの目で見るためだった。切手にもなった米国を代表する女性ジャーナリストの出身大学とあって、図書館には、ターベル関連の資料が数多く所蔵されている。多くはネット上で公開されているから調査や研究にはとても便利である。

訪問を機会に筆者は、この実物に直接触れてみたいと考え、事前に担当者のジェーン・ウエステンフェルド氏とEメールで連絡を取った。「遠方の日本からの訪問である」と強調し、特別の配慮をお願いしたのだが、訪問した九月中旬は、閉鎖中で見学できないとの一点張りで特例にも預かれなかった。

筆者は、構内のあちこちの掲示板に示されているキャンパスマップを頼りに、大学内を見て回り、図書館を見つけた。メインストリート沿いの正門近くにあった。鉄筋コンクリート製で、屋根を除く側面の壁がセピア色のガラスで覆われていた。

昼間は内部の見えない二階建ての大きな建物で、入口は電子制御されており、カードがなければ入館は無理だった。

正門近くをぶらぶらしていると、スルスルと一台のブルーの日本車が近寄ってきた。「何だろう」と思って中を覗き込むと運転席に笑顔のジョンが座っていた。

「何て運が良いのだろう」、「映画のワンシーンみたいだな」、「世の中こんなことがあるんだ」と、お互いに叫び合いながら、筆者は助手席に乗り込み、そのまま帰途に就いた。帰りは、行きと同じ路を逆に走っただけなのであるが、三時間ほどで到着した。ハイウェイに直接乗れたからだろう。平均時速は、一三〇キロメートルくらい出ていたのかもしれない。この五時間は、一五〇年前のタイタスビルに舞い降りたようで、実に楽しい思い出となった。

2　マンハッタン・ブロードウェイ二六番地

◆信頼される記事

筆者は、石油の聖地、タイタスビル訪問の一年前、米ニューヨーク市のマンハッタンの旧スタンダード本社の所在地の住所であるブロードウェイ（Broadway：広い道）二六番地を訪ねていた。当時の所在地の上に一体何が建っているのか。それを確認するためである。

一〇〇年以上も昔、実はここには、総帥ロックフェラーの率いるスタンダード石油の本社があった。多数のスタンダード石油の社員らが、このあたりを拠点に仕事をしていたのだろうし、ロックフェラー、フラグラー、アーチボルト、ロジャーズなどの大幹部が周辺を闊歩していたのだろう。当時の雰囲気を一瞬でも垣間見ることができたらとの気持ちもあった。以下がその時の訪問記である。

秋の青空がまぶしい二〇一四年九月二一日昼、筆者は、ニューヨークのブロードウェイ二六番地に立っていた。ブロードウェイは、超高層ビルが林立する不夜城のマンハッタン島の南北を走る二〇キロメートルほどの目抜き通りで、高級ブランド店の並ぶ五番街やパークアベニュー（Park Avenue：公園通り）などとともに世界的に知られる通りである。特に、その通りの中間に当たるニューヨーク・タイムズ紙の旧本社の近くのタイムズ・スクエアー付近は、劇場街として有名である。

このためブロードウェイと聞くと、「周りに劇場がひしめく街なのだろう」と誤解しがちであるが、必ずしもそうではない。ビジネス街と考えれば良い。

ロックフェラー帝国の内情を探るため調査報道を続けていたターベルが、一〇〇年前に、スタンダード石油の大幹部ロジャーズと面談した住所がここである。そしてそこには、石造りの重厚で巨大なビルが建っていた。少なくとも最近建てられたばかりのピカピカのビルではない。

ブロードウェイ二六番地は、米経済の中心地ウォール街まで徒歩で五分。自由の女神像が立つリバティー島へのフェリーが出る桟橋から三分程度の距離にある。九・一一で崩落した世界貿易センター跡にも近く、観光客がひしめいているのは当然のことだろう。

建物の周りを観察すると、ブロードウェイに面した入口の向かって左側の壁に焦げ茶色の石板のレリーフがあった。

こう記述してある。「一九二〇年から一九二八年までの建設の下、J・D・ロックフェラーのスタンダード石油の本部が、当時、マンハッタンの最大の区画のひとつに建設された。Carrere & Hastings が Shreve, Lamb& Blake と共同で、石灰岩による超高層ビルを設計した」。レリーフは、ニューヨーク市によるもので、一九九五年に同市の歴史建造物に指定されている。

二〇〇一年九月一一日に、二機の航空機の突入によるテロで崩壊した世界貿易センターにほど近い。テロの対象となってもおかしくない三一階建ての巨大ビルにしては、警備は極めて緩やかだ。右肩にカメラをつるした筆者が入っても誰も見とがめはしない。入口には警備員もいない。

回転ドアを押して中に入ると、エレベーター前は一段低くなっている。応対するスタッフの不在な受付が見えるのみだ。フロアーに下りて見上げると、天井の柱の大理石に複数の名前が刻み込まれていた。スタンダード石油の大幹部のヘンリー・M・フラグラーやチャールズ・プラット、同社の経営にも関わったアメリカ煙草トラストの創設者オリバー・H・ペインなどの名前が並んでいる。

ニューヨーク市の景観保存委員会の資料によると、ロックフェラーは、ここに一〇階建のビル建設し、それまでオハイオ州クリーブランドにあった本社を一八八五年にここに移転させた。手狭になったためか一〇年後の九五年に北側へ拡張し、一〇階建のビルが増築された。その後、第一次世界大戦後の一九二一年から二八年にかけてあらためて建設された。

ターベルは、ロジャーズとの面談のためにこの住所に足しげく通ったのが一九〇四年頃だから、現在のこのビルはその後、建造されたわけである。もっとも、ターベルが取材のためこの周辺を歩き回っていたということは事実で、それに思いをめぐらすとなにやら因縁めいたものを感じる。

また、ここからそう遠くはないマンハッタン東二六丁目のロジャーズ邸へも何度か足を運んだようだ。現在韓国人街となっているエンパイアーステイトビルにほど近いところである。

アーチボルトなどの経営陣は、米最高裁による一九一一年五月一五日の解体判決をこのビルの重役室で知った。ダニエル・ヤーギン著の『ご褒美』によると、その時、役員たちは、総帥の弟のウィリアム・ロックフェラーの部屋に集まっていた。会話もなく、ただ時間が経過していた。緊張した面持ちのアーチボルトが刻々と配信されてくる通信社のチェッカーに体をかがめてニュースを確認していた。解体を命じる判決のニュース速報がチェッカーから吐き出されると、全員が仰天した。厳しい最高裁の判決を誰もが予想していなかったからである。死んだような沈黙がしばし続いた。すると、アーチボルトが突然小さな音で、口笛を吹き始めた。

部屋のマントロピースの前まで進むと、「皆さん」と、呼びかけて振り返り、少しばかり考えた後で、「人生とはこのように次々と酷いことが起きるものです」と語り、再び口笛を吹き始めた。スタンダード石油で政界担当もしていた、闘争心旺盛で丸顔の快活な牧師の息子のアーチボルトは、幼年時代から口笛を吹くことが好きだったようである。

ジュールズ・エイベルズは、その著書『ロックフェラー』の中で、解体判決について「暗黒の国アビシニアにおいてさえ、政府の手によってわが社が蒙ったような苛酷な扱いは見受けられない」とアーチボルトが語っていたと指摘している。

総帥のロックフェラーはどうだったのか。ロン・チャーナウの『タイタン』では、判決を聞いた時に、教会の牧師とゴルフを楽しんでいた。動揺した様子もなく、牧師に対してスタンダード石油の株を購入するように勧めた。

訴訟が提起された時点で、ロジャーズは、ロックフェラーに対して「私達は、大丈夫。疑いもなく、何も恐れることもなく、確実に勝利するだろうというのが私の意見である」との強気の相場師らしい言葉を投げかけた。解体判決が出た後では、それも、気休めにしか過ぎなかったのである。

3　マックレイカーは死語なのか

八年以上も前から筆者が取り組んできた調査報道の源流の調査で、頻繁に出て来たのが、「Muckraker（マックレイカー）」、「Muckraking（マックレイキング）」という単語である。

本書が扱う米ジャーナリスト、アイダ・ターベルは、今から一〇〇年前の米国のジャーナリズム界で、「マックレイカー（muckraker）」と呼ばれた。名付け親が当時の大統領セオドア・ルーズベルトであることは、既に紹介した。

家畜の汚物を漁る「muckrake」という表現を使ったのは、社会正義を貫徹するため権力機構の不正を独自の調査で白日の下にさらす新しいジャーナリズムを積極的に評価する気持ちがなかったことが伺える。

著名な芸能人がかつて、自分たちのスキャンダルを熱心かつ詳細ににぎにぎしく報道する国内の芸能リポーターたちを「汚物にたかる銀蠅」と表現したことがあった。ルーズベルトにもこうした思いがあったのではないかと推察される。

調査報道は、一九七〇年代に米ワシントン・ポスト紙の記者らが当時の大統領の政治スキャンダルを約二年間の地道な報道により暴露し、大統領のポストから引きずり下ろしたウォーターゲート事件で一躍脚光を浴びた。綿密な調査をベースとするその取材手法は「Investigative reporting」と称され、現在では、調査報道と呼ばれている。では、「muckraker」あるいは「muckraking」は、古色蒼然とした死語となった言葉なのか。

筆者は、二〇一五年一月一六日付の『*International New York Times*』の紙面で、「muckraking（マックレイキング）」との単語に出くわした。著名なメキシコのジャーナリストが八八歳で大往生を遂げたことを伝える死亡記事で、その見出しが「Julio Scherer Garcia, Muckraking Mexican editor, dies at 88」だった。死語と思い込んでいた「Muckraking」という表現が使われ、どっこい生き残っていたのである。それも高級紙のニューヨーク・タイムズ紙が使っていた。これにはとても驚いた。

記事を要約すると、以下である。「メキシコの主要紙の編集局長などを務めたドイツ系移民のフリオ・シュレル・ガルシアは、当時、オルダス、エチェベリア・シルバレス大統領などと対立、メキシコ政府の政治的な腐敗を暴露するため調査報道を専門とする週刊誌『プロセソ』を一九七六年に創刊、この中で、政治家や官僚の不正、腐敗を積極的に暴露。政界・政府の浄化に貢献した。矛先は、政権と癒着していたメディア界にも及び、『プロセソ』は、政権党のいいなりになっていたそれまでのメキシコのジャーナリズム界に画期をもたらした。二〇〇〇年に実現した七一年ぶりの政権交代もそうした報道の成果といえる。背景には、ガルシアが力を注いだジャーナリスト教育と切っても切れ離せない」。

この評伝を読むと、確かに、取り上げるべき重要人物の死亡記事である。タイムズ紙が記録の新聞と言われるゆえんでもある。

なぜ、見出しが、最近の「investigative reporting」ではなく、「Muckraking」だったのか。可能性として考えられるのが、ガルシアの取り上げたのが調査報道を駆使して暴露した政治腐敗だったこと、ターベルのように政治改革に大きな影響を及ぼしたからではないだろうか。いずれにせよ、死語ではなかったことが、筆者はなぜか嬉しかった。

もっとも筆者は、米ボルチモアサン紙で編集局長などを務め、現在、米ペンシルベニア州立大学（PSU）で教鞭をとるトニー・バービエリ教授に直後に面談することがあった。その機会に、この「muckraking」について質問したところ、教授は、「業界では、最近ほとんど使われない用語だ」と解説してくれた。やはり、最近は、「investigating report」が主流なのであり、一〇〇年前の調査報道を指す言葉であるようだ。

4　メディアを救う調査報道

調査報道のパイオニア、アイダ・ターベルの最高傑作を紹介した本書は、以上で終了する。危機的かつ閉塞的な状況にある現在のジャーナリズムを調査報道が救う起爆剤となると考える筆者は、最後に調査報道の今後について考えてみたい。

闇に包まれていた権力の不正などの暴露を主眼とする調査報道は、予想以上のカネと時間と粘り強い取材力を要する。ターベルの取材対象は、当時の米石油市場の九〇%を掌握する盤石な経済権力を築き、全米ばかりか世界の石油市場にも大きな影響力のあったスタンダード石油。欧州、アジアへ石油製品を輸出する世界初の多国籍企業で、ロックフェラー帝国の当時の社員数は、米軍の二倍を超えるほどの巨大企業だった。

拝金主義、政治腐敗に代表される金ぴか時代の真っただ中にあった当時の連邦政府、州政府や政治家らは、ロックフェラーの札束攻勢にひれ伏しており、自由放任を錦の御旗に掲げる大企業、トラストがやりたい放題を続けていた。厳格な秘密主義の貫徹されるこの伏魔殿へ切り込んだのがターベルだった。

取材にはその分、時間を要した。ターベルの所属するマクルアーズ誌の編集部が、ロックフェラーに照準を絞ったトラストの連載を決めたのが一八九七年二月。連載が終了したのは、最後の一九回目

「ロックフェラーの性格分析」の一九〇五年七月だった。実に、八年五か月の長丁場となったのである。

調査報道は、公官庁や企業などの発表に頼らず、記者が自分の足で稼いだ情報をベースに執筆する。ターベルは、連邦政府、州政府の資料やロックフェラー、スタンダード石油の関係する裁判での記録のほか新聞、雑誌の公開情報を徹底的に集め、それらを分析。関係者にももちろん話を聞いた。連載中に内部告発者が現れ、そうした情報も連載に生かされている。取材に要した費用は、それまでより一ケタ多かったとの試算もある。

権力監視型の調査報道は、通常、闇に埋もれていた権力の濫用、違法・反社会的な行為などの発掘がほとんどだから、突き止めることに成功すれば、反響は世界や国家を揺さぶるほど大きく、甚大だ。本書「はじめに」で取り上げた米国の大統領の辞任にまで発展した一九六〇年代のウォーターゲート事件などが好例だろう。

ターベルの記事は、それまで知られることのなかったトラストの王者の、空前絶後の悪行を並べ立てた違法性濃厚な経営手法を糾弾する内容。しかも、具体例を交えた詳細な記事だったから全米を揺るがすほどの大きな反響を呼んだ。

ビッグ・ビジネスにより米民主主義が脅かされていると危機感を感じていたルーズベルト大統領は、この連載に大きく動かされる。市場独占によって暴利をむさぼるトラストの摘発に着手する契機となった。

同時にこれは、金権腐敗の元凶となったトラストやビッグ・ビジネスの傍若無人な経営手法を封じ込めることに繋がり、金ぴか時代の不公正な、ただれた社会を大きく変える社会改革運動に火をつけるきっかけとなった。道徳や倫理を尊ぶ健全な米国社会へ変える画期になったのである。

政治腐敗の温床となっていた大企業からの政治家に対する政治献金、つまり札束攻勢についても同様である。政治腐敗の諸悪の根源と考えたルーズベルト大統領は、一九〇五年一二月に企業献金の全面禁止の立法化を議会に対して要請した。これは、ベンジャミン・ティルマン上院議員（サウスカロライナ州）の尽力により、企業による政治献金を一切禁止するティルマン法として議会を通過した。同法は、大統領の署名を経て〇七年一月から施行され、米国での企業献金は以降、全面禁止となった。これによって〝金ぴか時代〟に政治の金権腐敗が深刻化した政界の浄化が一気に進展するのである。

一つの調査報道が突破口となり、社会や心ある政治家、市民を動かし、それに続く調査報道の記者達が渾身の力を振り絞って、米国の問題点を相次いで暴露した。これが一国の社会を根底から変える大きなうねりを作り出した。調査報道が犯罪行為を指弾するのみならず、民主主義や市民社会を強化する大きなパワーを秘めていることが分かるだろう。

最大のヤマ場は、司法当局がスタンダード石油を反トラスト法違反で訴追した裁判の最後となる一九一一年五月にやってきた。ターベルの情報をベースにロックフェラーの手法を告発した当局の訴追が、反トラスト法違反として認定され、米最高裁が解体判決を下した。悪事の限りを尽くしたトラスト帝国が一刀両断に断罪されたのである。バラバラに分割された後継の会社は、順法精神を欠くそれまでの経営を一八〇度転換、その後は、法の精神に沿って運営される健全な企業への変身を余儀なくされた。

ターベルを突破口に、それに続くデビッド・グラハム・フィリップス、レイスタナード・ベーカー、アプトン・シンクレアなど、後にマックレイカーと呼ばれた調査報道の専門記者らは、ルーズベルト大統領の主導した変革主義運動と呼応し、拝金主義、強欲主義、金権腐敗にまみれた米国社会を、公明正大なクリーンな社会に変える大きな役割を果たした。ジャーナリズムが担った社会改革での大きな役割を実感できよう。

国内の最近の調査報道のうち注目された筆頭といえば、二〇一一年に朝日新聞社記者らの丹念な取材の末にスクープした「大阪地検特捜部主任検事の証拠改ざん事件」であろう。

事件は、障害者団体の刊行物に対する郵便料金が減免される制度を悪用し、一切関係のない刊行物を格安で郵便し、多額の料金を免れていたダイレクトメールの会社、広告代理店などを摘発した事件に関連して発生した。この利用のためには、障害者団体であることを認定した当局の証明書が必要となる。これがねつ造された文書であったことから、関与を疑われた当時の厚生労働省の後にトップの事務次官に就任する村木厚子さんが逮捕された。半年近くの拘置を経て起訴された村木さんは裁判の過程でのずさんな捜査が判明し、無罪となった。

判決後、大阪地検の押収した関連の資料を、こともあろうに、特捜部のエースといわれていた担当検事が改ざんしたことが朝日新聞のスクープで明らかになる。担当検事のほか上司であった当時の部長、副部長などが次々と逮捕され、絶大な権力を掌握する検察当局の前代未聞の不祥事となった。

調査報道の一般的な定義は、公官庁、企業などの当局からの発表、リークなどの情報に頼らずに、取材する側が主体性、継続性をもって情報を積み上げ、当局の権力の濫用、犯罪、不祥事などの新事実を突き止める手法である。

大阪地検特捜部の不祥事のケースだと、敏腕記者が取材の過程で、「検事が証拠を改ざんしたらしい」との端緒を入手し、これをベースに時間を掛けて、当局はもちろん関係者に当たって確認。取材を通じて確度を高めてスクープしたわけである。

この最大の功績は、検察庁という一国の権力機構の最上位に立つ組織の極めて悪質な犯罪を初めて明らかにしたことである。事前に立てたシナリオに沿って捜査を進めるという、これまで知られていなかった特捜部の独善的な手法に大きな問題点のあることを白日の下にさらし、冤罪の可能性さえもはらんでいることを暴露した。同スクープも手伝って、権力の濫用を未然に防ぐための取り調べの可視化などが、その後採用された。市民社会の誰もが関わる可能性のある権力機構による捜査で、犯罪ありきを柱とする検察特捜部捜査の重大な問題点をジャーナリズムが明らかにし、見直しが迫られたのである。冤罪事件が近年相次ぐ中で、人権擁護の観点からも遅すぎた感は否めない。

同スクープは、絶大な権力機構の一端を担う組織の不祥事という性格上、検察庁が自ら進んで公表する可能性はほとんど考えられない。証拠改ざんという前代未聞の権力の犯罪は、朝日新聞の報道がなければ、事件は永遠に闇へ葬り去られていただろう。

権力監視型の調査報道の重要な点は、正に、そこにあるといってよい。これは、取材力のある記者を揃えた良識ある新聞、放送、雑誌などのメディアであるからこそ追及できたわけで、取材力の脆弱な国内のネットメディアでは、不可能といってよいだろう。

取材力の問われる発掘型のこうした調査報道は、ジャーナリズムの歴史を紐解けば少なくない。古くは、一九五〇年代に発生した共同通信記者らの暴いた警察当局による自作自演の犯罪「菅生事件」。勢いを増していた共産党を弾圧するため駐在所を爆破し、当時の共産党員らを一斉に逮捕した。これも極めて悪質な権力の犯罪である。同社会部が報道しなかったら永遠に闇の中に埋もれていたことであろう。

金権腐敗政治の元祖ともいえる田中角栄内閣を退陣に追い込んだ七〇年代の著名なジャーナリスト立花隆による政治資金の錬金術を解明した「田中角栄研究──その金脈と人脈」や竹下登内閣を退陣の追い込んだ一九八〇年代の朝日新聞による未公開株の、政治家など権力者らへの譲渡による不正な政治資金の究明「リクルート事件」も、報道がなければ、闇に葬られた事件といえよう。そして報道が、政界浄化に大いに貢献したことも間違いない。

架空名義を捜査協力者としてリストアップし、公費で支払った協力金をプールして自分たちの宴会などに使う警察の〝裏金〟は、北海道新聞が二〇〇三年に北海道警察本部の不正会計を解明したケースである。同事件は、実は、道新に先立って高知新聞が高知県警の裏金をスクープし、これを端緒に道新など各地の地方紙が相次いで暴いた経緯がある。いずれもメディアの報道がなければ表面化しなかった権力の不祥事である。報道後、警察は、スクープした地方紙を狙い撃ちした取材拒否などによる情報遮断や、別件逮捕による脅しなどの悪辣な報復に出ており、腐った警察の実態が判明している。

二〇一六年夏に表面化した富山市議会の議員報酬の引き上げを機に、北日本新聞社が社内の記者を動員して取材班を結成、市議会副議長の政務活動費詐取をはじめとした富山、高岡両市議会の不正を明らかにした一連の報道も、朝日の証拠改ざん、道新の裏金報道と同じく新聞協会賞に輝いた。いずれも、スクープがなければ、市民が永遠に知ることのなかった権力の犯罪である。権力の監視役、いわゆるウォッチドック（番犬）としてのメディアに課せられた最も重大な役割をメディアは果たしたといえよう。

「ペンは、剣よりも強し」という言葉がある。いずれの調査報道も、不正が蔓延した社会の浄化、中央・地方政治の闇にメスを入れ、浄化のきっかけになった。だが、その残滓は完璧に払拭されたとはいえず、今後のさらなる調査報道が大いに期待される。

ターベルら当時の調査報道の記者らの功績は、金権腐敗にまみれた当時の米国社会や民主主義を抜本的に見直す先導役に立てたことが高く評価される。米ジャーナリズムがこうした大きな役割を果たしたことは、後にも先にもないのではないだろうか。そういう意味から、「米ジャーナリズムの黄金期」と評されるのである。

翻って、ジャーナリズムを取り巻く最近の環境はどうだろう。インターネット時代入りで、新聞、放送、雑誌を中心とする従来型のマスコミは、発行部数や広告費の激減による経営的な苦境に直面し、青息吐息の状態が続いている。

顕著なのが若者の新聞離れである。それと同様に深刻なのが、ネット上に蔓延する「fake news（偽ニュース）」であり、従来メディアに対する悪意ある攻撃的な情報である。事実を確認せずに、真に受けて信じ込み、安易に同調する傾向が一段と強まっている。従来メディアの信頼性が揺らいでいる大きな要因となっているといっても過言ではない。

二〇一七年一月に就任したドナルド・トランプ大統領が会見などで連呼して以来、「fake news」

は、最近のメディア界やジャーナリズムが対応に苦慮している案件である。大統領は、ツィッターでの情報発信や記者会見で、自分にとって都合の悪い事実について「fake news」と決め付け、事実を無視する傾向がある。これは、ポスト・トゥルースといわれる客観的な事実より感情に訴えるものを優先する、事実を軽視する時代の風潮と符合している。

二〇一七年五月のフランスや前年の米国の大統領選、一六年六月の英国のEU（欧州連合）から離脱するかどうかを問う国民投票などで見られたように、国の進路を決定する極めて重要な選択で市民の判断を混乱させる「fake news」があふれ、その帰趨を左右しかねない深刻な事態に直面していることも関連がある。その発信源がロシアとの指摘もあり、事態をさらに難しくしている。

こうした「fake news」やポスト・トゥルースを象徴する主張が増加する中で、正確で公正な情報を提供するメディアの役割の重要性は一段と強まっている。そうでなければ、政権幹部が「嘘も一〇〇回いえば、真実になる」とうそぶいた戦前のナチスドイツの全体主義の時代に舞い戻ることになりかねない。民主主義を揺るがすばかりか、破壊にもつながるのである。

なぜ、事実が軽視されるのか。その理由のひとつに、「自分にとって都合が悪い」という理由のほか、「事実があまりにも溢れているため、事実かどうかを考える時間がないこともあって自分の信頼する友人の伝えることをそのまま鵜呑みにして、信じ込んでしまう傾向がある」などが指摘される。それでは、民主主義を円滑に進めていく中で、主権者が正しい判断を下すために必要な、最も重視されるべき正確な情報を入手できない事態を招来させてしまうことになりかねない。「fake news」をベースに民主主義を運営することはできないのである。

こうした情報やニュースなどへの信頼性を確実なものとし、ネット上に溢れる「fake news」の攻勢に対しメディアはどう対応するのか。信頼回復を含めてジャーナリズムは、今、かつてない試練に立たされている。

その切り札となるのが調査報道やファクトチェックである。従来のメディアの最大の強みである緻密で厚みのある取材力を生かし、世の中を震撼させる権力の不正・濫用や汚職を含めた組織的な犯罪や社会悪を暴き出すことが喫緊の課題となっている。ワシントン・ポスト紙、AP通信、BBC（英放送協会）、朝日新聞など既に多くのメディアやメディア系NPO（民間非営利団体）などが手掛けているファクトチェックも同様である。

調査報道を通じて、信頼できる情報を市民に提示することで、民主主義社会の根幹を構成している市民社会を強化し、透明性やアカウンタビリティを高めることによって社会正義を実現する。民主主義が円滑に働くための社会改革の先頭にジャーナリズムが立つのである。良質な調査報道を通じてメディアやジャーナリズムへの信頼を高め、旧来メディアへの求心力強化を実現する。これが、現在の大きな課題となっている。

どこまでジャーナリズムが、権力監視の機能を発揮できるかもポイントとなる。最近のメディアが市民の信頼を失い始めているのは、市民からメディアが遠ざかり、権力の下僕に成り下がっているとの厳しい声がある。

最近の記者クラブ批判には、それに近いものがある。記者達が市民の権利を擁護する市民側に立っているというよりも、記者クラブなどを通じて官僚や政治家と距離を狭め、権力機構の応援団化する拠点になっているのでは、との指摘と無縁ではない。

権力の監視役の機能が期待されているはずのメディアが、権力機構の主張やそれを擁護する言説を垂れ流しているケースも少なくない。これでは、メディアに対する信頼性は低下する一方である。

ポスト・トルゥース時代入りで、拡大しているマスメディアに対する悪意に満ちた感情的な攻撃に対抗できるのが、調査報道、検証報道、ファクトチェックである。

調査報道は、自己責任が大原則である。行政に大きく依存したこれまでの発表ジャーナリズム、アクセス・ジャーナリズムからの脱皮の第一歩となる。粘り強く、深堀する調査報道を常に心掛けることで、記者の取材力の足腰や基本的な核の部分が強化されるのは間違いない。闇に包まれていた第一級の権力の犯罪でなくとも、普段の記事の取材で強化されたパワーが発揮されることになるだろう。一般市民の期待するところは大きい。

従来型の新聞、放送などが手掛ける調査報道は、本来の取材力が発揮されることでネットを浮遊する「fake news」に大きく差を付けることが出来る。これは、〝マスゴミ〟などと揶揄されてきたメディアへの信頼感が確実に回復する画期となるだろう。新聞の発行部数の減少に歯止めが掛かるばかりか、増加する転機となるかもしれない。

調査報道は、ここにきて、国際的に拡散する動きが顕著になっている。米ピュリツァー賞に輝いた各国指導者のタックスヘイブン（租税回避地）の利用による脱税行為を暴露した二〇一六年四月のいわゆるパナマ文書や、一七年一一月のパラダイス文書による調査報道が代表例である。

パナマ文書は、タックスヘイブンでの会社の設立を手掛けるパナマが本拠の大手法律事務所から流出した内部の秘密文書で、南ドイツ新聞が入手。日本を含めた世界約八〇カ国に拡がる約四〇〇人の調査報道記者によって組織される「国際調査報道ジャーナリスト連合」（ＩＣＩＪ）の協力で解明された。これによって中国の習近平国家主席、ロシアのプーチン大統領、キャメロン前英首相などの関係者が巨額の脱税に関与している可能性が全世界で報道された。解明がほとんど進んでいなかった国際的な脱税の一端を、世界のジャーナリストの協力で明らかにできたことは大きな成果である。

翌年には、タックスヘイブンのバーミューダ諸島に拠点を置く法律事務所などから流出した資料、いわゆるパラダイス文書をやはり南ドイツ新聞が入手し、ＩＣＩＪに所属する各国のジャーナリストらが明らかにした。英ＢＢＣは、この分析で、約一五億円にのぼる英エリザベス女王の資産のオフショアー取引、米有力閣僚など超富裕層の脱税につながる行為への関与を突き止めた。巨額の脱税疑惑が付きまとうタックスヘイブンでの不正取引の解明のためにさらなる奮起が期待される。

政府や多国籍企業の活動が地球的規模となり、こうした権力機構などの犯罪は、一段と国際化している。両文書に見られるように、世界に拡がる記者の協力網なしには突き止めることが難しいケースが増えてきた。こうした国境の壁を超える犯罪の動きに対応して生まれたのが、世界の記者が協力して犯罪の解明や社会正義の実現などを目指すグローバル・ジャーナリズムである。パリを本拠とするジャーナリスト支援・救済が主眼の「国境なき記者団」とはまた違った世界の記者達のボーダレス（国境を超えた）の動きともいえよう。

両文書以外には、二〇一三年の米国の諜報機関、国家安全保障局（ＮＳＡ）による、前代未聞の国際的な監視プログラム、すなわち米国が同盟国を含めた機密情報を〝スパイ〟していたとのスクープや、米国の国家機密を報道した二〇一〇年の内部告発サイト「ウィキリークス」の米外交機密公電の大量流出（メガリークス）などが挙げられる。これらは、調査報道に積極的な日英米の有力紙の記者らの協力で暴露された。こうしたスクープは、限りない可能性を秘めたジャーナリズムの活動への求心力を高めるツールになることは間違いない。

グローバル・ジャーナリズムは、一か国のジャーナリストだけの取材では限界のあった、権力機構の犯罪などを明るみに出す力を持つ。ＩＣＩＪを筆頭に、グローバル・ジャーナリズムの実践を目指す組織が欧米を中心に近年相次いで創設されており、取材のノウハウを伝授するシンポジウムなどが開かれている。

ターベルの時代から一〇〇年以上が経過した現在、デジタル革命に翻弄されるジャーナリズムを救う調査報道の役割は一段と大きくなっている。

参考文献

【欧文文献】

Adrian A. Paradis, *Ida M. Tarbell- Pioneer Women Journalist and Biographer* (Regensteiner Publishing, 1985).

Anne Bausum, *Muckrakers* (National Geographic, 2007).

Allan Nevins, *John D. Rockefeller* (*1, 2*) (Charles Scribner, 1940).

Barbara A. Somervill, *Ida Tarbell: Pioneer Investigative Reporter* (Morgan Reynolds, 2002).

Brook Kroeger, *Nellie Bly: Daredevil, Reporter, Feminist* (Times books, 1994).

Bruce Bringhurst, *Antitrust and the oil monopoly* (Greenwood Press, 1979).

Charles River Editors, *Watergate & the teapot dome Scandal: The history and legacy of America's most notorious Government scandals* (Charles River Editors, unknown).

Charles River Editors, *The Teapot Dome Scandal* (Charles River Editors, unknown).

Daniel Yergin, *The Prize* (A Touchstone Book, 1993), 日本語訳は、日本経済新聞社から『石油の世紀（上、下)』で出版されている。

David Anderson and Peter Benjaminson, *Investigative Reporting* (Indiana University Press, 1976).

David M. Chalmers, *Neither Socialism nor Monopoly: Theodore Roosevelt and the decision to regulate the railroads* (Robert E. Krieger Publishing corp., 1986).

David M. Chalmers, *The Social and Political Idea of the Muckrakers* (Books for Libraries Press, 1970).

David M. Chalmers, *The Muckraker Years* (Robert E. Publishing Company, 1980).

David G. Phillips, *The Treason of the senate* (Cosmopolitan Magazine, 1906).
Dean Starkman, *The Watch Dog That Didn't Bark* (Columbia University Press, 2014).
Denis Brian, *Pulitzer: A life* (John Wiley & Sons Inc., 2001).
Doris Kearns Goodwin, *The Bully Pulpit: Theodore Roosevelt, William Howard Taft and the Golden Age of Journalism* (Simon & Schuster, 2013).
George Ward Stocking, *The oil industry and the competitive system* (Hyperion Press Inc., 1925).
Henry Demarest Lloyd, *Wealth against commonwealth* (Nabu Press, 2010).
Hugo de Burge, *Investigative Journalism* (Routledge, 2000).
Ida M. Tarbell, *All in the Day's Work* (University of Illinois Press, 2003) 一九三九年の復刻版。
Ida M. Tarbell, *A short life of Napoleon Bonaparte* (Kessinger legacy print, 2005) 一八九四年の復刻版。
Ida M. Tarbell, *In Lincoln's Chair* (The Macmillan Company, 2006). 一九二〇年の復刻版。
Ida M. Tarbell, *Madame Roland* (Kessinger Publishing, 2010). 一八九六年の復刻版。
Ida M. Tarbell, *The early life of Abraham Lincoln* (Hard Press Publishing, 2016). 一八九六年の復刻版。
Ida M. Tarbell, *The History of the Standard Oil Company* (Dover Publications Inc., 1904).
Ida M. Tarbell, *The life of Abraham Lincoln Vo.1* (General Books. LLC, 2012). 一九〇〇年の復刻版。
Ida M. Tarbell, *The life of Abraham Lincoln Vo.4* (Nabu Public Domain, 2016). 一九〇〇年の復刻版。
George Ward Stocking, *The oil industry and the competitive System* (Houghton Mifflin Company, 1925).
John D. Rockefeller, *Random Reminiscences of Men and Event* (Dodo Press, 1908).
John M. Harrison & Harry H. Stein, *Muckraking* (The Pennsylvania UniversityPpress, 1973).
Judith & William Serrein, *Muckraking: The journalism that changed America* (The new press, 2002).
Justin Kaplan, *Lincoln Steffens a biography* (Touchstone book, 1974).

Kathleen Brady, *Ida Tarbell-Portrait of a Muckraker*（University of Pittsburg press, 1989）.

Lincoln Steffens, *The Shame of the cities*（Dover Publishing.Inc, 2004）. 一九〇四年の復刻版。

Margaret Anne Mong, *Oil Field Journal 2002-2003 Reprinted in the celebration of Ida Tarbell's 150th Birthday:1857-2007*（The Colonel, Inc.）.

Mark Twain and Charles Dudley Warner, *The Gilded Age*（Gabriel Wells, 1873）.

Michael Klepper & Robert Gunther, *Wealthy 100*（Citadel Press Book, 1996）.

M. Roland, *The Private memoirs of Madame Roland*（General Books, 2009）. 一九〇一年の復刻版。

Nellie Bly, *Around the world in 72 days*（Wildside Press, 2009）. 一八九〇年の復刻版。

Nelly Bly, *The ten weeks in a mad-house*（Wildside Press, 2009）. 一八八七年の復刻版。再版本のタイトルは、「weeks」となっているが「days」の誤植と思われる。

Paul H. Giddens, *Early Days of Oil*（The Colonel, Inc., 2000）.

Robert C. Kochersberg, Jr., *More than a Muckraker: Ida Tarbell's Life time in Journalism*（University of Tennessee Press, 1994）. 「Madame de Stael」「The Queen of the Gironde」を収録。

Ron Chernow, *Titan: the life of John D. Rockefeller*（Vintage books, 2004）. 日本経済新聞社から『タイタン』のタイトルで日本語訳が出版されている。

William T. Stead, *If Christ came to Chicago: A plea for the union of all who love in the service of all who suffer*…（Hard Press Publishing, 1894）.

S. S. McClure, *My Autobiography*（Frederick A. Stokes Company, 1914）.

Stephen J. Berry, *Watchdog Journalism: the art of investigative reporting*（Oxford university Press, 2009）.

Stephen Krensky, *Nellie Bly*（Milestone Books, 2003）.

Steve Weinberg, *Taking on the Trust: How Ida Tarbell brought down John D. Rockefeller and standard oil*

(W.N. Norton, 2008).
Theodore Roosevelt, *The Rough Rider* (The library of America, 1899).
Willa Cather, *The autobiography of S.S. McClure* (University of Nebraska Press, 1997).
W. Sydney Robinson, *Muckraker* (Robson Press, 2013).
Valerie Bodden, *The Muckrakers* (Essential Library, 2017).

【和文文献】


アイリス・ノーブル著『世界の新聞王――ジョセフ・ピューリッツァー伝』（講談社、一九六八年、佐藤亮一訳）。

朝日新聞社編『メディア社会の旗手たち』（朝日新聞社、一九九五年）。

朝日新聞取材班『証拠改竄――特捜検事の犯罪』（朝日新聞出版、二〇一一年）。

朝日新聞特別報道部著『プロメテウスの罠』（学研パブリッシング、二〇一二年）。

安達正勝著『フランス革命と四人の女』（新潮社、一九八六年）。

安部悦生、壽永欣三郎、山口一臣著『ケースブック　アメリカ経営史』（有斐閣、二〇〇二年）。

有賀貞、大下尚一、志邨晃佑、平野孝編『世界歴史大系　アメリカ史（2）』（山川出版社、一九九三年）。

アリステア・ホーン著『ナポレオン時代――英雄は何を遺したか』（中央公論新社、二〇一七年、大久保庸子訳）。

アンソニー・サンプトン著『セブン・シスターズ――不死身の国際石油資本』（日本経済新聞社、一九七六年、大原進、青木榮一訳）。

R・ホーフスタッター著『アメリカ現代史――改革の時代』（みすず書房、一九六七年、斎藤真訳）。

井出義光著『リンカーン――南北分裂の危機に生きて』（清水書院、一九九〇年）。

池田理代子著『フランス革命の肖像』(新潮社、一九八五年)。

大森実著『ライバル企業は潰せ――石油王ロックフェラー』(講談社、一九八六年)。

小川由美子編集『るるぶ　パリ』(JTBパブリッシング、二〇〇九年)。

小黒純、高田昌幸編著『権力VS.調査報道』(旬報社、二〇一一年)。

小俣一平著『新聞・テレビは信頼を取り戻せるか――「調査報道」を考える』(平凡社、二〇一一年)。

カール・サンドバーグ著『エイブラハム・リンカーン(Ⅰ)(Ⅱ)(Ⅲ)』(新潮社、一九七二年、坂下昇訳)。

ガリーナ・セレブリャコワ著『フランス革命期の女たち(上)』(岩波書店、一九七三年、西本昭治訳)。

木村靖二、岸本美緒、小松久男著『詳説　世界史:世界史B(改訂版)』(山川出版社、二〇一七年)。

倉田保雄著『エッフェル塔ものがたり』(岩波書店、一九八三年)。

幸田シャーミン著『ガラスの天井に挑む女たち――ハーバード・ウーマン』(扶桑社、一九九三年)。

古賀純一郎著『メディア激震――グローバル化とIT革命の中で』(NTT出版、二〇〇九年)。

古賀純一郎著『政治献金――実態と論理』(岩波書店、二〇〇四年)。

古賀純一郎著『石油価格戦争――OPECは「崩壊」するか』(教育社、一九八六年)。

齋藤眞著『世界現代史(32)アメリカ現代史』(山川出版社、一九八一年)。

猿谷要著『物語アメリカの歴史――超大国の行方』(中央公論新社、一九九一年)。

佐藤一雄著『アメリカ反トラスト法――独禁法政策の理論と実践』(青木書院、一九九八年)。

佐藤賢一著『小説フランス革命(Ⅶ)ジロンド派の興亡』(集英社、二〇一二年)。

佐藤賢一著『フランス革命の肖像』(集英社、二〇一〇年)。

佐藤夏生著『スタール夫人』(清水書院、二〇〇五年)。

澤康臣著『グローバル・ジャーナリズム――国際スクープの舞台裏』(岩波書店、二〇一七年)。

柴田三千雄著『フランス革命』(岩波書店、一九八九年)。

ジュールズ・エイベルズ著『ロックフェラー――石油トラストの興亡』(河出書房新社、一九六九年、現代経営研究会訳)。

ジョーゼフ・ボーキン著『巨悪の同盟――ヒトラーとドイツ巨大企業の罪と罰』(原書房、二〇一一年、佐藤正弥訳)。

新人物往来社編『ナポレオン――ヨーロッパを制覇した皇帝とボナパルト家の人々』(新人物往来社、二〇一一年)。

スティーブ・コール著『石油の帝国――エクソンモービルとアメリカのスーパーパワー』(ダイアモンド社、二〇一五年、森義雅訳)。

高崎通浩著『歴代アメリカ大統領総覧』(中央公論新社、二〇〇二年)。

高橋章著『アメリカ帝国主義成立史の研究』(名古屋大学出版会、一九九九年)。

多木浩二著『絵で見るフランス革命』(岩波書店、一九八九年)。

田島泰彦、原寿雄、山本博著『調査報道がジャーナリズムを変える』(花伝社、二〇一一年)。

ダニエル・ヤーギン、ジョセフ・スタニスロー著『市場対国家(上)(下)』(日本経済新聞社、一九九八年)。

W・A・スウォンバーグ著『ピュリツァー――アメリカ新聞界の巨人』(早川書房、一九六八年、木下秀夫訳)。

谷口明丈著『アメリカ初期トラストの研究――アメリカ独占資本主義成立史へのプロローグ』(大阪経済大学経営研究所、一九八四年)。

谷久光著『朝日新聞の危機と調査報道――原発事故取材の失態』(同時代社、二〇一二年)。

デイヴィド・A・シャノン著『新アメリカ史叢書(7)アメリカ――二つの大戦のはざまに』(南雲堂、一九八二年、今津晃、榊原胖夫訳)。

デイヴィッド・ナソー著『新聞王ウィリアム・ランドルフ・ハーストの生涯』(日経BP社、二〇〇二年、井上廣美訳)。

デイヴィッド・ロックフェラー著『ロックフェラー回顧録』（新潮社、二〇〇七年、楡井浩一訳）。

中屋健一著『アメリカ現代史――新しい資本主義とデモクラシーの試練』（いずみ書院、一九六五年）。

長沼秀世、新川健三郎著『アメリカ現代史』（岩波書店、一九九一年）。

日本石油株式会社編『石油便覧　１９８２』（石油春秋社、一九八二年）。

野村達朗編著『アメリカ合衆国の歴史』（ミネルヴァ書房、一九九八年）。

ハーマン・E・クルース、チャールズ・ギルバート著『アメリカ経営史（上）（下）』（東洋経済新報社、一九七四年、鳥羽欽一郎、山口一臣、厚東章介、川辺信雄訳）。

花田達朗、別府三奈子、大塚一美、デービッド・E・カプラン著『調査報道ジャーナリズムの挑戦――市民社会と国際支援戦略』（旬報社、二〇一六年）。

原寿雄著『ジャーナリズムの可能性』（岩波書店、二〇〇九年）

春原昭彦著『日本新聞通史（新訂増補）』（現代ジャーナリズム出版会、一九七六年）。

広瀬隆著『アメリカの経済支配者たち』（集英社、一九九九年）。

ビル・コバッチ、トム・ローゼンスティール著『ジャーナリズムの原則』（日本評論社、二〇〇二年、加藤岳文、斎藤邦泰訳）。

本間長世編著『現代アメリカの出現』（東京大学出版会、一九八八年）。

本城靖久著『十八世紀パリの明暗』（新潮社、一九八五年）。

ポール・ジョンソン著『ナポレオン（ペンギン評伝双書）』（岩波書店、二〇〇三年、富山芳子訳）。

松岡洋子著『リンカーン――どれい解放の父』（講談社、一九八一年）。

丸山徹著『入門・アメリカの司法制度――陪審裁判の理解のために』（現代人文社、二〇〇七年）。

三十木健著『アメリカ反トラスト法の経済分析――ハーバード学派対シカゴ学派の基本理念に関する相異の視点から』（近代文芸社、一九九七年）。

末里周平著『セオドア・ルーズベルトの生涯と日本――米国と西漸と二つの「太平洋戦争」』（丸善プラネット、二〇一三年）。

村上政博著『独占禁止法――国際標準の競争法へ』（岩波書店、二〇一七年）。

村川堅太郎訳『プルタルコス（世界古典文学全集23巻）』（筑摩書房、一九六六年）。

メアリー・ベス・ノートン他著『アメリカの歴史（4）　アメリカ社会と第一次世界大戦』（三省堂、一九九六年、上杉忍、大辻千恵子、中條献、戸田徹子訳）。

吉原欽一編著『現代アメリカの政治権力構造――岐路に立つ共和党とアメリカ政権のダイナミズム』（日本評論社、二〇〇〇年）

ロジェフ・デュフレス著『ナポレオンの生涯』（白水社、二〇〇六年、安達正勝訳）。

ロン・チャーナウ著『モルガン家――金融帝国の盛衰（上）（下）』（日本経済新聞社、二〇〇五年、青木榮一訳）。

「特集　世界を動かす謎の国際機関」『歴史読本（臨時増刊）』（新人物往来社、一九八八年）。

※利用した学会の論文や内外の日刊紙や雑誌の記事は割愛した。

【辞典】

英和辞典は、『ジーニアス英和辞典　第4版』（大修館、二〇〇八年）、『新英和大辞典』（研究社、一九八四年）、『小学館ランダムハウス英和辞典』（小学館、一九八六年）、『小学館ランダムハウス英和大辞典　第2版』などを利用。英英辞典は、『*The Concise Oxford Dictionary*』（Oxford University Press 1999）、『二〇一六年世界年鑑』（共同通信社、二〇一六年）なども活用した。

【ウェブサイト】
アレゲニー大学のターベル専用のサイト（http://sites.allegheny.edu/tarbell/about-the-ida-tarbell-web-site/）
エクソンモービル社のウェブサイト（http://corporate.exxonmobil.com/Landmark Preservation Commission September 19,1995, Designation List 266　http://www1.nyc.gov/site/lpc/index.page）

あとがき

「やっと書き上げることができた」とほっとしているのが、現在の正直な気持ちである。九年以上の長丁場となり、途中で挫折する懸念もあったからである。

構想を立てたのは、一〇年以上も前。文献を海外から取り寄せ、調査を開始したのは、アカデミズムへ転身した二〇〇九年四月ごろからだった。

執筆に長い期間を要したのは、書籍のほとんどが原書で私の英語力の稚拙さもあって、読み込みに時間を要したことに尽きる。中盤から要約をノートにまとめたため余計に手間取った。一〇〇年前、ターベルは、裁判記録など必要な公開情報のすべてをノートに書き写していたというから、その苦労が骨の髄から分かった。

目を通していただければ分かるが、米国の政治、経済、社会のみならず経済史、法律、米独禁政策などの専門的な知識がなければ理解できない論文がほとんどで、解明に本当に苦労した。国内にターベル関連の書籍が少ないのは、こうした難しさも手伝って取り組んだ研究者やジャーナリストが途中で匙を投げたためではないかとさえ思いたくなった。現時点でも不消化の部分があり、思わぬ誤解があればご指摘いただきたい。

本書に登場するドレイクの井戸、J・D・ロックフェラー、スタンダード石油とその解体、国際石油資本（メジャー）などの用語は、高校時代の地理の授業などで耳にし、記憶の中に残っていた。だが、それがどんな意味を持ち、米国や世界経済に関わってくるのかは深く考えたことはなかった。

それが身近になったのは、前職である共同通信社の経済部の記者として世界のエネルギー事情を担当したのがきっかけだった。配属された三〇年前は、強固だった石油輸出国機構（OPEC）の結束力がきしみはじめ、それまで一バレル当たり三〇ドル程度に安定していた原油が、突然、同一〇ドルまで急落した。

幸運なことに、この機会に国際石油市場を考察した『石油価格戦争』（教育社）を上梓でき、世界のエネルギー事情に深い関心を持つようになった。ターベルを知ったのはこの頃である。

同時期に、取材先でもあったスタンダード石油が前身の米エクソン社で会長特別補佐（秘書）などを務めた日本法人エッソ石油の八城政基社長（その後、新生銀行会長）との交流が始まり、米石油産業を身近に感じるようになった。

人当たりがソフトでウィットに富み、弁舌さわやか。国際感覚に満ち溢れたニューヨーク・ウォール街出身のエリートビジネスマンの向こうにエクソンの社風が見えたような気がした。もっとも、儲け過ぎを潔しとしない日本企業の傾向について意見交換していた際に「お金を儲けることはとても楽しいことです」と語っていたことを昨日のように思い出す。ことのほか利益に執着していたJ・D・ロックフェラーのDNAが、今なおエクソン社内に残っているということを痛感した。

一九九〇年代前半のロンドン支局時代には、本部の置かれているオーストリアのウィーンやスイスのジュネーブで開かれるOPEC総会をたびたび取材した。ご存知のように、これは石油危機の勃発した一九七〇年代から八〇年にかけて世界最強といわれた産油国のカルテルで、アラブ世界などからの代表が原油価格を協議するのだが、各国の利害が対立してなかなか決まらない。傍観者ながら、市場原理から逸脱したカルテルは、長続きしないと知った良い体験だった。

帰国した四年後の一九九九年にスタンダード石油の〝亡霊〟復活の号砲となるエクソン社とモービル社が合併、スーパーメジャーの迫力に度胆を抜かれると同時に、二〇世紀の初頭になぜ解体されたのか、起爆剤となったターベルの報道に関心を抱き、今回の執筆を意識するようになった。

インターネットの登場で、旧来メディア、特に新聞が急速に勢いを失い、筆者が現役時代に持っていたようなジャーナリズムの使命感や自信を記者らが失い始めているのではないかと感じるようになった。

デジタル革命で紙媒体のメディアは、確かに従来ほどのパワーはなくなるかもしれない。だが、権力の監視の役割を担うジャーナリズムは、いつの世の中、時代でも民主主義を支える重要な仕事であり、その役割が永遠に不滅であるのは疑うべくもない。前線で権力に対峙する記者らのモチベーションを高めるためにもメディアの真髄である調査報道の強化を力説することが必要だと考えるようになった。

同時にジャーナリズムは、世界最大の富豪ロックフェラーを生み出したスタンダード石油を一〇〇年前に葬り去ったターベルの手法を手本に、原点に戻るべきだとの思いを強くしている。

調査報道によるペンの力が金権腐敗、不正にまみれていた当時の米最大のトラストをズタズタに解体する原動力となったばかりか、自由放任という名の企業の横暴に揺さぶられていた〝金ぴか時代〟の米国の民主主義を立て直した絶大な力や役割があった。

ターベルら調査報道を専門とするジャーナリストらが拝金主義、強欲主義、金権腐敗の蔓延する当時の政治や社会を、大統領を動かすことで根本から変え、道徳、倫理を重視する健全な社会に変える大きな力を振った。ジャーナリストの発信力は、本来、そうしたパワーを持っているのである。

別の収穫もあった。今回の執筆を通じてロックフェラーとその分身のライバル企業に対する冷酷、悪辣で犯罪的な仕打ちや妨害と利潤に対するあくなき執念、その深さをあらためて知った。競争の激烈な米国の企業同士の戦いでは、これは必ずしも珍しくはないようでもある。

それ以上に、トラスト、カルテルなどの市場独占が、信じられないほどの利益を叩き出し、消費者不在の超高収益企業を生む犯罪性を初めて理解できた。米国の独禁政策がことのほか厳しいのは、巨大トラストにより米民主主義が危機的な状況にさらされた一世紀前の教訓に立脚していることも分かった。

カール・マルクスの唯物史観では、下部構造（経済）が上部構造（政治、国家）を規定するとの定式があるが、太平洋戦争の敗北で日本の財閥が戦争責任を問われ、解体の憂き目にあったのは、こうした考え方と無縁ではないのだろう。

二〇〇五年に談合決別宣言をしたはずの大林組、鹿島などスーパーゼネコンによる、JR東海のリニア中央新幹線の建設工事を巡る談合事件に象徴される独占禁止法に抵触する事案や疑惑が、相も変わらず浮上する日本。解体されたスタンダード石油のケースを念頭に置くと、カルテルなどの企業結合に対して日本の政府や社会は、まだまだ甘いといわざるを得ない。一部の業界とは思いたいが、社会的責任を自覚すべき大企業にしても値段をつり上げ、過剰利潤をため込む構造は一〇〇年前の米国とさほど変わらないようである。国の独禁政策がいかに重要であるかが理解できるだろう。

世界の石油市場で今なお大きな影響力を持つスーパーメジャーのトップにエクソンモービルが君臨しているのは、良い意味でも悪い意味でもロックフェラーの遺産である。石油ビジネスの帝王ともいえるロックフェラーが世界初の多国籍企業の経営者として、その悪徳企業のイメージや汚名を削ぐために注力した慈善事業が大いに成果を上げ、企業の社会貢献活動のモデルとなったことは、大きな功績でもある。

もっとも、ターベルの連載でロックフェラーからの寄付は、当時、〝汚れたカネ（tainted money）〟とみなされ、大学によっては受け取りの是非が論争になった。相談を受けたターベルは、当然のこととして「受け取るべきではない」とアドバイスし、断念した大学もあった。ロックフェラー没後、既に、八〇年が経過した。現在では、財団の社会貢献事業は高く評価され、こうした議論が交わされることもなくなった。

筆者にとって、ターベルを含めた今回の米マックレイカーの研究は、本書の執筆でライフワークとなった観がある。今後は、本書の対象から外れたネリー・ブライ、アプトン・シンクレア、レイ・スタナード・ベーカーなどターベルに続く米国の調査報道の記者や国内の調査報道の先駆者について調べてみたいと考えている。

最後に、この論文に関連して一つの注釈を加えたい。反トラスト法違反との認定を受けたスタンダード石油は、米最高裁の一九一一年の判決で解体された。その数は多くの解説書で「約四〇社」となっている。だが、スタンダード石油がルーツのエクソンモービル社のウェブサイトではこれを

「三四社」としている。基準が異なる可能性があるため本書では、この二つの数字を紹介した。ご了解いただければ幸いである。

本書の執筆でアジール・プロダクションの村田浩司さんや旬報社の木内洋育社長には、大変お世話になった。この席を借りて、厚く御礼を申し上げたい。

二〇一八年五月

古賀純一郎

著者紹介

古賀純一郎（こが・じゅんいちろう）

茨城大学人文社会科学部教授（ジャーナリズム論）。東京大学経済学部卒。共同通信社経済部、ロンドン支局、立教大学社会学部非常勤講師などを経て2009年4月から茨城大学人文学部教授。著書に、『経団連――日本を動かす財界シンクタンク』(新潮社、2000年)、『政治献金――実態と論理』(岩波書店、2004年)、『CSRの最前線』（NTT出版、2005年）、『金融CSR総覧』（共著、経済法令研究会、2007年)、『メディア激震――グローバル化とIT革命の中で』(NTT出版、2009年)、『現代ジャーナリズムを学ぶ人のために（第2版)』(共著、世界思想社、2018年）などがある。

アイダ・ターベル
ロックフェラー帝国を倒した女性ジャーナリスト

2018年6月15日　初版第1刷発行

著　者――古賀純一郎
装　丁――坂野公一（welle design）
編集協力――村田浩司（アジール・プロダクション）
発行者――木内洋育
発行所――株式会社 旬報社
〒162-0041 東京都新宿区早稲田鶴巻町544
TEL 03-5579-8973　FAX 03-5579-8975
ホームページ http://www.junposha.com/
印刷製本――モリモト印刷株式会社

ISBN978-4-8451-1543-3